Eine Männerwelt

Albert Edwards

Writat

Diese Ausgabe erschien im Jahr 2023

ISBN: 9789359259536

Herausgegeben von
Writat
E-Mail: info@writat.com

Inhalt

BUCH I ....- 1 -

BUCH II ....- 22 -

BUCH III ....- 46 -

BUCH IV ....- 78 -

BUCH V ....- 112 -

BUCH VI ....- 157 -

BUCH VII ....- 212 -

Buch I

ICH

Alle Bücher sollten ein Vorwort haben, aus dem hervorgeht, worum es in ihnen geht und warum sie geschrieben wurden.

Hier geht es um mich selbst – Arnold Whitman.

Ich habe vergeblich nach einem Titel gesucht, der das Thema und die Form meines Buches wirklich beschreibt. Es handelt sich weder um ein „Journal" noch um ein „Tagebuch", denn diese Worte bedeuten eine tägliche Aufzeichnung von Ereignissen. Weder „Erinnerungen" noch „Erinnerungen" sind zutreffend, denn vieles von dem, was ich geschrieben habe, könnte man besser „Meditationen" nennen. Es handelt sich sicherlich nicht um einen „Roman", denn dieser Begriff impliziert eine traditionelle „literarische Form", einen Anfang, eine Entwicklung und ein Ende. Ich bin mir ziemlich sicher, dass meine Anfänge auf die Urzeit zurückgehen, als tote Materie sich zum ersten Mal zu einer lebenden Zelle organisierte – oder organisiert wurde. Und ob ich jemals „Ende" werde oder nicht, ist eine offene Frage. Es gibt keine „Einheit" in der Form meiner Erzählung außer der Geisteshaltung, die mich dazu veranlasste, sie zu schreiben, die mich bis jetzt in Schwierigkeiten gebracht hat.

Es ist die Geschichte darüber, wie ich, der am Ende des Ersten Weltkriegs geboren wurde, lebte und welche Dinge – alltägliche und ungewöhnliche – mir widerfuhren, wie sie sich damals fühlten und wie ich heute darüber denke.

„Autobiografie" ist der Begriff, der das, was ich versucht habe, am besten beschreibt. Aber dieses Wort ist mit der Vorstellung großer Männer verbunden. Die Tatsache, dass ich nicht „großartig" bin, war mein Hauptanreiz beim Schreiben. Wir haben viele Lehrbücher darüber, wie man Kaiser wird, zumindest erzählen sie, wie ein Mann namens Napoleon es geschafft hat. Es gibt unzählige Bände, auf die Sie zurückgreifen können, wenn Sie Präsident dieser Vereinigten Staaten werden möchten – oder es mit der Karriere von Captain Kidd aufnehmen möchten. Aber solche Ambitionen sind bei Jungen über achtzehn Jahren selten.

Schon vor diesem Alter begann ich, mir ein Buch wie das zu wünschen, das ich zu schreiben versuchte. Ich wollte wissen, wie normale Menschen lebten. Damals war es nicht hilfreich zu lesen, wie dieser oder jener Cäsar kam, sah und siegte. Ich teilte die Ambitionen der Jungs über mich. Natürlich gab es Momente des Tagträumens, wenn wir vorhatten, Zentralafrika zu erkunden oder Dynastien zu gründen. Aber das war reine Fantasie. Wir wussten, dass nicht einer von Tausenden berühmt wird. Für jeden Moment, in dem wir von Größe träumten, gab es Tage, an denen wir fragend auf die reale Welt blickten. Wir bekamen keine Antworten von unseren Lehrern. Die meisten Jungen, die mit mir zur Schule gingen, betreiben heute ein Geschäft, praktizieren Jura oder Medizin. Sie wurden darauf vorbereitet, indem sie im Unterricht Plutarch und heimlich Nick Carter lasen.

Als Jugendlicher wollte ich natürlich ein angenehmes Leben führen. Ich wollte gelinde gesagt ein gewisses Maß an Ansehen erlangen, aber all dies war einem deutlicheren Wunsch untergeordnet, ein Mann zu sein und sich nicht zu schämen. Ein Buch über das gewöhnliche Leben, in das ich eintreten sollte, wäre ein Geschenk Gottes gewesen.

Dies soll also die Geschichte meines Lebens sein, wie es mir jetzt erscheint, und wie ich angesichts der Dinge, die mir widerfahren sind, versucht habe, anständig zu sein.

Ich kann mich nur zwei Mal entschuldigen. Der Rest meiner Schriften war wissenschaftlicher Natur – zum Thema Kriminologie. Ich bin im Erzählen ungeübt. Und ich war oft genug vor Gericht, um den Unterschied zwischen „Beweis" und „Wahrheit" zu erkennen. Ich kann bestenfalls nur „Beweise" liefern. Andere, die mich kannten, würden von meinem Leben anders, vielleicht wahrheitsgemäßer erzählen. Aber es wird so nah an der Wahrheit sein, wie ich es schaffen kann.

Und nun zu meiner Geschichte.

II

Meine früheste klare Erinnerung ist die einer unverdienten Auspeitschung. Aber daraus erwuchs meine Vorstellung von Gerechtigkeit. Es war, glaube ich, meine erste abstrakte Idee.

Meine Eltern starben, lange bevor ich mich erinnern kann, und ich wuchs im Haus von Rev. Josiah Drake auf, einem presbyterianischen Geistlichen aus Cumberland in den Tennessee Mountains. Er war mein Onkel, aber ich nannte ihn immer „der Vater". Er war die große Tatsache meiner Kindheit und meine Erinnerung enthält ein lebendigeres Bild von ihm als von jeder anderen Person, die ich seitdem gekannt habe.

Er war sehr groß, aber stark gebückt. Wenn er sich rasiert hätte , hätte er Lincoln ähnelt, und das ist vermutlich der Grund, warum er einen so langen und vollen Bart trug. Denn er war ein Südstaatler und hasste den Anführer des Nordens mit der ganzen Bitterkeit der Besiegten. Und doch war er ein Christ. Ich habe noch nie jemanden gekannt, der seinem Gott ernsthafter und hingebungsvoller gedient hätte. Er war ein Gelehrter vom alten Schlag. Er beherrschte Latein, Griechisch und Hebräisch. Und da dies unter den

Berggeistlichen von Tennessee seltene Leistungen waren, verschaffte ihm dies großes Ansehen. Mit Ausnahme seines Namens war er der Bischof des Landes. Sein Glaube war der von Pym und Knox und Jonathan Edwards, einem militanten Puritaner, furchtlos vor der Welt, unterwürfig in Demut vor seinem Gott.

An seine Frau, meine Tante Martha, habe ich kaum eine Erinnerung. Als ich noch sehr jung war, muss sie für mich wichtig gewesen sein, aber als ich zum Jungen heranwuchs, verschwand sie in einer undeutlichen Verschwommenheit. Ich erinnere mich am deutlichsten daran, wie sie in der Kirche aussah, nicht so sehr an ihr Gesicht, sondern an ihre Kleidung. In all den Jahren muss sie einige neue gehabt haben, aber wenn ja, waren sie immer aus dem gleichen Stoff und mit dem gleichen Muster wie die alten. Am deutlichsten erinnere ich mich an die Rillen, die die Knochen ihres Korsetts in der Rückseite ihres Kleides hinterließen, als sie sich während des „langen Gebets" nach vorne beugte und ihre Stirn auf die Bank vor uns legte. Wenn es vorbei war, bekam sie immer eine Röte im Gesicht. Ich glaube, ihre Kleidung hat sie irgendwie eingeengt.

Ich habe auch ein Bild von ihrem erhitzten, aufgeregten Blick über den Küchenherd, als sie mit der jährlichen Tortur des „Einmachens" beschäftigt war. Auch bei der Herstellung von Apfelbutter behielt sie eine gewisse Formalität bei. Das einzige Mal, dass sie ihre Würde verlor, war, als einer der Neger mit der Nachricht, dass ein Kinderwagen in unseren Garten einfuhr, in die Küche stürmte. Das plötzliche Hasten, der Sprung in ihr Schlafzimmer, die Geschwindigkeit, mit der sich die Frau mit dem heißen Gesicht in der Küche in die Frau eines gefassten Pfarrers in schwarzer Seide verwandelte, waren das größte Wunder meiner Kindheit. Es kam sehr selten vor, dass die Gäste den Salon vor ihr erreichten.

Alle ihre Kinder außer Oliver waren im Säuglingsalter gestorben. Da die Religion des Vaters die irdische Liebe missbilligte, idealisierte sie ihn insgeheim. Ich glaube, sie hat versucht, ihre christliche Pflicht mir gegenüber zu erfüllen, aber das war entschieden oberflächlich. Sie war sehr damit beschäftigt, das große Haus in Ordnung zu halten, endlose Kirchenarbeit zu leisten und das Erscheinungsbild zu wahren, das die Stellung ihres Mannes erforderte.

Vor dem Haus befand sich eine große Rasenfläche, die bis zu einem Lattenzaun reichte. Das Rasenmähen und das Tünchen des Zauns waren die bittersten Aufgaben meiner Kindheit. Die Hauptstraße des Dorfes war so wenig befahren, dass man jeden Sommer ein- oder zweimal das hohe Gras und Unkraut fällen musste. Neben unserem Haus befand sich die Kirche, eine unansehnliche Kiste. Ich erinnere mich, dass es hin und wieder mal gestrichen wurde, aber der Turm über dem Glockenturm wurde nie fertiggestellt. Auf jeder Straßenseite gab es eine vereinzelte Häuserreihe und zwei Geschäfte. Hinter der Bischofskirche bog die Straße scharf nach rechts ab und führte steil ins Tal hinab. Weit unter uns lag die Kreisstadt. Dort lebten etwa fünfhundert Menschen, und der Ort verfügte über sechs Geschäfte und einen Bahnhof.

Das war für meine Schulkameraden der größte Reiz. Von jedem der Felder auf dem Hügel hinter dem Dorf konnten wir nach unten schauen und die beiden täglichen Züge beobachten, wie sie weit in dieses vergessene Land hinaufzogen. Es gab einen Jungen, an den ich mich voller Neid erinnere. Sein Vater war Fuhrmann für unsere Gemeinde und manchmal nahm er seinen Sohn mit. Sie schliefen im großen Planwagen auf dem Platz vor dem Bezirksgericht und kamen am nächsten Tag zurück. Der Name des Jungen war Stonewall Jackson Clarke. Er dominierte den Rest von uns, weil er eine Lokomotive aus nächster Nähe gesehen hatte. Und er erzählte uns immer, dass das Gerichtsgebäude größer sei als unsere beiden Kirchen, „mit Blakes Laden obendrauf".

Ich glaube, dass ich als Junge die Namen von ein oder zwei Bahnhöfen auf beiden Seiten der Kreisstadt kannte. Aber mir wäre nie in den Sinn gekommen, dass die Züge dort unten einen in die Städte und Länder bringen könnten, die ich in meinem Geographiestudium studiert habe. Jenseits des Tals befanden sich Missionary Ridge und Lookout Mountain. Aber keiner der Jungen, mit denen ich spielte, erkannte, dass die Welt jenseits der Berge auch nur annähernd dem Land ähnelte, das wir sehen konnten. Es hätte uns überrascht, wenn der Lehrer uns auf der Schulkarte die Stelle gezeigt hätte, an der unser Dorf lag. Das Land, über das Aschenputtels Prinz herrschte, war für uns genauso real wie der Staat New York oder die Länder Europas, deren Namen wir auswendig gelernt hatten.

Meinen Cousin Oliver mochte ich nicht. Als Jugendlicher wusste ich nicht warum. Aber jetzt kann ich sehen, dass er eine feige Ader hatte, einen Anflug von Heimtücke, die Unfähigkeit, mutig aufrichtig zu sein. Durch ihn erhielt ich meine Lektion in Sachen Gerechtigkeit.

Er war damals etwa sechzehn und ich acht. Sein Hobby war damals das Tischlerhandwerk, und da ich seine Werkzeuge abstumpfen lassen sollte, wenn ich sie berührte, war es mir verboten, in dem Teil der Scheune zu spielen, in dem er seine Bank hatte. Er wollte über Nacht einige Freunde in einer Nachbargemeinde besuchen und beim Frühstück – er sollte gegen Mittag beginnen – bat er den Vater, das Verbot zu wiederholen. Ein paar Stunden später fand ich Oliver hinter der Scheune eine Zigarette aus Maisseide rauchend. Er flehte mich an, „ihn nicht zu verraten". Nichts war mir ferner vorgekommen. Als Bestechung für mein Schweigen sagte er, ich könnte mit seinen Werkzeugen spielen. Der Geist seines Angebots verärgerte mich – aber ich nahm es an.

Nachdem er gegangen war, fand mich der Vater an seiner Bank.

„Ollie hat gesagt, ich könnte", erklärte ich.

„Beim Frühstück", antwortete der Vater , „sagte er deutlich, dass das nicht möglich sei."

Aber ich bin dabei geblieben. Der Vater hatte allen Grund zu der Annahme, dass ich log. Es lag nicht in Olivers Natur, ohne Grund freundlich zu mir zu sein. Und ich konnte ehrlich gesagt den Grund nicht erklären. Der Vater war nicht der Typ, der seine Kinder verwöhnte, indem er mit der Rute schonte, und in seinem Gesetzbuch gab es kein Verbrechen, das abscheulicher war als die Lüge. Er versuchte, mich zu einem Geständnis zu zwingen.

Es war für mich nicht sehr tragisch, ausgepeitscht zu werden. Alle Jungs, die ich kannte, wurden so bestraft. Ich hatte nie darüber nachgedacht. Da ich nicht zugeben wollte, dass ich gelogen hatte, war dies die schlimmste Prügelstrafe, die ich je erhalten habe. Wegen Atemnot hörte er schließlich auf und schickte mich ins Bett.

„Oliver wird morgen zurück sein", sagte er. „Es nützt nichts, auf Ihrer Lüge zu beharren. Sie werden herausgefunden. Und wenn Sie nicht gestanden haben ..." Die Drohung blieb offen.

Ich erinnere mich, wie ich mich im Bett hin und her wälzte und mir wünschte, ich hätte gelogen und eine Prügelstrafe wegen Ungehorsams einstecken müssen. Es wäre nicht so schlimm gewesen und wäre sofort vorbei gewesen. Am nächsten Morgen saß ich mürrisch in meinem Zimmer und wartete auf Olivers Rückkehr und fragte mich, ob er die Wahrheit sagen würde. Ich war überhaupt nicht zuversichtlich. Gegen Mittag bog die Tafel am Tor ein, einer der Neger nahm das Pferd und ich hörte, wie der Vater Oliver in sein Arbeitszimmer rief.

Dann schlug plötzlich eine Tür zu und ich hörte die Schritte des Vaters auf der Treppe. Er rannte. Er stürmte in mein Zimmer und bevor ich wusste, was los war, hatte er mich in seine Arme genommen. Und, Wunder über Wunder, er weinte. Ich hatte noch nie einen erwachsenen Mann weinen sehen. Er fragte mich, ich konnte nicht verstehen, was er meinte, aber er bat mich, ihm zu vergeben. Dann hörte ich die Stimme der Mutter an der Tür.

„Was ist los, Josiah?"

„Oh, Martha. Es ist schrecklich! Ich habe den Jungen wegen einer Lüge verprügelt und er hat die Wahrheit gesagt! Oh, mein Sohn, mein Sohn, vergib mir."

Zuerst wurde mir klar, dass ich nicht mehr ausgepeitscht werden sollte. Aber den ganzen Tag über hielt mich der Vater in seiner Nähe, und nach und nach begann ich durch seine Worte vage zu verstehen, dass es so etwas wie Gerechtigkeit gab. Ich hatte immer angenommen, dass Strafen eine Frage des Wohlgefallens der Eltern seien. Dass es einen Zusammenhang zwischen Ursache und Wirkung gab, dass ein Vater manchmal Recht und manchmal Unrecht hatte, wenn er ein Kind schlug, war mir nie in den Sinn gekommen.

Es ist interessant, wie solche Dinge im Kopf eines Kindes Gestalt annehmen. Der Vater kaufte mir als Friedensangebot eine Reihe von Werkzeugen wie die von Oliver, und natürlich interessierte ich mich viel mehr für sie als für irgendeine abstrakte Vorstellung von Gerechtigkeit. Doch auf eine allmähliche, unbewusste Weise ordnete sich die Idee in meinem Kopf. Ich fing an, alles danach zu beurteilen. Ich nehme an, es markierte das Ende des Säuglingsalters, den ersten schwachen Beginn des Mannesalters.

III

Es ist nicht verwunderlich, dass meine erste Grundidee in diesem strengen Zuhause eher der Gerechtigkeit als der Liebe galt.

Möglicherweise gab es eine Zeit, in der sich die Zuneigung zwischen Vater und Mutter äußerlich zeigte. Ich würde gerne glauben, dass sie fröhlichere Flitterwochentage erlebt hatten. Das bezweifle ich. Sie waren eher Gefährten als Liebhaber. Die Mutter hieß mit gutem Namen Martha und war mit viel Dienen beschäftigt. Ihre Arbeit passte zu seiner. Es wäre gerechter zu sagen, dass ihre Arbeit seine war. Ihre alles in Anspruch nehmende Aufgabe bestand darin, Seelen für Christus zu gewinnen, und alles, was nur von menschlichem Interesse war, schien ihnen irdisch und erdig zu sein. Ich habe nie so etwas wie einen Streit zwischen ihnen gesehen, noch einen Anflug von Zuneigung – außer dass der Vater sie geküsst hat, wenn er auf eine Reise ging oder zurückkam.

Es fällt mir schwer, solche Leute zu verstehen. Alles, was mir im Leben Trost gegeben hat, alle Freuden der Literatur und Kunst, alle echten wie geschriebenen Gedichte, hatten sie rigoros abgeschnitten.

Oliver und ich küssten die Mutter, als wir zu Bett gingen. Ich kann mich nie erinnern, den Vater geküsst zu haben. Dennoch liebte er mich. Manchmal denke ich, dass er mich mehr liebte als seinen eigenen Sohn. Ich bezweifle, dass ich oft von seinen Gedanken, jemals von seinen Gebeten getrennt war.

Aber alles, was ich als Junge über die Zuneigung wusste, die sich offen äußert, kam von Mary Button, meiner Sonntagsschullehrerin. Sie war voller Lebensfreude und in jeder Hinsicht das Gegenteil der Strenge, die ich zu Hause kannte. Sie war für mich insgesamt wunderbar. Wenn die Mutter zu Synodalversammlungen unterwegs war, kam Maria oft einen ganzen Tag lang vorbei, um das Haus in Ordnung zu halten. Es war seltsam und typisch, sie an unserer Salonorgel ausgelassene College-Lieder singen zu hören – ein keuchendes Gerät, das ganz Moody und Sankey gewidmet zu sein schien.

Während meiner gesamten Kindheit war Maria ein himmlischer Traum, eine Prinzessin aus einem wunderschönen Land des Lachens und der Küsse.

Als ich ungefähr neun Jahre alt war und sie vermutlich fast neunzehn, begann Prof. Everett, die mit ihrem Bruder auf dem College gewesen war, das Dorf zu besuchen. Ich mochte ihn sofort nicht und war zugleich instinktiv eifersüchtig. Seitdem hat er sich als Geologe großes Ansehen erworben und war zweifellos ein geschätzter Mann, aber wenn ich ihn jetzt, nach all den Jahren, treffen würde, würde der alte Groll sicher wieder zum Leben erwachen und mich dazu bringen, ihn zu hassen. Nach ein paar Monaten heiratete er sie und nahm sie mit in eine nahegelegene Universitätsstadt.

Ungefähr ein Jahr später, als der Schmerz über ihre Abwesenheit zu heilen begann und ich wie ein Junge in Gefahr war, sie zu vergessen, kam ein Foto von ihr und dem Baby. Es war so ein liebevolles Bild! Sie sah so strahlend glücklich aus! Es war auf dem Kaminsims im Wohnzimmer aufgestellt und schien den düsteren Raum zu erhellen. Ich erinnere mich noch genau daran, wie es zwischen den Gipsbüsten von Milton und Homer an der Bronzeuhr lehnte. Damals ging ich davon aus, dass man blind sein musste, um Dichter zu sein. Das Bild hielt ihre Erinnerung für mich wach.

Einige Monate später schrieb Mary, dass ihr Mann zu einem Kongress verreisen würde, und sie bat mich, ihr eine Woche lang Gesellschaft zu leisten.

Die Aufregung über diesen ersten Ausflug in die Welt ist das Lebhafteste, was mir seit meiner Kindheit widerfährt. Der Vater fuhr mich den Berghang hinunter zur Kreisstadt und so sah ich endlich einen Zug aus nächster Nähe. Selbst als ich sie durch die Wahlkampfbrille des Vaters beobachtet hatte, war mir nicht bewusst geworden, wie groß sie waren. Er übertrug mir die Leitung des Schaffners, einen Mann mit armlosem Ärmel und herabhängendem Schnurrbart, der Gefreiter seines Regiments gewesen war.

Es gab ein Rasseln und einen Ruck – wir hatten damals keine Druckluftbremsen in den Tennessee-Zügen – und der Bahnhof und der Vater verschwanden außer Sichtweite. So unglaublich viele Dinge gingen am Autofenster vorbei! Ich habe alle Felder bis zur nächsten Station gezählt. Es waren siebenunddreißig. Der Schaffner sagte mir, ich dürfe erst an der achtzehnten Haltestelle aussteigen. Ich begann tapfer, sie alle zu zählen, aber meine Aufmerksamkeit wurde durch die Tatsache abgelenkt, dass die Dinge in der Nähe der Strecke viel schneller vorbeigingen als die Dinge in der Ferne. In „Physik A" am College habe ich eine Erklärung für dieses

Phänomen gelernt, die auf dem Papier in Ordnung schien, aber auch heute noch ist sie völlig unzureichend, wenn ich in einem Zug sitze und tatsächlich beobachte, wie sich die Erde um entfernte Punkte in beiden Horizonten dreht. Der Versuch, auf dieser ersten Eisenbahnfahrt einen Grund dafür zu finden, hat mich zum Schlafen gebracht. Schließlich weckte mich der Schaffner und übergab mich Mary.

Ich kann mich nur vage an die Einzelheiten dieser köstlichen Woche erinnern, die Seltsamkeit der gesamten Erfahrung bleibt mir im Gedächtnis. Da war das Baby, so weich und rund und zufrieden. Da war die deutsche Krankenschwester, die erste weiße Dienerin, die ich je gesehen hatte. Und da waren die Sessel im Wohnzimmer, geschwungen und bequem und ganz anders als die Stühle im Wohnzimmer zu Hause. Anstatt mich nach dem Abendessen ins Bett zu schicken, las mir Maria vor dem offenen Feuer die wunderbaren Geschichten von König Artus vor. Als ich endlich müde war, begleitete sie mich in mein Zimmer. Es war mir peinlich, mich vor ihr auszuziehen, aber es war sehr süß, dass sie mich zudeckte und mir einen Gute-Nacht-Kuss gab.

Maria „verwöhnte" mich, um den Ausdruck des Vaters zu verwenden , systematisch, sie ließ mich zwischen den Mahlzeiten essen und überhäufte mich mit Süßigkeiten. Eines Nachts wurde mir schlecht. Ich habe vergessen, ob „Donuts" oder „Pop-Overs" daran schuld waren. Als der Arzt weggegangen war, nahm mich Mary lachend – denn es war nichts Ernstes – in ihr eigenes Bett. Für den warmen Trost ihrer Arme um mich hätte ich gerne zehnmal so viel Schmerz ertragen müssen.

Während dieses Besuchs begannen mich alle Aspekte des Lebens, die wir Kunst nennen, anzusprechen. Die König-Artus-Legenden waren meine Einführung in die Literatur, Malorys und Tennysons „Idylls" waren die ersten geschriebenen Geschichten oder Gedichte, die mir je Spaß gemacht haben. Und ich glaube, mein erster Eindruck von Beauty war der Anblick von Mary, wie sie das Baby stillte. Ich bin mir sicher, dass sie nicht bemerkte, mit welch verwunderten Augen ich sie beobachtete. Ich war nur ein wenig rasiert und sie konnte nicht ahnen, was für ein neuartiger Anblick das für mich war. Zu Hause wurde alles Menschliche, was nicht unterdrückt werden konnte, sorgfältig verborgen. Ich denke, einige der alten Madonnen , in denen die Mutter das Kind säugt, wären für den Vater blasphemisch erschienen. Die Kunst erschien mir immer dann am höchsten, wenn sie sich mit solch einer einfachen menschlichen Sache beschäftigte.

IV

Ich hatte damals zwei Spielkameraden, Margaret und Albert Jennings. Ihr Vater war Mitarbeiter von „Stonewall" Jackson. „Al" war in meinem Alter, wirkte aber älter und Margot war ein Jahr jünger. Bis ich zur Schule ging, waren wir fast unzertrennlich. Nur in den Angelegenheiten der Kirche waren wir getrennt, denn sie waren Episkopalier.

Unser größtes gemeinsames Interesse galt einer „Chicken Company". Wir hatten im Hinterhof des Pfarrhauses einen aufwendigen Auslauf gebaut und hatten manchmal bis zu dreißig Hühner. Dieses Unternehmen führte uns in die große Sünde unserer Kindheit – das Stehlen.

Warum ich gestohlen habe, kann ich nicht erklären. Ich habe nie den Anspruch erhoben, es zu rechtfertigen. Wir verkauften ein Dutzend Eier an meinen Haushalt und holten dann so viele aus der Speisekammer, wie nötig waren, um ein Dutzend für Mrs. Jennings fertigzustellen. Wir haben das vier oder fünf Jahre lang immer wieder gemacht. Als die Hühner frei lagen , war das nicht nötig. Aber wenn es keine Eier gab, um den Bedarf der beiden Familien zu decken, haben wir gestohlen. Ich glaube, wir haben den Hühnern die Schuld gegeben. Al und ich waren immer mit tollen Projekten zur Verbesserung des Bestands oder des Laufs beschäftigt und brauchten deshalb Geld. Die Gefahr einer Entdeckung war gering, da die Hauswirtschaft in unseren Häusern im Süden eine sehr ungenaue Wissenschaft war. Und nur weil die Hühner sich weigerten, so zu legen, wie sie sollten, schien das ein sehr trivialer Grund zu sein, unsere Pläne aufzugeben. Aber es gefiel uns nicht. Wir durchsuchten die Nester immer zwei- oder dreimal in der Hoffnung, die Eier zu finden, die wir brauchten.

Al war ein seltsamer Kerl. Ich erinnere mich an ein Mal, als uns zwei Eier fehlten.

„Wir müssen sie deiner Mutter stehlen", sagte ich.

„Vielleicht bist du ein Dieb", erwiderte er wütend, als wir uns auf die Suche nach der Beute machten. „Aber ich habe vor, es zurückzuzahlen. Es ist nur ein Darlehen."

Es gab einen schwachen Vorwand, der besagte, Margot wisse nichts von unserer Unehrlichkeit. Wir drei hatten dies in offener Beratung beschlossen, um sie zu schützen, falls wir erwischt würden. Sollte es zu Auspeitschungen kommen, oblag es den männlichen Mitgliedern der Firma, diese zu ertragen. Aber Margot wusste genauso gut wie wir, wie viele Eier gelegt wurden und wie weit unser Umsatz diese Zahl überstieg. Aber die Süßigkeiten, die sie kaufte, schienen ihr Gewissen ebenso wenig zu belasten wie ihre Verdauung. Ich habe unzählige ältere Frauen kennengelernt, die einen absolut guten Ruf in der Kirche haben und nicht mehr zimperlich darüber sind, wie ihre Männer ihr Einkommen erzielen.

Es gab noch einen weiteren sehr weiblichen Charakterzug an Margot. Wir haben unseren Gewinn gleichmäßig in drei Teile aufgeteilt. Al und ich haben immer den größten Teil unseres Anteils wieder in das Unternehmen gesteckt.

Margot gab ihr Geld für Süßigkeiten aus. Al hatte manchmal Einwände gegen diese Vereinbarung, aber ich habe mich immer für sie eingesetzt.

Das lag daran, dass ich erwartete, sie zu heiraten. Ich kann mich nicht erinnern, wann es zum ersten Mal vorgeschlagen wurde, aber es war eine zwischen uns akzeptierte Sache. Col. Jennings ermutigte uns lachend dazu. Ich habe einmal zu Hause darüber gesprochen, aber der Vater schüttelte den Kopf und sagte, es würde ihn betrüben, wenn ich außerhalb unserer Konfession heiraten würde. Die Baptisten waren seine besondere Abneigung, aber neben ihnen lehnte er die Bischöfe ab, die seiner Meinung nach vom Papsttum befleckt waren.

Dies führte zu einem Streit mit Margot. Ich sagte ihr rundheraus, dass ich sie nicht heiraten würde, es sei denn, sie würde Presbyterianerin. Sie war ein kleiner Snob, und da die angesehensten Leute des Kreises ihrer Kirche angehörten, gab sie mich lieber auf, als auf der sozialen Skala abzurutschen. Mehrere Tage lang sprachen wir nicht miteinander. Ich weigerte mich, irregeleitete Episkopalisten in meinen Garten zu lassen. Da der Hühnerstall in meinem Herrschaftsbereich lag, wurde Al, der kleiner war als ich, zum Abtrünnigen. Aber Margot hielt hartnäckig durch, bis ihre Mutter eingriff und uns mit viel Verstand sagte, dass wir viel zu jung seien, um den Unterschied zwischen einer Sekte und einer anderen zu erkennen, und dass wir die Feindseligkeiten am besten aussetzen sollten, bis wir wüssten, worüber wir uns stritten. So war der Frieden wiederhergestellt.

Diese Wadenliebe von mir war seltsam kalt. Einige der Jungen und Mädchen in der Schule „löffelten“. Aber „Händchenhalten“ und so weiter kam mir völlig sinnlos vor. Ich weiß nicht, was Margot dabei empfand, aber ich dachte genauso wenig daran, sie zu küssen wie ihren Bruder. Das Beste an ihr war, dass sie auch König Artus liebte. Mary hatte mir ein Exemplar von Malory gegeben. Oben auf unserem Heuboden lasen Margot und ich es abwechselnd vor und spielten es vor. Nur ab und zu konnten wir Al überreden, bei dieser kindischen Dramatik mitzumachen. Im Allgemeinen war ich Launcelot. Manchmal war sie Elaine, aber ich glaube, sie liebte es am liebsten, die Königin zu sein.

Mit vierzehn Jahren entdeckte ich Froissarts Chroniken in der Bibliothek meines Vaters . Der Einband war abweisend, und ich hätte ihn vielleicht nie ausgegraben, wenn er mich nicht damit beauftragt hätte, seine Bücher abzustauben, um eine geringfügige Straftat zu bestrafen. Im untersten Regal befanden sich drei große Lexika: Latein, Griechisch und Hebräisch. Daneben lag die große Familienbibel . Dann kamen Crudens Konkordanz, eine Geographie Palästinas, „Der Niedergang und Untergang des Römischen Reiches“, Motleys „Niederländische Republik“ – und Froissart! Als ich es düster abstaubte, rutschte es mir aus den Händen und fiel auf einen alten

Stich der Ermordung von Richard II. Der Band enthielt vierundzwanzig Tafeln. Noch nie hat ein Junge ein solches Paradies betreten.

Ich kann nur vermuten, was der Vater davon gehalten hätte, wenn ich meine Gedanken mit solchen Geschichten füllte. Ich bin in dieser Angelegenheit kein Risiko eingegangen. Mit großer Sorgfalt ordnete ich die Bücher so, dass die Abwesenheit Froissarts nicht auffiel. Bis ich mit sechzehn zur Schule ging, lag es unten im Kleiebehälter auf dem Dachboden, und als ich schließlich ging, gab ich es Margot als meinen wertvollsten Schatz.

Als ich sie vor zehn Jahren sah, zeigte sie mir das alte Buch. Der Anblick versetzte uns beide in Zwang und brachte die alten Zeiten zurück, als wir heiraten wollten. Die Beerdigung eines Traumes erscheint mir immer trauriger als der Tod eines Menschen.

Ständige Lagertreffen, aus denen sich die Chautauqua-Bewegung entwickelte, erfreuten sich gerade erst großer Beliebtheit. Ein paar Dutzend Meilen von unserem Dorf entfernt hatte man damit begonnen, und in dem Jahr, in dem ich zur Schule ging, war der Vater zum Direktor ernannt worden. Wir verließen unser Zuhause im Frühsommer, und ich sollte nach Osten gehen, ohne zurückzukommen.

Am Vorabend meiner Abreise besuchte ich Margot. Es war mein erster formeller Anruf und in meiner neuen langen Hose war ich sehr verlegen. Etwa eine Stunde lang saßen wir steif da und wiederholten alle zehn Minuten das Versprechen, einander zu schreiben. Ich erinnere mich, dass wir herausgefunden haben, dass ich zehn Jahre brauchen würde, um das Theologische Seminar abzuschließen und bereit zu sein, sie zu heiraten. Es wurde bestimmt, dass ich für den Dienst studieren sollte. Ein anderer Beruf wurde mir nie vorgeschlagen.

Der Zwang ließ nach, als ich sie um ein Foto bat, das ich mit zur Schule nehmen konnte. Aus einem Instinkt der Koketterie tat sie so, als wollte sie nicht, dass ich eines bekam. Jungen in der Schule, sagte sie, hätten ihre Wände mit Bildern von Mädchen bedeckt, sie würde nicht auf die Idee kommen, ihre Bilder zusammen mit hundert anderen aufhängen zu lassen. Als ich feierlich versprach, kein einziges Bild außer ihrem zu haben, sagte sie, sie hätte kein gutes. Auf dem Kaminsims lag eines, und ich schnappte es mir trotz ihres Protests.

Sie war ein ziemlicher Wildfang und es folgte ein hektisches Handgemenge. Bei dem Gerangel fiel meine Hand versehentlich auf ihre Brust. Es löste in mir einen überwältigenden Nervenkitzel aus. Ich hatte die Vision von Maria, wie sie das Baby stillte, und der Schönheit ihrer weißen Brust. Die Idee verband sich mit Margot, die in meinen Armen kämpfte. Ich wusste nichts vom Geheimnis des Lebens. Ich kann nicht sagen, was ich fühlte – es war sehr vage –, aber ich wusste, dass etwas Neues zu mir gekommen war.

Margot bemerkte die Veränderung. Ich glaube, ich habe den Kampf mit ihr beendet.

"Was ist los?" Sie fragte.

"Nichts."

Aber ich ging weg und setzte mich getrennt hin.

"Was ist los?" Sie bestand darauf, kam herüber und stellte sich vor mich. "Habe ich dich verletzt?"

"Nein ich sagte. „Aber wir dürfen nicht so ringen. Wir sind keine Kinder mehr .“

Sie warf den Kopf hoch und fing an, sich über mich und meine neue lange Hose lustig zu machen. Aber ich habe sie unterbrochen.

„Margot! Margot! Verstehst du nicht?“

Ich ergriff ihre Hände, zog sie neben mich herunter und küsste sie. Es war das erste Mal. Ich bin mir sicher, dass sie nicht verstand, was ich meinte – mir war es selbst nicht klar. Aber sie verstummte plötzlich. Und während ich dort saß und meinen Arm um sie gelegt hatte, sah ich eine Vision von Marias Zuhause und die warme Freude daran. Margot und ich hätten so ein Zuhause; nicht wie die des Vaters .

Ich stand im Bann einer schwindelerregenden Emotion, für die keines unserer erwachsenen Worte passen würde. Ich vermute, dass die Emotion nur einmal auftritt und zu flüchtig ist, um einen Platz in Wörterbüchern für Erwachsene zu finden. Es war schmerzhaft und großartig, aber als ich nach Hause ging , war ich sehr glücklich.

V

Natürlich habe ich die religiösen Dogmen des Vaters nie in Frage gestellt. Ich wusste nicht einmal, dass sie befragt werden könnten. Aber zwei Dinge beunruhigten mich nachhaltig.

Man hatte mir beigebracht, dass unser Erlöser der Fürst des Friedens sei und dass sein oberstes Gebot das Gesetz der Liebe sei. Aber wenn Erwachsene zusammenkamen, war immer vom Krieg die Rede. Ich glaube nicht, dass es in unserer Kirche einen Ältesten oder Diakon gab, der nicht gedient hätte. Wie oft hörte ich Geschichten über die Mord- und Vergewaltigungswelle, die noch vor wenigen Jahren über unsere Berge hinweggefegt war!

Ich erinnere mich besonders an die Aufstellung eines Kampfdenkmals direkt außerhalb unseres Dorfes und an die Horde Fremder, die aus verschiedenen Teilen des Staates zur Zeremonie angereist waren. Die Helden waren fünf Männer in grauen Uniformen, allesamt Überreste der Kompanie, die dort gestanden und erschossen worden war. Einer war ein alter Mann, drei waren mittleren Alters und einer war so jung, dass er am Tag des Kampfes nicht älter als sechzehn sein konnte. Der Mann, der ihr Kapitän gewesen war, blieb im Pfarrhaus. Nach dem Abendessen versammelten sich die führenden Männer des Dorfes in unserem Salon. Ich stand am Stuhl des Vaters und hörte mit großen Augen zu, wie der Kapitän uns mit seiner brüchigen Stimme alle Einzelheiten dieses Massakers erzählte. Ich erinnere mich, dass der alte Soldat in der Aufregung seines Geschichtenerzählens profan wurde und der Vater ihn nicht zurechtwies.

Irgendwie konnte ich in der modernen Kriegsführung keine Romantik spüren, es schien keine Ähnlichkeit zwischen diesen Männern und den ritterlichen Helden der Tafelrunde zu geben. Wenn Launcelot dort im Pfarrsalon eine echte Person gewesen wäre und mir von Angesicht zu Angesicht und anschaulich erzählt hätte, wie er den falschen Ritter Gawaine getötet hatte , hätte ich vielleicht den Blutfleck auf seiner Schwertklinge und die Leiche mit dem gespaltenen Kopf gesehen seines Feindes, damit auch sie abscheulich erschienen wären.

Als kleiner Junge konnte ich nicht verstehen, wie ein Nachfolger Jesu Soldat sein konnte. Ich wusste nicht, dass auch erwachsene Männer die gleiche Frage stellten. Ich erinnere mich, dass ich Jahre später Rossettis beißendes Sonett „Vox ecclesiæ , vox Christi" entdeckte.

„Über Waffen, die zum Blutvergießen gesegnet sind, zu wilder Jugend."

Aus böser Zeit hat das Wort gezischt : –

Ihr seid des Herrn: Geht hinaus, zerstört, seid stark:

Die Kirche Christi entbindet euch von Christi Gesetz der Wahrheit."

Ich weiß nicht, was der Vater von diesen Worten gehalten hätte, denn wie einige der Roundhead-Führer zu Cromwells Zeiten war er sowohl Kaplan als auch Kapitän seiner Kompanie gewesen. Wenn der Krieg erneut ausgebrochen wäre, wie die „Unversöhnlichen" mit Sicherheit glaubten, und wenn Oliver sich geweigert hätte, sich für den Dienst Christi zu bewerben, hätte der Vater ihn meiner Meinung nach verflucht.

Das andere, was mir Sorgen bereitete, war ein „Gospel-Hymnus“, den wir fast jeden Sonntag sangen. Es hatte eine schwungvolle Melodie, aber die Worte waren schrecklich.

Es gibt eine Quelle voller Blut,

Aus Emanuels Adern gezogen;

Und Sünder stürzten in diese Flut

All ihre Schuldflecken verlieren.

Solch ein blutiges Heilsmittel kam meiner kindlichen Fantasie viel schrecklicher vor als die schwefeligste Hölle .

Mir wurde gesagt, dass ich diese Dinge verstehen würde, wenn ich erwachsen wäre. Das war die Antwort auf so viele Fragen, dass ich es mir nicht mehr angewöhnt habe, sie zu stellen. Ich glaubte, dass der Vater sehr weise war und bereit, sich in allem auf sein Wort zu verlassen.

Mit elf Jahren überredete er mich, „ein Glaubensbekenntnis abzulegen“ und der Kirche beizutreten. Erst in diesen letzten, ruhigeren Jahren kann ich ohne Bitterkeit auf diesen Vorfall zurückblicken. Es war so absolut unfair. Das Einzige, was mir klar gemacht wurde, war, dass ich sehr ernste und unwiderrufliche Gelübde ablegte. Das hat mich in jeder Hinsicht beeindruckt. Mir wurde ein brandneues Outfit geschenkt . Ich hatte noch nie zuvor neue Unterwäsche und neue Schuhe gleichzeitig mit einem neuen Anzug und einer neuen Mütze gehabt. Solche Dinge regen die Fantasie eines Kindes an. Ich musste vor der ganzen Gemeinde aufstehen und auf unverständliche Fragen mit Antworten antworten, die ich auswendig gelernt hatte. Dann bekam ich zum ersten Mal einen Anteil am Abendmahlsbrot und -wein. Die Feierlichkeit des Anlasses wurde betont. Aber es gab keine – zumindest keine erfolgreiche – Anstrengung, mir verständlich zu machen, worum es ging. Als ich alt genug wurde, um über solche Dinge nachzudenken, stellte ich fest, dass ich bereits geschworen hatte, mein Leben lang an dieselben Dinge zu glauben. Ich bemühe mich so sehr ich kann, mich an die vielen Freundlichkeiten meiner Adoptiveltern zu erinnern. Ich bin mir sicher bewusst, wie ernsthaft und gebeterfüllt sie sich bemühten, das Beste für mich zu tun. Diese Torheit bleibt mir in der schärfsten Erinnerung. Es war furchtbar unfair gegenüber einem Jugendlichen, der sein Wort ernst nahm.

Aber bis zu jenem Sommertreffen im Sommerlager, als ich sechzehn war, hatte ich nie das, was man eine „religiöse Erfahrung“ nennt.

In späteren Jahren habe ich erfahren, dass die älteren und reicheren Sekten aufwändigere und künstlerischere Bühnenbilder für ihre Mysterien entwickelt haben. Ich kann heutzutage keinen Gottesdienst der Paulisten oder der Marienkirche besuchen, ohne den Rausch des schweren Weihrauchs und die wunderbare Schönheit der Musik zu spüren. Aber für einen Jungen und für die einfachen Bergbewohner, die sich dort versammelten, war dieses Lager ausreichend beeindruckend.

Es stand am Rande eines Spiegelsees, im Schatten des Lookout Mountain, in einer der schönsten Ecken von Tennessee. Stattliche Kiefern drängten sich dicht um die Lichtung, und jenseits des Sees fiel der Hügel ab und ließ einen weiten Blick über das Tal frei. Der Mensch schien unter diesen riesigen Bäumen ein sehr kleines Geschöpf zu sein, angesichts der großen Entfernungen zu den Bergen jenseits des Tals. Es gab nichts im Lager, das an das tägliche Leben erinnerte. Die tausend Dinge, die einen ständig von der Religion ablenken, wurden ausgeschlossen.

Es wurde mit größter Sorgfalt darauf geachtet, dass das Camp einen Kontrast zu „The Springs" bildete und Menschen aus „The Springs" anlockte – einem modischen und mondänen Ferienort in der Nähe. Es wurde weder Karten gespielt noch getanzt, da solche Dinge die Gottheit beleidigen sollten. Die Etappe zum Bahnhof fand am Sonntag nicht statt.

Jeden Tag nach dem Frühstück versammelte sich die große Familie – hundert oder mehr Personen – am Seeufer und der Vater leitete das Gebet. Am Vormittag gab es Studienkurse, bei denen es sich größtenteils um Bibelstunden handelte. Ich erinnere mich nur an zwei, die weltlich waren. Einer befasste sich mit Literatur und die King-James-Bibel diente als Vorbild für englische Prosa. Es wurde nicht erwähnt, dass ein großer Teil des Originals aus Gedichten bestand. Es gab auch einen Kurs zum Thema „Naturwissenschaften". Ein Professor für Exigesis aus einem benachbarten Theologischen Seminar lieferte eine giftige Polemik gegen Darwin. Die „Nebelhypothese" wurde mit vielen überzeugenden Gesten widerlegt.

Meine kleine Liebesaffäre mit Margot hatte mich in einen Zustand der Hochstimmung versetzt. Andere Dinge trugen dazu bei, dass ich besonders anfällig für religiöse Suggestionen wurde. Oliver war aus seinem zweiten Jahr im Seminar zurück. Meine Abneigung gegen ihn war vergessen. In den von ihm geleiteten Jugendtreffen wirkte er auf mich sehr eloquent.

Mary war mit ihren drei Kindern dort und hatte für den Sommer das Häuschen an einem Ende des Halbkreises mit Blick auf den See gemietet. Ihr Mann, Prof. Everett, war mehrere Monate lang auf der geologischen Expedition nach Alaska gewesen, was meiner Meinung nach den Grundstein für die herausragende Stellung legte, die er heute in dieser Wissenschaft genießt. Auch Maria war vom religiösen Eifer des Ortes erfasst worden. Für mich schien sie wunderbar vergeistigt und unbeschreiblich schön. Oliver und ich gingen nach den abendlichen Treffen oft mit ihr nach Hause und sprachen auf ihrer Veranda über dem Wasser über Religion.

Sonntage waren fortlaufende Erweckungstreffen. Jede Woche kamen berühmte Seelenfischer. Alle Methoden, von den spirituellsten bis zu den gröbsten , wurden verwendet, um uns von unseren Sünden zu entwöhnen. Es war „Salvation" Milton, der mich gelandet hat.

Er war die Hauptattraktion des Sommerprogramms. Er blieb zwei Wochen, vierzehn Tage, im Lager, voller angespannter Emotionen, die an Hysterie grenzten. Für viele Menschen schien „Erlösung" Milton ein wahrer Apostel zu sein. Seine Botschaft ist ihnen als heilige Worte aus dem Orakel des Allerhöchsten gekommen . Ich fürchte, es könnte für solche Menschen blasphemisch erscheinen, wenn ich als Kriminologe von ihm als einem Musterbeispiel für Pathologie schreibe. Aber ich habe in unseren Strafgerichten viele getroffen, die ihm sehr ähnlich waren.

Ich habe keinen Zweifel an seiner Aufrichtigkeit – bis an die Grenzen seines armen, verzerrten Gehirns. Er hatte Momente der Begeisterung, in denen er glaubte, von Angesicht zu Angesicht mit Gott zu sprechen. Er glaubte fest an seine Mission. Er hatte kleinere Momente, die er ebenso bitter bereute wie seine Freunde, die ihn wie die Söhne Noahs mit einem Laken zudeckten, damit seine betrunkene Nacktheit von den Menschen nicht gesehen werden konnte. Er war erbärmlich unausgeglichen. Aber ich denke, wenn ihm die Willensstärke gegeben worden wäre, sich zu entscheiden, wäre er immer der leidenschaftliche Diener Gottes gewesen, den wir bei der Lagerversammlung in ihm gesehen haben.

Er war ein Meister seines Fachs. Durch Meditation, Fasten und Gebet konnte er sich in einen emotionalen Zustand versetzen, in dem leidenschaftliche Beredsamkeit mit fast unwiderstehlicher Überzeugung über seine Lippen floss. Er beherrschte auch die weniger ehrwürdigen Tricks seines Fachs.

Es war seine Gewohnheit, nachmittags gegen vier Uhr getrennt durch den Wald zu gehen und eine Stunde oder länger auf den Knien zu verbringen. Einmal nahm er mich mit. Ich erinnere mich an die Ehrfurcht, als ich dort auf den Tannennadeln in der Stille des Waldes saß und ihm dabei zusah, wie er „mit dem Geist rang". Ich versuchte auch zu beten, konnte mich aber nicht so lange darauf konzentrieren. Plötzlich begann er zu sprechen und bat Christus um seine Fürsprache für mich. Und als er nach Hause ging, sprach er mit mir über meine Seele. Zum ersten Mal wurde ich „von einer Überzeugung der Sünde überwältigt". An diesem Abend predigte er über den Lohn der Sünde.

Ich werde nie den Schrecken der Angst vergessen, der mich während dieses Dienstes festgehalten hat. Milton hatte die Angewohnheit, mit reifen Männern umzugehen und sie zu überwinden. So ein Junge wie ich war wie Kitt in seinen Händen. Als aus dem zitternden Schrecken heraus das laut geschriene Versprechen der Erlösung kam, Immunität von allem, was er mir das Gefühl gegeben hatte, was ich verdiente, stolperte ich niedergeschlagen den Gang hinauf und nahm meinen Platz unter den „Suchenden" ein. Ich muss sagen, er hatte Trost für uns parat. Ich erinnere mich, dass er seinen Arm um meine Schulter legte und mir sagte, ich solle nicht zittern und keine Angst haben. Gott war mächtig zu retten. Lange bevor die Welt erschaffen wurde, hatte er für mich eine Villa im Himmel gebaut . Er würde alle meine Sünden im Blut des Lammes abwaschen. Milton hatte mich so eingeschüchtert, dass ich bereit war, durch einen Ozean voller Blut zu waten, wenn es keine Sicherheit mehr gab.

Der nächste Morgen brachte mir Frieden. Ich vermute, meine überstrapazierten Nerven waren an der Grenze ihrer Belastbarkeit angelangt. Ich dachte, es sei der versprochene „Frieden, der alles Verständnis übersteigt ". Ich war mir meiner Erlösung sicher. Es folgten mehrere Wochen spiritueller Erhebung. Ich las die Bibel leidenschaftlich, manchmal alleine, öfter mit Oliver oder Maria, denn es war Mode, gemeinsam Gottesdienste zu feiern. Wann immer sich in den Sitzungen die Gelegenheit dazu bot, legte ich „öffentliche Aussagen" ab.

Aber es wäre mir schwer gefallen, meinen Glauben zu definieren. Ich hatte große Angst gehabt und mich erholt. Ich dachte, das käme von Gott. Ich hatte nur eine grobe Vorstellung von der Gottheit. Im Allgemeinen kam ich ihm als dem Vater sehr ähnlich vor, mit weißen Haaren und einem tollen Bart. Ich betrachtete ihn als einen Menschen, der sich zutiefst für alles interessierte, was ich tat und dachte, und der alles in den Gerichtstafeln niederschrieb – einen Buchhalter, der nie schläft. Mir war die Dreifaltigkeit überhaupt nicht klar. Diese Bergpresbyterianer waren Christen des Alten Testaments. Der Christus spielte in ihrem Passionsspiel eine untergeordnete Rolle. Sie sprachen viel vom Heiligen Geist, aber Gott, der Vater, der König der Könige, der eifersüchtige Jehova Israels war ihre Hauptgottheit. Wir sollten Ihn lieben, aber in Wirklichkeit hatten wir alle Angst vor Ihm. Ich war jedoch sehr stolz in der Überzeugung, einer seiner Auserwählten zu sein .

Mit zunehmendem Alter verspüre ich den Wunsch nach einem subtileren Urteil über die Dinge als nach dem groben Urteil „richtig" oder „falsch". Ich blicke auf meine religiöse Ausbildung zurück, versuche die Tränen und das höhnische Grinsen zurückzuhalten und denke ruhig darüber nach. Ich bezweifle, dass Kinder irreligiös sind. Manche Erwachsene behaupten das, aber ich denke, das bedeutet, dass sie gedankenlos sind – oder völlig entmutigt. Wir leben inmitten von Geheimnissen. Wir werden daraus geboren und wenn wir sterben, betreten wir es wieder. Jeder, der denkt, muss eine Einstellung zum Unverständlichen haben – muss eine Religion haben. Und liebevolle Eltern werden zwangsläufig versuchen, ihren Kindern zu einer reinen und süßen emotionalen Beziehung zum Unbekannten zu verhelfen. Offensichtlich ist es kein einfaches Unterfangen. Denn die Erwachsenen, die mich in meiner Kindheit umgaben, haben mein religiöses Leben trotz ihrer ernsthaften Bemühungen und trotz ihrer Gebete um Führung schrecklich verzerrt, anstatt es weiterzuentwickeln. Sie waren aufrichtig bestrebt, mich in den Himmel zu führen. Ich glaube nicht, dass es übertrieben ist, zu sagen, dass sie mich auf dem Weg verfolgt haben, der mit guten Absichten gepflastert ist.

Ich kann mir keine wichtigere Aufgabe vorstellen als die Entwicklung eines vernünftigen und gesunden „Kurses zur Religionserziehung für Kinder". Das, was in unseren Sonntagsschulen angeboten wird, scheint mir weit unter der Marke zu liegen. Es ist eine Arbeit, die nicht nur Frömmigkeit, sondern auch tiefe pädagogische Kenntnisse erfordert.

Sicherlich wird das neue und bessere Regime voreilige „Glaubensbekenntnisse" entmutigen. Ich glaube nicht, dass es darauf bestehen wird, dass wir in Sünde und sündig geboren werden. Vor allem wird darauf geachtet, dass die Religion der kindlichen Fantasie nicht hässlich oder furchteinflößend erscheint. Sogar die orthodoxesten Calvinisten werden – hoffen wir – lernen, „die mit Blut gefüllte Quelle" und die Feuer der Hölle den Erwachsenen vorzubehalten. Die Sonntagsschule der Zukunft wird auf den Feldern zwischen den Blumen abgehalten, und die Wunder des Kindes vor unserem wunderbaren Universum werden geschätzt und zur Hingabe geführt – zur natürlichen Dankbarkeit für das Geschenk der Erde und der Fülle davon. Das ist sicherlich klüger, als die Kinder drinnen zu lassen, um den Katechismus zu lernen. Ich kann mir nichts vorstellen, was meiner Meinung nach weniger eine religiöse Zeremonie darstellt, als jene Gelegenheiten, bei denen allen Sonntagsschulgelehrten, die den gesamten Katechismus rezitieren können, Bibeln gegeben werden. Was haben Jugendliche mit solch feiner Metaphysik zu tun? Oh! die öden Stunden, die ich damit verschwendete, die Unterschiede zwischen „Rechtfertigung", „Heiligung" und „Annahme" – oder war es „Erlösung" – klarzustellen. Man könnte annehmen, dass Jesus gesagt hätte: „Lass die kleinen Kinder, die den Katechismus kennen, zu mir kommen."

Aber mit sechzehn hatte ich natürlich keine solchen Ideen. Ich kannte kein anderes religiöses Leben als das, was ich bei mir sah. Mir wurde sorgfältig beigebracht zu glauben, dass ein gutes Gedächtnis und eine glatte Zunge dem Allerhöchsten wohlgefällig seien . Ich war sehr verächtlich gegenüber den Kindern meines Alters, die weniger kompetent waren.

VI

Inmitten dieses Friedens fiel ein Blitz, der mein religiöses Leben beendete. Seine grelle Flamme erleuchtete für einen Moment die große Welt, die ich nicht kannte. Und die Vision von Dingen, auf die ich nicht vorbereitet war, war zu viel für mich. Vielleicht liege ich wissenschaftlich nicht korrekt, aber es kam mir immer so vor, als ob das, was ich in jener Julinacht sah, den Teil meines Gehirns verblüffte, der mit „Glaubenshandlungen" zu tun hat. Seitdem war ich nie mehr in der Lage, religiös an irgendetwas zu glauben.

Es war ein Sonntag. Beim Vespergottesdienst, als wir alle im Gras am Ufer des Sees saßen, hatte der Vater gepredigt, dass unser Körper der Tempel Gottes sei. Wie üblich leitete Oliver nach dem Abendessen die Jugendversammlung. Diese intimeren Zusammenkünfte bedeuteten mir mehr als die größeren Versammlungen. Unser Text lautete: „Gesegnet sind die, die reinen Herzens sind." Ich erinnere mich noch genau daran, wie Oliver als junger Mann aussah, groß, kräftig und wunderbar. Er hat jetzt eine große Stadtkirche und hat sich durch Reden seinen Weg durchgesetzt. Die Beredsamkeit, auf der er seine Karriere aufbauen sollte, zeigte sich bereits.

Maria sang. Ich habe auch ein scharfes Bild von ihr. Sie trug ein leichtes Rasenkleid, das im strahlenden Mondlicht fast weiß wurde. Ihre Jahre schienen von ihr abgefallen zu sein und sie sah aus wie in ihrer Hochzeitsnacht. In ihrer satten, sanften Altstimme sang sie die traurigste aller Kirchenmusik: „Er wurde verachtet."

Etwas hielt mich nach dem Gottesdienst auf und als ich mich nach Oliver und Mary umsah, waren sie weg. Ich ging zu ihr nach Hause, aber das Dienstmädchen sagte, sie seien nicht gekommen. Das Geheimnis des religiösen Eifers und die Herrlichkeit der Nacht hielten mich davon ab, auf der Veranda zu warten, und riefen mich dazu auf, am Wasser entlang zu wandern. Aber ich wurde schnell müde vom Gehen und legte mich, als ich zum Haus zurückkam, ins Gras unter einem großen Baum. Der Vollmond überzog das Land mit gespenstischen weißen und dichten schwarzen Schatten.

Zwei Ideen schwirrten mir durch den Kopf. Es bestand ein hartnäckiger Wunsch, dass Margot mit mir zusammen sein könnte, um dieses Wunder religiöser Erfahrung zu teilen. Im Widerspruch zu diesem Wunsch, der vermutlich durch die Texte des Abends erzwungen wurde, stand ein starker Drang zur extremen Askese. Ich war ungeduldig auf Olivers Rückkehr. Ich wollte ihn fragen, warum unsere Kirche das Mönchtum aufgegeben hatte.

Wie lange ich darüber nachgedacht habe, weiß ich nicht. Vielleicht bin ich eingeschlafen, aber endlich hörte ich sie durch den Wald zurückkommen. Da war etwas in Olivers Stimme, das meinen Impuls unterdrückte, aufzuspringen und sie zu begrüßen. Es war etwas Heißes und Hastiges, etwas Wildes und Unheilvolles. Aber als sie in den Mondschein hinaustraten, wusste ich, dass sie sich nicht stritten, auch wenn sie plötzlich verstummten. Mary warnte ihn mit einer Geste und ging ins Haus. Durch die offenen Fenster hörte ich, wie sie dem Negermädchen sagte, sie könne nach Hause gehen. Ich hörte sie „Gute Nacht" sagen und die Hintertür abschließen. Das Mädchen summte ein Schlaflied, als sie wegging. Die ganze Zeit saß Oliver auf den Stufen.

Ich weiß nicht, was mich zum Schweigen brachte, als ich dort im Schatten hockte. Ich hatte keine Ahnung, was kommen würde. Aber die lähmende Hand der Vorahnung lag auf mir. Ich wusste, dass sich etwas Böses näherte, und ich hätte weder sprechen noch mich bewegen können.

„Oliver", sagte sie mit einer Stimme, die ich nicht kannte, als sie auf die Veranda kam, „du musst weggehen. Es ist falsch. Furchtbar falsch."

Aber er sprang auf und warf seine Arme um sie.

„Es ist Sünde, Oliver", sagte sie, „du bist ein Pfarrer."

„Ich bin ein Mann", sagte er grimmig.

Dann gingen sie ins Haus. Erst Jahre später, als ich Ebbers Buch „Homo Sum" las, wurde mir in der Geschichte dieses Priesters, der mit seiner Männlichkeit kämpfte, klar, was dieser Moment für Oliver bedeutet haben musste.

Ich schlich auf Zehenspitzen über das Gras in den Schatten des Hauses. Eine Jalousie war hastig heruntergezogen worden – zu hastig. Darunter strömte ein dünnes Lichtband hervor.

Ich könnte jetzt nicht aufschreiben, was ich durch dieses Fenster sah, selbst wenn ich es versuchte. Aber in der damaligen Geisteshaltung und in meiner Unwissenheit über das Leben bedeutete es die völlige Entweihung aller Heiligkeit. Oliver und Mary standen auf meinem höchsten Podest, ein Gott und eine Göttin. Ich habe sie im Staub gesehen. Nein. Es schien der größte Sumpf zu sein.

Schließlich wandte ich mich ab, um mich zu ertränken. Einige Stunden später hoben sie mich bewusstlos in der Nähe des Wassers auf. Die Ärzte nannten es Hirnfieber. Es verging fast ein Monat, bis ich wieder rational wurde. Ich war erstaunt, als ich feststellte, dass ich in meinem Delirium nicht über das geplaudert hatte, was ich gesehen hatte. Weder Oliver noch Mary ahnten, dass sie an meiner Krankheit beteiligt waren. Abstoßender für mich als das, was sie getan hatten, war die Heuchelei, mit der sie es verheimlichten.

Vor allem fürchtete ich mich vor jeder Erklärung und entwickelte eine Heuchelei, die genauso grob war wie ihre. Ich unterdrückte meinen Widerwillen gegen Marias Küsse und tat so, als ob ich es gern hätte, wenn Oliver mir aus der Bibel vorlas. Und als ich mich wieder fortbewegen konnte, nahm ich wie zuvor an den Sitzungen teil. In meinem Herzen war schwarzer Hass und das Abendmahlsbrot verursachte mir Übelkeit. Vom Sommer blieb nur noch die Sehnsucht nach dem Tag, an dem ich zur Schule gehen sollte. Nichts war von Bedeutung, außer diesen Assoziationen zu entkommen.

Ich bin mir nicht sicher, was die Ursache dafür war – die wochenlange religiöse Hysterie, die meine Bekehrung begleitete, das, was ich durch den Spalt unter dem Fenstervorhang sah, oder das Fieber –, aber die Zeit zwischen der Ankunft von „Rettung" Milton und meiner Genesung war ziemlich klein Ein kleiner Fleck grauer Substanz, die winzigen Ganglien von Nervenzellen, von denen wir *glauben* , dass sie nicht mehr funktionieren.

BUCH II

ICH

Anfang September brachte mich Oliver nach Osten zur Schule. Es handelte sich nicht um eine unserer weithin beworbenen Bildungseinrichtungen. Ich glaube, der Vater hatte sie ausgewählt, weil sie „Presbyterianische Akademie" genannt wurde und der Name ihre Orthodoxie bestätigte.

Ich erinnere mich, wie ich auf dem Bahnsteig stand, nachdem Oliver mit dem Direktor alle Absprachen getroffen hatte, und auf den Zug wartete, der ihn aus meinem Blickfeld bringen sollte. Wie lange dauerten die Minuten! Für einen sechzehnjährigen Jungen ist es beunruhigend, jemanden so zu hassen, wie ich meinen Cousin gehasst habe. Ich war froh, dass er nicht wirklich mein Bruder war.

Es ist seltsam, wie das Leben unsere Standards verändert. Wenn ich jetzt an diese Tage zurückdenke, tut er mir zutiefst leid. Es war, glaube ich, seine einzige Liebe. Es hätte ihm sehr wenig Freude bereiten können, denn es musste für ihn eine ebenso abscheuliche Sünde gewesen sein wie für mich.

Fünf Jahre später heiratete er. Ich bin sicher, dass er seiner Frau gewissenhaft treu geblieben ist. Sie ist eine Frau, die man respektieren muss, und ihr Ehrgeiz war ein großer Ansporn für seinen Aufstieg . Aber ich bezweifle, dass er sie wirklich so geliebt hat, wie er Maria geliebt haben muss, um, wie er es tat, all seine Moral ihr gegenüber zu brechen. Für ihn muss die Liebe eine Tragödie gewesen sein. Aber die Kindheit ist hart. Ich hatte kein Mitleid mit ihm.

Sein Weg hat eine große Last von mir genommen. Als ich allein zur Schule zurückging, wollte ich schreien. Ich begann ein neues Leben – mein eigenes. Ich hatte keine klare Vorstellung davon, was ich mit dieser neuen Freiheit anfangen würde. Ich kann mich nur an eine Planke auf meiner Plattform erinnern – ich wollte kämpfen.

Das einzige Mal, an das ich mich erinnern kann, dass ich zu Hause gestritten habe, wurde ich von dem Jungen verprügelt, vom Schullehrer mit dem Stock geschlagen und vom Vater ausgepeitscht , als er mein blaues Auge bemerkte. Kämpfe waren strengstens verboten. Nach dieser dreifachen Prügelstrafe gewöhnte ich mich an, gemobbt zu werden. Da selbst der kleinste Junge in unserem Dorf wusste, dass ich Angst hatte, mich zu verteidigen, wurde ich Opfer endloser Tyranneien. Das erste, was ich von meiner neuen Freiheit Gebrauch machen wollte, war, dies zu ändern. Ich beschloss, mich über den ersten Eingriff zu ärgern.

Es kam noch am selben Tag von einem der Jungen aus der vierten Klasse. Ich erinnere mich, dass er Blake hieß. Kurz vor dem Abendessen aßen wir es auf dem Tennisplatz. Es war ihm gegenüber kaum fair. Er kämpfte ohne große Begeisterung. Für ihn gehörte es zur Routine, die neuen Jungs in Ordnung zu halten. Für mich war es die große Emanzipation. Ich habe die ganze Bitterkeit aller Demütigungen und Demütigungen meiner Kindheit hineingeworfen. Das Zeremoniell der „Sekunden", „Runden" und „Schiedsrichter" war für mich neu. Zu Hause sprangen die Jungen einfach aufeinander los, schlugen und bissen, zogen an den Haaren und traten, bis einer sagte, er hätte genug. Sobald sie das Startwort gaben, schloss ich die Augen und hämmerte los. Wir schlugen uns mehrere Runden lang gegenseitig, und dann wurde Blake aus technischen Gründen zum Sieger erklärt.

Mitleidig sagten sie mir, dass ich nicht wisse, wie man kämpft. Aber alles, was ich wollte, war zu zeigen, dass ich keine Angst hatte. Das hatte ich gewonnen. Es war der einzige Streit, den ich in der Schule hatte. Sogar die Tyrannen wollten keine Schlussfolgerungen mit mir ziehen, und ich hatte keine Lust, Ärger zu erzwingen. Ich hatte in der kleinen Gemeinschaft einen Respekt gewonnen, den ich noch nie zuvor genossen hatte.

In gewisser Weise war es eine Kleinigkeit, aber für mich war es bedeutungsvoll. Es war das erste Mal, dass ich das Verbotene tat und es gut fand. Der Vater hatte Unrecht gehabt, als er Selbstverteidigung verbot. Die Erkenntnis, dass hier seine Weisheit im Unrecht war, war ein tiefer Schlag. Mit der Zeit fiel sein gesamtes komplexes moralisches System zu Boden.

Die Schule war natürlich eine religiöse. Aber die Lehrer erkannten mit einem ausgeprägten gesunden Menschenverstand, dass andere Dinge für heranwachsende Jungen wichtiger waren als Glaubensbekenntnisse. Es schien, als ob mein Geist nach meiner Krankheit abschnittsweise erwachte. Der Teil, der darin bestand, über Maria und Oliver nachzudenken, der darin bestand, über meine Beziehung zu Gott nachzudenken, lag lange Zeit in der Schwebe. Ich lernte Latein, Griechisch und Algebra, spielte Fußball, lief Schlittschuh und spielte bei warmem Wetter Baseball.

Im Frühling überkam mich ein Schatten – der Gedanke, nach Hause zurückzukehren. Je mehr ich an einen weiteren Sommer im Lager dachte, desto furchterregender kam es mir vor. Schließlich ging ich zum Arzt .

Er war der Erste und zugleich einer der Wichtigsten der vielen Menschen, deren Freundlichkeit und Einfluss mein Leben erleuchtet haben. Er war der physische Leiter der Schule und hatte auch eine kleine Praxis im Dorf. Es gab Gerüchte, dass er trank und nie zur Kirche kam. Wäre ein anderer Arzt verfügbar gewesen, wäre er nicht an der Schule angestellt worden.

Ich habe noch nie einen Mann mit unterschiedlicheren Stimmungen gekannt. An manchen Tagen stürzte er sich auf dem Fußballplatz mit für einen Erwachsenen unglaublichem Elan in den Sport, lachte und scherzte und nannte uns beim Vornamen. Wieder saß er auf der Bank an der Seitenlinie und blickte finster drein, ohne sich für uns zu interessieren, sondern murmelte unzusammenhängende Worte vor sich hin. Eines Tages waren ein anderer Junge und ich weit draußen auf der Suche nach Kastanien. Wir sahen ihn durch die Bäume kommen und versteckten uns unter einem Unterholz. Er hatte eine Waffe unter dem Arm, machte aber für einen Jäger zu viel Lärm. Er gestikulierte wild mit seinem freien Arm und fluchte fürchterlich. Wir waren wie gelähmt vor Angst. Ich glaube nicht, dass einer von uns jemandem davon erzählt hat. Denn trotz seiner seltsamen Art mochten ihn alle Jungen, die weder hinterhältig noch prahlerisch waren, ungemein.

Eines Samstagnachmittags fand ich den Mut, in sein Büro zu gehen. Vor mir waren mehrere Bauern. Ich musste lange warten, und als ich endlich an die Reihe kam , hatte ich große Angst.

„Wenn ich diesen Sommer nach Hause gehe", platzte ich heraus, „werde ich wieder krank sein."

Oliver hatte ihm von meiner Krankheit erzählt. Zuerst lachte er mich aus, aber ich bestand so verbissen darauf, dass er anfing, mich ernst zu nehmen . Er versuchte, mich dazu zu bringen, ihm meine Probleme zu erzählen, aber es gelang mir nicht. Dann untersuchte er mich sorgfältig, tippte auf meine Reflexe auf das Knie und tat andere unverständliche Dinge, die heute zu alltäglichen psychologischen Tests gehören. Aber für einen Landarzt waren sie damals sehr fortschrittlich.

„Warum bist du so aufgeregt?" fragte er plötzlich: „Hast du Angst, dass ich dir weh tue?"

„Nein", sagte ich, „ich fürchte, ich muss nach Hause."

„Du bist ein Rum-Typ."

Er setzte sich und schrieb an den Vater. Ich weiß nicht, welches Argument er anführte, aber es hatte Erfolg. Zu gegebener Zeit erhielt ich einen Brief, in dem ich die Erlaubnis erhielt, eine Einladung anzunehmen, den Sommer bei einem meiner Schulkameraden zu verbringen.

Es war ein wundervoller Urlaub für mich – mein erster Eindruck vom Meer. Die Familie des Jungen besaß ein Cottage an der Südküste von Long Island. Der Vater, der Anwalt war, reiste oft in die Stadt. Aber die Wochenenden, die er bei uns verbrachte, waren ein Genuss. Er hat mit uns gespielt! Es hat ihm wirklich Spaß gemacht, mir das Schwimmen und Segeln beizubringen. Ich erinnere mich an meinen Stolz, als er mir die Großschot oder die Pinne anvertraute. Auch das Segeln liebte die Mutter. Dass es ihr Spaß machen würde, mit uns zu spielen, überraschte mich noch mehr als der Vater meiner Freundin. Was auch immer ihre Winterreligion war, im Sommer hatten sie keine – es sei denn, glücklich zu sein ist eine Religion. Ich sammelte von dieser Familie einige neue Ideale für das Haus, das Margot und ich bauen sollten.

Im Frühjahrssemester meines zweiten und letzten Jahres an der Schule erhielten wir einen Kurs über „Beweise des Christentums". Es war eine formelle Angelegenheit, die von einem alten kongregationalistischen Prediger aus dem Dorf geleitet wurde, den wir „Holy Sam" nannten. Den Spitznamen verdankte er seiner Angewohnheit, „Psalm" als Reim auf „Jam" auszusprechen. Er eröffnete den sonntäglichen Vespergottesdienst immer mit den Worten: „Wir werden unseren Gottesdienst mit einem heiligen Sam beginnen. " Ich glaube, er interessierte sich nicht mehr für den Kurs als die meisten Jungen. Man ging davon aus, dass wir alle Christen seien, und es war seine eher undankbare Aufgabe, uns „vernünftige Gründe" für das zu liefern, was wir bereits glaubten.

Bei mir hatte es den gegenteiligen Effekt. Das Buch, das wir für einen Text verwendeten, richtete sich hauptsächlich gegen Atheisten. Ich hatte noch nie zuvor von einem Atheisten gehört , es war für mich eine großartige Idee, dass es Menschen gab, die nicht an Gott glaubten. Ich hatte nicht an seiner Existenz gezweifelt. Ich hatte ihn gehasst. Der Glaube und die Liebe, die ich Mary und Oliver entgegengebracht hatte, hatten sich in Ekel und Abscheu verwandelt. An ihrer Existenz konnte ich nicht zweifeln, und Gott war nur der Geringste dieser Dreifaltigkeit.

Es wäre eine große Erleichterung, wenn ich meinen Glauben an Gott loswerden könnte. Die Notwendigkeit des Hasses würde von mir genommen werden. Und so begann ich – mit meinem achtzehnjährigen Intellekt – über die Gottheit nachzudenken.

Das Pendel der Philosophie hat seit meiner Schulzeit weit geschwungen. Heute sind wir mehr an den subjektiven Prozessen der Hingabe interessiert – was Tolstoi das Reich Gottes in uns nannte – als an Definitionen eines externen, objektiven Konzepts. Die fein gesponnenen scholastischen Unterscheidungen der alten konfessionellen Theologien verlieren ihr Interesse. Fast alle von uns würden Rossetti voller Ehrfurcht zustimmen:

Im besten Fall zu Gott, im schlimmsten Fall zum Zufall,

Danken Sie zuletzt für gute Dinge.

Aber windgepeitschte Blüten sind so gut

Wessen Apfel ist nicht Dankbarkeit.

Auch wenn kein Gebet dein Gesicht erhebt

Lass das Süße Recht haben, Gnade zu erweisen

Kind deiner Seele und werde gepflegt .

Die Generation des Vaters vertrat die Auffassung, dass der Glaube an Gott, wie er im Westminster-Bekenntnis definiert ist, wichtiger sei als jedes Maß an Gnadengabe. Ich dachte, ich befände mich im Krieg mit Gott. Natürlich habe ich nur gegen die formale Definition des Vaters gekämpft. Als Antwort darauf zitierte unser Lehrbuch die Argumente von Thomas Paine. Die gegen ihn angewandte Logik war schwach und nicht überzeugend. Es basierte vollständig auf der Bibel. Dies warf offensichtlich die Frage auf, denn wenn Gott ein Mythos war, wären die heiligen Schriften Fiktion. Heutzutage sind die Tiraden von Paine für mich nur noch von historischem Interesse. Der letzte Appell in Religionsfragen richtet sich nicht an die reine Vernunft. Die Sanktionierung des „Glaubens" entgeht dem Formalismus der Logik. Aber mit achtzehn schien mir der „Appell an die Vernunft" unwiderruflich.

Ich begann, den Schlaf zu verlieren. Als der Frühling voranschritt, wurde mir klar, dass mein Zimmer für meine Gedanken zu klein war, und ich gewöhnte mich an, über die Feuerleiter durch die Nacht zu schlendern. In der Nähe der Schule befand sich ein alter Mühlgraben, und ich lief stundenlang auf dem Deich auf und ab. Genau wie beim Eierdiebstahl hat mich irgendetwas dazu gedrängt, und ich machte mir kaum Sorgen darüber, was passieren würde, wenn man es herausfand.

Nach vielen Nächten der Meditation habe ich meine Schlussfolgerungen zu Papier gebracht. Seitdem behalte ich das schmutzige und zerknitterte Blatt, überschrieben mit dürrer Knabenschrift. Zunächst einmal gab es die beiden Thesen „Es gibt einen Gott", „Es gibt keinen Gott". Wenn es einen Gott gibt, könnte er entweder ein persönlicher Jehova sein, wie der Vater glaubte, oder eine unpersönliche Gottheit wie die der Theisten. Das waren alle Möglichkeiten, die mir einfielen. Und zu diesen Vorschlägen habe ich Folgendes geschrieben:

„Ich kann keinen Beweis für einen persönlichen Gott finden. Es bräuchte starke Beweise, um mich an ein so grausames Wesen glauben zu lassen. Wie könnte ein allmächtiger Gott, der sich um ihn kümmert, seine Kinder in Unwissenheit lassen? Es gibt viele erwachsene Männer." die glauben zu wissen, was die Bibel bedeutet. Sie haben einander auf dem Scheiterhaufen verbrannt – Katholiken und Protestanten – sie würden sich immer noch gegenseitig töten, wenn es keine Gesetze dagegen gäbe. Ein persönlicher Gott würde seine Anhänger nicht über seine Bedeutung streiten lassen. Er würde deutlich sprechen. Wenn er könnte und es nicht täte, wäre er ein Schurke. Ich würde einen solchen Gott hassen. Aber es gibt keine guten Argumente für einen persönlichen Gott.

„Ein unpersönlicher Gott wäre nicht besser als kein Gott. Er würde sich nicht um die Menschen kümmern. Ein solcher Gott könnte uns kein Gesetz geben. Jeder Mensch müsste für sich selbst herausfinden, was richtig ist.“

„Wenn es keinen Gott gibt, ist es dasselbe, als ob es einen unpersönlichen Gott gäbe.

„ Deshalb hat der Mensch keine göttliche Regel darüber, was gut und was schlecht ist. Er muss es selbst herausfinden. Dieses Experiment muss das Ziel des Lebens sein – herauszufinden, was gut ist. Ich denke, dass die beste Art zu leben wäre, so zu leben Die meisten Menschen wären froh, dass du gelebt hättest.

Das war mein Credo mit achtzehn. Es hat sich sehr wenig verändert. Ich glaube nicht – an viele Dinge. Meine Philosophie ist immer noch negativ. Und das Leben scheint mir heute wie damals ein ethisches Experiment zu sein.

Meine mitternächtlichen Spaziergänge am Mühlengraben fanden ein jähes Ende. Meine Spekulationen wurden durch die schwere Hand des Arztes unterbrochen, die auf meine Schulter fiel.

„Was machst du um diese Zeit außerhalb des Bettes? Rauchen?“

Ich war völlig verwirrt und sah keinen anderen Ausweg als Schande. Gerade meine Angst hat mich gerettet. Ich konnte meinen Verstand nicht zusammennehmen, um zu lügen.

„Ich denke an Gott“, sagte ich.

Der Arzt stieß einen langen Pfiff aus und setzte sich neben mich.

„War das der Auslöser für Gehirnfieber?“

"Ja."

„Nun – erzähl mir davon.“

Nichts Gutes, was mir seitdem widerfahren ist, kann mit dem verglichen werden, was der Arzt in dieser Nacht für mich getan hat. Zum ersten Mal in meinem Leben sprach ein Erwachsener ernsthaft mit mir, lass mich reden. Die Erwachsenen hatten ohne Ende mit und über mich geredet. Mir wurde gesagt, was ich glauben sollte. Er war der Erste, der mich fragte, was ich glaubte. Vielleicht war es die große Liebe zu ihm, die in dieser Nacht in meinem Herzen aufkeimte, die mich im späteren Leben besonders für jemanden wie ihn interessierte.

Ich fing am Anfang an, und als ich bei „Salvation" Milton ankam, unterbrach er mich.

„Wir verstoßen heute Abend so sehr gegen die Regeln, dass wir genauso gut mehr tun können. Ich werde rauchen. Willst du eine Zigarre?"

Ich habe damals nicht geraucht. Aber das Angebot dieser Zigarre und die Art, wie er mich wie einen Erwachsenen und Gleichberechtigten behandelte, gaben mir neuen Stolz auf das Leben, gaben mir den Mut, meine Geschichte fortzusetzen, von Oliver und Mary zu erzählen , ihm mein Credo zu erzählen. Er saß da und rauchte schweigend und hörte mich durch.

"Was denken Sie?" Schließlich fragte ich: „Glauben Sie an Gott?"

„Ich weiß es nicht. Ich habe ihn nie zufällig in einem Labor getroffen. Für mich klingt das wie ein Märchen."

„Dann bist du ein Atheist", sagte ich eifrig.

„Nein. Ein Skeptiker." Und er erklärte den Unterschied.

„Woher weißt du, was gut und was schlecht ist?"

„Ich weiß es nicht", antwortete er. „Ich weiß nur, dass einige Dinge bequem sind und andere nicht. Es ist unangenehm, wenn die Leute denken, man sei ein Lügner, besonders wenn man zufällig die Wahrheit sagt. Es ist unangenehm, beim Stehlen erwischt zu werden. Aber ich kenne einige Diebe, die nicht erwischt werden und die sich scheinbar ganz wohl fühlen. Vor allem ist es unangenehm zu wissen, dass man ein Versager ist."

Seine Stimme verstummte müde. Es dauerte mehrere Minuten, bis er wieder anfing.

Bibel glaubst, darfst du keinem Buch glauben. Nein." – Das meine ich nicht. Ein großer Teil der Bibel ist wahr. Einiges davon glauben wir nicht, Sie und ich. Das Gleiche gilt für die anderen Bücher – teils wahr, teils falsch. Vertrauen Sie keinem Buch oder irgendeinem Mann."

„Wie kann ich wissen, welchen Teil ich glauben soll?"

„Du wärst der weiseste Mann auf der Welt, mein Junge, wenn du das wüsstest", lachte er.

Dann, nach langem Schweigen, sprach er mit kalter, harter Stimme.

„Hören Sie mir zu. Ich bin kein guter Mann, dem man vertrauen kann. Ich bin ein Versager."

Er erzählte mir die traurige Geschichte seines Lebens, erzählte sie in einem ruhigen, unpersönlichen Ton, als wäre es die Geschichte eines anderen. Er hatte in Deutschland studiert, war nach New York zurückgekehrt, ein brillanter Chirurg, Leiter eines großen Krankenhauses.

„Ich war nah an der Spitze. Es gab keinen Mann, der auch nur annähernd in meinem Alter über mir war. Dann der Knaller. Es war eine Frau. Man kann nicht sagen, was in diesen Dingen richtig und falsch ist. Geben Sie diesem Cousin nicht die Schuld Deins oder das Mädchen. Wenn irgendjemand wissen sollte, dass es ein Arzt ist. Ich wusste es nicht. Es ist das schwierigste Problem, das es in der Ethik gibt. Die theologischen Seminare helfen nicht. Es ist dumm, den Männern nur zu sagen, sie sollen sich davon fernhalten – früher oder später Später tun sie es nicht. Und niemand kann ihnen sagen, was richtig ist. Sie würden meinen Fall nicht verstehen, wenn ich Ihnen davon erzählen würde. Es hat mich fertig gemacht. Ich begann zu trinken. Passen Sie auf das Getränk auf. Das wird sicher unangenehm. Ich war ein Trunkenbold – auf dem Grund. Endlich hörte ich wieder von ihr. Sie kam schnell herunter – auf den Grund zu. Nun, ich wusste, wie der Grund war – und ich wollte nicht, dass sie es wusste."

Er rauchte einen Moment lang heftig seine Zigarre, bevor er fortfuhr. Er war herausgekrochen und nüchtern geworden. Diese Schularbeit und die Dorfpraxis gaben ihm genug, um sie in einem privaten Krankenhaus unterzubringen. Sie hatte Schwindsucht.

„Und irgendwann – schon bald", endete er, „wird sie sterben und – nun ja – ich kann ins Vergessensland zurückkehren."

Natürlich verstand ich nicht die Hälfte dessen, was es bedeutete. Wie ich mein Herz für ein tröstendes Wort zerbrochen habe! Ich wollte ihn bitten, in der Schule zu bleiben und anderen Jungen zu helfen, so wie er mir half. Aber ich konnte keine Phrasen finden. Schließlich war seine Zigarre ausgebrannt und er brach mit dem Stummel in den Mühlenkanal ein . Es gab ein scharfes Zischen, das wie ein Protest klang, bevor es unter Wasser versank. Er sprang auf.

„Du solltest im Bett sein. Ein Jugendlicher braucht Schlaf. Mach dir keine Gedanken über Gott. Es ist wichtiger für dich, in die Baseballmannschaft zu kommen. Lauf mit."

Ich war erst ein paar Schritte gegangen, als er mich zurückrief.

„Weißt du – wenn du es irgendjemandem erzählst, verliere ich vielleicht meine Position. Ich kümmere mich nicht um mich selbst – aber sei ihretwegen vorsichtig. Gute Nacht."

Er wandte sich ab, bevor ich protestieren konnte. Sein Rückruf ist die einzige Wolke in meiner Erinnerung an ihn. Sein Geheimnis war sicher.

Den Rest des Schuljahres widmete ich meine ganze Aufmerksamkeit dem Baseball. Der Arzt war durchweg schroff zu mir. Wir hatten kein weiteres Gespräch.

Zwei Wochen vor Schulschluss verschwand er. Ich wusste, dass sie gestorben war, er hätte seinen Posten nicht verlassen, solange sie ihn brauchte. Am Tag der Amtseinführung überreichte mir John, der Apfelmann, einen Brief von ihm. Nachdem ich es gelesen hatte, zerriss ich es sorgfältig, wie er es verlangt hatte, und warf die Bruchstücke aus dem Fenster des Zuges, der mich nach Hause brachte. In diesem Brief stand viel, was mir zu einem klaren Denken verholfen hat, aber der wichtigste Teil waren Ratschläge, wie ich mich gegenüber dem Vater verhalten sollte . „Erzähl ihm jetzt nicht deine Zweifel. Es würde ihn nur beunruhigen. Warte, bis du erwachsen bist, bevor du dich mit ihm streitest."

<h1 style="text-align:center">II</h1>

In den Wochen, die ich in jenem Sommer bei den Camp-Treffen verbrachte, passierte nichts Bedeutendes. Zum Glück war Mary nicht da und Oliver verbrachte nach Abschluss des Seminars einige Monate in Europa. Ich befolgte den Rat des Doktors, vermied alle Auseinandersetzungen und beobachtete mechanisch die Formen dieser Religionsgemeinschaft. Niemand ahnte meine Gottlosigkeit, aber ich verdächtigte jeden der Heuchelei. Es war eine unfruchtbare Zeit der Täuschung.

Selbst meine Korrespondenz mit Margot bereitete mir keine Freude. Ich konnte ihr nicht über meine Zweifel schreiben, wollte sie aber unbedingt mit ihr besprechen. Während ich das, was mir am Herzen lag, nicht zu Papier bringen konnte, fiel es mir sehr schwer, Briefe mit weniger wichtigen Dingen zu füllen. Wann immer ich weniger offen war, empfand ich es als äußerst unbefriedigend.

Ich kann mir vorstellen, dass die meisten nachdenklichen Jungen meiner Generation schrecklich allein waren. Heutzutage wird es immer üblicher, dass Erwachsene mit Kindern befreundet sind. Der Doktor in der Schule war der einzige Mann, dem ich mich jemals anvertraut hatte. Und in meiner Einsamkeit freute ich mich sehnsüchtig auf lange Gespräche mit Margot. Ich nahm an, dass Liebe Verständnis bedeutete.

Die schwere Krankheit der Mutter brachte uns noch vor Ende des Sommers nach Hause. Während meiner Kindheit war ich dort nicht besonders unglücklich gewesen, aber jetzt, da ich andere, angenehmere Häuser gesehen hatte, kam mir mein Zuhause grausam freudlos vor. Seine Düsternis wurde noch verstärkt, weil die Mutter im Sterben lag. Ich hatte keine besondere Liebe für sie empfunden, aber die Sache wurde für mich dadurch erschwert, dass ich kein Verständnis für ihre religiösen Konventionen hatte. Es war unerlässlich, dass sie Gottes Willen nicht in Frage stellen sollten. Die Mutter wollte nicht sterben. Ich bin mir sicher, dass der Vater bei dem Gedanken, sie zu verlieren, gebrochenes Herz hatte. Sie behielten die mutige Haltung bei – für mich schien es eine leere Vortäuschung –, dass Gott sehr gut zu ihnen sei, dass er sie von der Knechtschaft des Lebens befreie und sie zu unaussprechlicher Freude rufe. Wie sehr sie auch an bekannten Dingen hing – dem Vater , ihrem abwesenden Sohn, den Gräbern ihrer anderen Kinder, den heimeligen Dingen des Pfarrhauses , den wenigen geerbten Silberstücken, den vertrauten Stühlen –, es oblag ihr, den Anschein zu erwecken, als würde sie sich darüber freuen Geh hinaus ins Unbekannte.

Es war meine erste Begegnung mit dem Tod. Wie seltsam ist es, dass uns die größte aller Gemeinplätze immer wieder überraschen sollte! Was für eine Wendung in unserem Gehirn ist es, die uns dazu bringt, so verzweifelt zu versuchen, den Tod zu ignorieren? Die Doktoren der Philosophie jonglieren mit Worten über ihrer *Erkenntnis Theorie* – der Versuch, die Grenzen des menschlichen Wissens zu entdecken, der Versuch, für uns zu entscheiden, welche Dinge erkennbar sind und welche wir möglicherweise nicht wissen –, aber über all ihrem Geschwätz sticht die Tatsache des Todes als etwas hervor, das wir alle wissen. Ob unser Temperament uns dazu neigt, die reine Vernunft zu verehren oder empirisches Wissen zu akzeptieren, wir wissen, dass wir mit Sicherheit sterben müssen. Doch wie viel geistige Energie verbrauchen wir, wenn wir versuchen, es zu vergessen. Das Ergebnis? Wir sind alle überrascht und beunruhigt, wenn diese Alltäglichkeit auftritt.

Das Christentum behauptet, den Tod besiegt zu haben. Für die Auserwählten, so lehrte der Vater , sei es ein freudiges Erwachen. Die Mitglieder der Kirche gingen gewissenhaft die Formen durch, die ihnen ihr Glaubensbekenntnis auferlegte. Wer kann die Realität seiner Gedanken erkennen? Es gibt eine gewisse Gültigkeit in der Theorie der Psychologie, die besagt, dass man wütend wird, wenn man einen Mann schlägt; dass es dich glücklich macht, wenn du lachst. Ich würde jetzt nicht leugnen, dass ihre Einstellung ihnen etwas Trost spendete. Aber damals, als ich mich in meinem stürmischen Meer aus Zweifeln hin und her bewegte, kam es mir so vor, als hätten sie alle Angst. Genauso gut werden disziplinierte Truppen ihre Runden drehen und den Takt markieren und Waffen abfeuern, alle bekannten Manöver des Exerzierplatzes durchführen, während die Granaten des Feindes mit kalter Angst über ihre Reihen fegen, so kam es mir vor, als würden diese Soldaten Christi handeln Riten, für die sie allen Mut verloren hatten, um sich einzureden, dass sie keine Angst hätten.

Ich empfand große Zärtlichkeit und Mitleid mit der Mutter . Wie ich bereits sagte, gab es zwischen uns kaum Zuneigung. Ihre ganze Liebe galt Oliver. Doch in diesen letzten Tagen, als sie so hilflos war, schien es sie zu trösten, wenn ich an ihrem Bett saß und ihre Hand streichelte. Zwischen uns entstand eine mystische Sympathie, und sie hatte nicht das Bedürfnis, sich vor mir zu verstellen. Ich saß da und sah die Trauer in ihrem Gesicht, hoffnungslose Trauer, ja, und manchmal auch Rebellion und Angst. Aber mit mutiger Treue verbarg sie alles, als der Vater ins Zimmer kam, ihre Tränen trocknete und von der Freude sprach, die ihr bevorstand.

Es gab auch eine eigene Trauer. Margot hatte mich desillusioniert. Warum ich erwartet hatte, dass sie mit meinen Zweifeln mitfühlen und sie verstehen würde, weiß ich nicht. Es war ein ziemlich wilder Traum.

Am ersten Abend zu Hause besuchte ich sie. Die Familie drängte sich mit vielen Fragen umher. Al besuchte eine Militärakademie im Süden und es gab endlose Vergleiche zwischen seiner und meiner Schule. Aber schließlich konnten Margot und ich uns von ihnen befreien und gingen allein in eine Laube. Sie schien älter zu sein als ich, die Reife, die sie in diesen zwei Jahren erlangt hatte, erschreckte mich. Aber ich platzte ohne Vorwort mit meinen Sorgen heraus.

„Margot", sagte ich, „glaubst du alles, was in der Bibel steht?"

Ich nehme an, sie erwartete ein paar Liebesworte. Zwei Jahre zuvor, als ich sie verlassen hatte, hatte ich sie geküsst. Und nun--

„Natürlich", sagte sie überrascht.

Wenn sie auch nur an einem Punkt daran gezweifelt hätte, wäre ich vielleicht zufrieden gewesen. Ihre gedankenlose Akzeptanz des Ganzen ärgerte mich.

„Das tue ich nicht", knurrte ich.

"Wie meinst du das?"

„Ich meine, was ich sage. Ich glaube nicht an die Bibel."

Ich erinnere mich noch gut daran, wie sie aussah – dort in der Laube, wohin sie mich geführt hatte – mit großen Augen vor Überraschung und Angst. Ich dachte, sie sah dumm aus.

„Ich glaube nicht an Gott", fuhr ich fort.

Ich habe erwartet, dass sie diese Ankündigung ruhig aufnimmt. Aber zwei Jahre zuvor hatte ich noch nie von Menschen gehört, die an der Existenz Gottes zweifelten, außer natürlich den unwissenden Heiden. Margots Haar ist jetzt fast weiß, aber ich vermute, dass ich in ihrem ganzen Leben die einzige Person bin, die sie die Lehren der Kirche in Frage stellen hörte.

Jetzt erkenne ich das Ausmaß meiner Torheit, als ich erwartete, dass sie es verstehen würde. Die zwei Jahre meiner Abwesenheit hatten für mich alles verändert, sogar die Bedeutung der Worte, die ich benutzte. Ich war in einer größeren Welt als ihrer gewesen und hatte begonnen, die Gedanken denkender Männer kennenzulernen. In diesem kleinen Bergdorf war ein zweitklassiger, ziemlich hirnrissiger Pfarrer ihr intellektueller Führer gewesen. Es war verrückt für mich zu glauben, sie würde Mitleid mit mir haben. Und doch tat ich es, weil ich sie liebte. Ich war erst achtzehn.

Wie der Schrecken in ihren Augen wuchs, als ich weiterhin meinen Unglauben verkündete !

„Es ist böse – was du sagst."

„Es ist wahr. Ist die Wahrheit böse?"

„Ich werde nicht mehr auf dich hören ."

Sie ist aufgestanden. Plötzlich wurde mir klar, dass ich sie verlor.

„Margot", flehte ich, „du darfst nicht gehen. Wir werden heiraten. Ich muss dir sagen, was ich denke."

„Ich werde niemals einen Mann heiraten, der nicht an Gott glaubt."

Wir waren beide sehr heldenhaft. Es gab keine ältere, weisere Person, die uns auslachte. Also standen wir da und starrten uns an. Sie wartete einige Minuten, bis ich widerrief. Ich konnte nicht. Dann liefen ihr zwei Tränen über die Wangen. Ich wollte unbedingt etwas sagen, aber ich hatte auch Tränen in den Augen und es fielen mir keine Worte ein. Sie drehte sich um und ging weg. Ich konnte es gar nicht glauben. Ich weiß nicht, wie lange ich auf ihre Rückkehr gewartet habe. Endlich ging ich nach Hause.

Es folgten mürrische, bittere Tage. Ich nehme an, sie hoffte genau wie ich, dass man einen Weg finden würde, den Frieden wiederherzustellen. Aber keiner von uns wusste wie.

Wenn es nach mir ginge, würde ich das Leben zunächst einmal so gestalten, dass Jungen solchen Krisen entgehen. Ich vermute, dass jeder Mensch früher oder später an einen Punkt kommt, an dem Kompromisse völlige Verdammnis bedeuten. Aber wenn ich diesen „traurigen Plan" umgestalten könnte, würde ich sehen, dass dieser bedeutungsvolle Moment erst im Erwachsenenalter eintritt. Ein Franzose hat gesagt, dass wir alle nach dreißig zu Zynikern werden. Es ist ein bösartiges Sprichwort, aber es enthält ein winziges Körnchen Wahrheit. Mit zunehmendem Alter werden wir gegenüber Phrasen gleichgültig und zynisch. Die Tragödie der Jugend besteht darin, dass sie selten über Worte hinausblickt. Und von allen Sinnlosigkeiten scheinen mir Streitereien über die Begriffe, mit denen wir unseren Mystizismus – unsere Religion, wenn Sie so wollen – zum Ausdruck bringen wollen, am sinnlosesten zu sein. Mit achtzehn ließ ich zu, wie ein Gewirr von Wörtern in meine Liebe einschlug, sie zerschmetterte. Die Jugend ist grausam – vor allem sich selbst gegenüber.

Die Beerdigung der Mutter kam mir seltsam unwirklich vor. Es war schwer, die erwarteten Tränen zu finden, und die schwarze Trauerkleidung war abscheulich. Ich hatte das Gefühl, in einem üblen Kerker eingesperrt zu sein und vor Luftmangel zu ersticken.

College beginnen konnte . Ich hatte einen Kloß im Hals, als ich neben dem Negerjungen, der mich zum Mitternachtszug in die Kreisstadt fahren sollte, auf das Rollbrett kletterte. Der Vater streckte seine Hand aus, schüttelte mir die Hand und hoffte, dass der Herr mich in seiner Obhut haben würde, und dann gingen wir durch das Tor auf die Hauptstraße. Ich sah den Vater allein in der Tür stehen und wusste, dass er für mich betete. Ich hatte das Gefühl, dass ich nie wieder zurückkommen würde. Der Vater in dem großen, leeren Haus tat mir leid , aber ich hatte kein persönliches Bedauern, außer Margot. Die Erinnerung an den früheren Abschied, wie ich bei ihr die erste Erkenntnis der Liebe gefunden hatte, das erste vage Gefühl der mystischen Kräfte des Lebens, kam mir deutlich in den Sinn. In all den zwei Jahren war sie ein ständiger Punkt in meinem Denken. Ich hatte mich nicht sentimental um sie gekümmert, meistens hatte ich in der Hektik der Arbeit oder Freizeit überhaupt nicht an sie gedacht. Aber die Vision von ihr war schon immer da gewesen, im Allerheiligsten meines Gehirns, etwas, das sich weder ändern noch verblassen sollte.

Die Episcopal Church war erleuchtet und als wir vorbeifuhren, konnte ich einiges Gelächter hören. Ich wusste, dass sie es für eine Hochzeit dekorieren würden. Margot würde da sein, denn sie war eine der Brautjungfern. Sobald wir das Dorf verlassen hatten , erzählte ich dem Negerjungen, dass ich etwas vergessen hatte, sprang hinaus, ging zurück in den Wald und ging um die Kirche herum. Ich stellte ein Brett unter ein Fenster und schaute hinein. Es waren noch andere Leute da, aber ich sah nur Margot. Abseits vom Gelächter saß sie da und webte einen Kranz aus Zirbenholz für das Rednerpult. Ihr Gesicht war sehr traurig. Natürlich wusste sie, dass ich weggehen würde, so etwas kennt doch jeder in einem kleinen Dorf. Aber sie hielt ihren Kopf hoch. Hätte ich sie auf die Treppe gerufen, hätte sie mich noch einmal zum Widerruf aufgefordert. Ich wusste, dass es unwiderruflich war. Das Schicksal hatte uns zu stolz gemacht.

Ich rutschte von meinem Sitzplatz herunter und ging zurück zum Buckboard. Es wehte ein wilder Westwind, er heulte und kreischte durch die Kiefern und ich konnte etwas von seinem wilden Jubel mitbekommen. Der Sommer war unbeschreiblich bitter gewesen. Das erfüllte Leben rief vor mir, das Leben ohne die Notwendigkeit der Heuchelei.

Als ich endlich im Zug war und spürte, wie das Geräusch begann, ging ich in den rauchenden Waggon. Als Symbol meiner neuen Freiheit zündete ich mir eine Zigarette an, so ehrfürchtig, als wäre sie ein Sakrament für die Göttin der Vernunft. Die Tränen waren ganz nah an meinen Augen, als ich dort saß und rauchte. Aber der Stolz des Märtyrertums hielt sie zurück. Habe ich nicht sogar Margot für die Sache der Wahrheit aufgegeben?

III

Das College lag auf einem Hügel mit Blick auf ein breites, schönes Tal. Es gab nichts von der rauen Erhabenheit unserer Tennessee Mountains, es war eine sanftere Landschaft als mein Heimatland. Der größte Unterschied lag jedoch in den dichten, gut bestellten Feldern. Hier und da gab es Waldstücke, aber keinen Wald. Es war ein Agrarland.

Wenn ich mir vorgenommen hätte, einen Himmel zu bauen, würde ich ihn nach dem Vorbild des alten Campus errichten. Immer wenn ich heutzutage völlig müde bin und mich nach Ruhe sehne, kommen mir die mit Efeu bewachsenen Häuser und die dürren Pappelreihen in den Sinn. Es ist mein Symbol für unbeschwerte Freude und Zufriedenheit. Der traurige Schatten meines Zuhauses reichte nicht so weit, und ich war dort sorgloser als je zuvor.

Ich beteiligte mich voller Begeisterung am Studentenleben, spielte fair Fußball und glänzte im neuen Tennisspiel. Am Ende der Pubertät gibt es eine Zeit, in der Sie, wenn überhaupt, ein überschwängliches tierisches Wohlbefinden verspüren, in der Sie stolz darauf sind, ein schwereres Gewicht als Ihr Nachbar heben zu können, in der es eine Freude ist, Muskelkater zu spüren mit Müdigkeit, wenn sich Ihr ganzes Wesen einem neuen Gefühl öffnet, für das Sie keinen Namen kennen. Ich erinnere mich an herrliche Spaziergänge im tiefen Winterschnee, und wenn ich an sie zurückblicke , weiß ich, dass die aufregende Lebensfreude, die mir damals aufs Engste mit den Muskeln meiner Oberschenkel und meines Rückens verbunden schien, die dämmernde Erkenntnis der schieren Schönheit der Welt war . Ich habe diese Zeit am College verbracht. Ich glaube, das ist der Grund, warum ich diesen Ort liebe.

Von Anfang an interessierte mich nur ein Studienfach. Es stand nicht auf dem Lehrplan des ersten Studienjahres. Durch eine Wendung des Schicksals gefiel mir „Anglo-Saxon" sehr. Ich nehme an, es war ein Ergebnis meiner jungenhaften Vorliebe für Malorys „ Morte" . d'Arthur . „In der Bibliothek fand ich viele Bücher im abgedroschenen Altenglisch der frühesten Chroniken. Sie scheinen mir immer noch die faszinierendsten zu sein, die jemals geschrieben wurden. Einige davon konnte ich mit Leichtigkeit entziffern. Bevor ich das Fleisch bekommen konnte Von den anderen musste ich eine angelsächsische Grammatik beherrschen. Meine ganze Freizeit verbrachte ich zwischen den Regalen. Meine Unterrichtsarbeiten waren schlecht. Aber bei den Büchern kam ich in engen Kontakt mit Professor Meer, dem Bibliothekar und Leiter von Er war mein zweiter erwachsener Freund und ich verbrachte viele Abende bei ihm zu Hause. Aber unser Gespräch drehte sich immer eher um Literatur als um das Leben die ganz frühen Tage, als es weder Traditionen noch Konventionen gab und jeder Schriftsteller auch ein Entdecker war.

Ein Lebensabschnitt, der mich noch nie zuvor beunruhigt hatte, begann einen Großteil meiner Gedanken zu beschäftigen. Durch die Rede der Fußballmänner wurde ich auf die Frauenfrage aufmerksam gemacht. Unter den Athleten gab es zwei sehr unterschiedliche Gruppen; die YMCA-Männer und die anderen. Es war unvermeidlich, dass ich ersterem feindselig gegenüberstand. Sie benutzten die Phrasen, sprachen die Sprache des Camp Meetings. Mit großem Schmerz und großer Mühe hatte ich mich aus all dem befreit. Viele von ihnen waren vielleicht achtbare Kerle, ich weiß es nicht. Ich habe keinen von ihnen gut kennengelernt. Aber ich war überrascht, dass ich mich im Umgang mit den anderen oft unwohl fühlte. Ihre Gespräche waren voller vager Andeutungen, die ich selten verstand. Sie waren sehr viel kultivierter als ich aufs College gekommen. Auf der Suche nach männlicher Weisheit las ich ein Buch über Sexualthemen, das ich in meinem Studentenwohnheim fand.

Es hat mir sehr wenig beigebracht. Ich habe seitdem Dutzende solcher Bücher gesehen und kann den Geist, in dem sie geschrieben sind, nicht verstehen. In dem Bemühen, sauber und wissenschaftlich zu sein, haben die Autoren große Mühe gegeben und ihren Lesern fast gar nichts erzählt. Es war wie ein Buch, das den Mechanismus einer Druckmaschine beschrieb, ohne ein Wort über deren Verwendung oder Platz im Leben zu sagen. Eine Druckmaschine ist ein sehr lebloses Ding, wenn man nicht begreift, dass sie nicht so sehr an sich, sondern in ihrem enormen Nutzen das Wunderbarste ist, was der Mensch geschaffen hat. Das Buch, das mir in die Hände fiel, beschrieb detailliert, in kaltblütigen und ziemlich abscheulichen Phrasen, die Physiologie des Geschlechts, gab aber keinen Hinweis auf seine psychologische oder soziale Bedeutung, es ließ nicht einmal im Entferntesten vermuten, dass früher oder später jeder, der es las es müsste Sex als ein Problem der persönlichen Ethik behandeln. Es war ein schlechtes Handbuch für jemanden, der gerade erst ein Mann geworden war.

Mir wurde nie etwas über Sex erzählt. Ich schloss aus den Witzen der Gymnasiasten, dass die anderen diese Themen in ihren Vorbereitungsschulen ausführlich diskutiert hatten . Und mit dem zusätzlichen Wissen aus späteren Jahren bin ich überzeugt, dass meine Schule ungewöhnlich sauber war. Ich habe die Jungs nie über solche Dinge reden hören, und wenn einer von ihnen schlechte Angewohnheiten annahm, tat er das privat.

Diese College-Männer prahlten. Natürlich verbarg ich meine Unwissenheit vor Scham. Je weiter die Fußballsaison voranschritt, desto deutlicher wurde das Gespräch. Einige aus dem Team gingen nach dem Thanksgiving-Day-Spiel mit unserem Rivalen-College, das die Saison beendete, „in die Stadt, um die Hölle loszuwerden“. Die YMCA-Männer erwarteten, „direkt nach Hause zu kommen“. Etwa eine Woche vor dem letzten Spiel zeigte Bainbridge, unser Kapitän und Senior, einigen von uns einen Brief, den ihm ein Mädchen aus der Stadt geschrieben hatte. Die anderen Leute, die den Brief sahen, fanden ihn unglaublich lustig. Für mich kam es seltsam und seltsam vor. Eine Frau, die es hätte schreiben können, war für mich etwas völlig Fremdes.

Am Thanksgiving-Abend – wir hatten das Spiel gewonnen – gingen wir alle, außer den YMCA-Männern, zum Abendessen und Feiern in die Stadt. Ich war zufällig der einzige Mann aus meiner Bruderschaft in der Fußballmannschaft, und als das Abendessen zu Ende war, war ich allein. Mir schwirrte ein bisschen der Kopf, und ich erinnere mich, wie ich die Hauptstraße entlangging und versuchte, mich zu erinnern, ob ich mich entschieden hatte, mich auf dieses Frauenabenteuer einzulassen oder nicht. Ich war mir sicher, dass ich nicht damit gerechnet hatte, auf mich allein gestellt zu sein. Ich machte mich gerade auf den Weg zum Bahnhof, um einen Zug zurück zum College zu nehmen, als ich auf einige der Kommilitonen traf. Sie haben mich sofort annektiert. Wir gingen die Straße entlang und stießen brüllend den Schlachtruf der Freiheit aus. Sie hatten ein Ziel, aber jede Bar, an der wir vorbeikamen, lenkte ihre Aufmerksamkeit ab. Es war das erste Mal, dass ich mich der Grenze der Nüchternheit näherte – in dieser Nacht habe ich die Grenze weit überschritten. Ich erinnere mich, dass ich aus dem Durcheinander heraus überredet wurde, eine dunkle Treppe hinaufzusteigen, und plötzlich ernüchtert wurde, als ich einen Raum voller Frauen sah. Ich war vielleicht so verwirrt, dass ich ihnen Unrecht tue, aber noch nie kam mir eine Frau so widerlich hässlich vor. Trotz des Protests meiner Freunde flüchtete ich.

Es ist keine angenehme Erfahrung, das zu erzählen, aber sie hat mich davon abgehalten, etwas Schlimmeres zu verhindern. Ich hatte den letzten Zug verpasst. Da ich weder die Nacht in einem Hotel verbringen noch meine Kommilitonen im Morgenzug treffen wollte, ging ich die zehn Meilen bis zum College zu Fuß. Irgendwie hatte der Anblick dieser abscheulichen Frauen alle Alkoholdämpfe aus meinem Gehirn vertrieben. In der kalten, klaren Nacht, unter den tief hängenden Lichtern des Himmels, fühlte ich mich klarer als sonst. So scharf die Sterne auch am Himmel leuchteten, mir wurde klar, dass ich mit solchen Ausschweifungen nichts zu tun hatte. Es war nicht so, dass ich einen Entschluss fasste, ich verstand nur zweifelsfrei, dass solche Dinge für mich keine Anziehungskraft ausübten.

Das ist etwas, was ich nicht verstehe. Der Vater hatte mich gelehrt, dass viele Dinge sündig seien. Aber ich glaube nicht, dass es in meiner Ausbildung irgendetwas gab, das mich zu dem Gefühl verleiten konnte, Trunkenheit und Ausschweifungen seien schlimmer als Kartenspielen . Dennoch habe ich gelernt, mit leichtem Herzen Poker zu spielen. So war es auch beim Theaterbesuch und Tanzen. Vor diesen Dingen hatte er mich sehr viel häufiger gewarnt als vor der Trunkenheit. Die beste Erklärung, die ich finden kann, obwohl sie mich nicht ganz befriedigt, ist, dass vulgäre Ausschweifungen eher einen ästhetischen als einen moralischen Instinkt schockierten. Es war nicht der Gedanke an Sünde, der mich dazu trieb, vor diesen Frauen wegzulaufen, sondern ihre entsetzliche Hässlichkeit.

Gegen Ende des Frühjahrssemesters spitzte sich der lange aufgeschobene Streit mit dem Vater zu. Ich habe die genaue Ursache des Zusammenstoßes vergessen, vielleicht war es Rauchen. Ich bin mir sicher, dass es mit einer so unbedeutenden Sache angefangen hat. Aber sobald die Lücke offen war, gab es keine Chance mehr, sie zu reparieren. In dem halben Dutzend Briefen, die zwischen uns ausgetauscht wurden, bekannte ich meine Häresien mit ausführlichen Unterstreichungen . Ich hatte nur eine Idee: mit Vortäuschung und Heuchelei für immer Schluss zu machen.

Ich war dumm – und grausam. Ich wusste die Liebe des Vaters zu mir nicht zu schätzen und war mir seiner Grenzen nicht bewusst. Er war sich sicher, dass er Recht hatte. Sein gesamtes intellektuelles System basierte auf einem bleibenden Glauben. Aus der Sicht der neuen pragmatischen Philosophie hatte er seine „Wahrheit" durch ein langes Leben auf die Probe gestellt und für gut befunden. Vielleicht war er in seinen früheren Tagen auf Skeptizismus gestoßen, aber seit seiner frühen Kindheit, seit er seine Pfarrstelle angetreten hatte, hatte er nur mit Menschen zu tun, die ihm geistig unterlegen waren. Er war mehr als ein „Pfarrer", er war der weise Mann, nicht nur unseres kleinen Dorfes, sondern des ganzen Landes. Überall in den Bergen hatte sein Wort entscheidendes Gewicht. Zwangsläufig war er selbstsicher und dogmatisch geworden. Es war ihm menschlich unmöglich, mit einem Jugendlichen wie mir zu streiten.

In meiner engen, bitteren Jugend konnte ich das nicht sehen. Ich hätte seine Aufrichtigkeit vielleicht gewährt, wenn er meine gewährt hätte. Aber dass er annahm, dass ich das Laster liebte, weil ich an bestimmten Dogmen zweifelte, kam mir wie eine Lüge vor . Aber die Männer, die er kannte und die keine „bekennenden Christen" waren, waren Trunkenbolde oder Schlimmeres. Er glaubte wirklich, dass Robert Ingersoll ein Mann von unbeschreiblicher Verderbtheit war. Er konnte sich nicht vorstellen, dass ein Mann ohne die Hilfe Christi ein aufrichtiges Leben führen würde. Frieden zwischen uns war unmöglich. Sein Ultimatum war ein Versuch, mich durch Aushungern zur Reue zu zwingen. „Mein Einkommen", schrieb er, „stammt von Gläubigen, die ihre Milben für die Fortführung des Werkes Christi beisteuern. Es wäre eine Sünde, zuzulassen, dass Sie es für ein ausschweifendes Leben verschwenden."

Damit ging mein College-Studium zu Ende.

<h1 style="text-align:center">IV</h1>

In einer Hinsicht waren die Feen, die an meiner Taufe teilnahmen, wunderbar freundlich zu mir. Sie haben mir Freunde geschenkt. Es ist das, was mich mehr als alles andere ehrfurchtsvoll macht und mich dazu bringt, mir einen Gott zu wünschen, dem ich danken kann. Es besteht in dieser Angelegenheit keine Billigkeit. Ich bin überzeugt, dass es das ist, was der Vater als „einen Akt der Gnade" bezeichnet hätte . Immer, in jeder Krise, wann immer es nötig war, ist ein Freund an meine Seite getreten, um mir durch die Krise zu helfen.

So kam es, als der Vater mir das Taschengeld strich. Da ich das Leben draußen überhaupt nicht kannte, fürchtete mich meine plötzliche Mittellosigkeit nicht so sehr, wie ich hätte sein sollen, wie ich es heute sein würde. Für mich wurde Arbeit gefunden. Mein Freund, Prof. Meers, entdeckte, dass er einen Assistenten brauchte, der ihm bei der Erstellung einer Bibliographie helfen sollte. Er bot mir ein bescheidenes Gehalt an — genug, um bequem leben zu können. Also blieb ich in der Universitätsstadt und wohnte im Haus der Studentenverbindung.

Die Bibliotheksarbeit interessierte mich mehr als mein Studium. Sogar die routinemäßigen Details waren nicht schlecht und ich hatte viel Zeit für das Altenglische, das mich faszinierte. Ich war nicht ehrgeizig und wäre zufrieden damit gewesen, mein Leben in dieser friedlichen, angenehmen Stadt zu verbringen. Aber Prof. Meers hatte andere Pläne mit mir. Aufgrund meines trägen Interesses an alten Büchern war er optimistisch genug, das Versprechen großer Gelehrsamkeit zu sehen. Als Literaturkritiker war er besser als als Menschenrichter. Er machte ständig Pläne für mich. Ich schenkte ihnen kaum Beachtung, bis fast ein Jahr vergangen war und wir das Ende der Arbeit, die er mir bieten konnte, abzeichneten. Ich begann mit größerem Interesse darüber zu spekulieren, was ich als nächstes tun würde.

Ohne mir davon zu erzählen, schrieb Prof. Meers an den ihm bekannten Leiter einer New Yorker Bibliothek und sicherte mir eine Stelle. Als er die Nachricht erhielt , kam er mit einem konkreteren Plan zu mir, als ich jemals hätte ausarbeiten können. Er wusste, dass ein bestimmter Verlag eine Lehrbuchausgabe von „Ralph Roister Doister " herausbringen wollte. Er hatte ihnen meinen Namen gegeben und ich sollte in meiner Freizeit das Manuskript vorbereiten. Er sagte mir, dass dies mir nicht viel Geld, aber etwas Ansehen einbringen würde und es ihm leichter machen würde, andere

Stellen für mich zu finden, bei denen ich meinen Geschmack für Altenglisch entwickeln könnte. Ich bekam etwas von seiner Begeisterung mit und machte mich mit großen Hoffnungen an meine neue Arbeit.

Von meinen ersten Wochen in der Stadt ist kaum noch eine Erinnerung übrig, außer der entmutigenden Suche nach einer Wohnung. Nach langem Herumwandern nahm ich ein verlassenes Flurschlafzimmer in einer nicht allzu friedlichen Familie. Die Suche nach einem Restaurant verlief ebenfalls unbefriedigend.

In der Bibliothek wurde ich mit uninteressanten Arbeiten in der Jugendabteilung beauftragt. Aber dort, als ich Bücher mit einsilbigen Worten behandelte, entdeckte ich eine neue und beunruhigende Sicht auf das Leben. Unter meinen Kollegen herrschte mehr Eifersucht als Freundschaft. Die Aufstiegschancen waren gering, die Konkurrenz groß – und für mich neu. Ich verstand die Feindseligkeit nicht, die dem Kampf ums Überleben zugrunde liegt. Einmal erinnere ich mich, dass ich ein sorgfältig zusammengestelltes Zahlenblatt, das ich für meinen Monatsbericht erstellt hatte, zerrissen in meinem Papierkorb fand. Ein anderes Mal führte mich ein Ratschlag, von dem ich später herausfand, dass er absichtlich irregeführt worden war, auf eine wilde Jagd, verschwendete einen halben Tag und brachte mir einen Verweis vom Chef ein. Solche Dinge waren für mich zunächst unverständlich. Es dauerte einige Zeit, bis mir klar wurde, dass die Menschen um mich herum Angst vor mir hatten, Angst davor, dass ich Gunst gewinnen und über ihre Köpfe hinausragen könnte. Ich ärgerte mich über ihre Haltung, aber nach und nach, durch ein Wort, das hier und da fiel, wurde mir klar, dass ein Dollar pro Woche mehr oder weniger für die meisten von ihnen eine sehr lebenswichtige Angelegenheit war. Ein Mädchen in meiner Abteilung hatte eine Mutter zu unterstützen und versuchte verzweifelt, ihren Bruder in der Schule zu halten. Es gab einen Mann, dessen Frau krank war, die Rechnungen des Arztes und des Apothekers waren für ihn ein ständiger Schrecken. Wenn ich an ihrer Stelle gewesen wäre, hätte ich höchstwahrscheinlich die kleinen, gemeinen Dinge getan, die sie getan haben. Das Leben begann für mich einen neuen Aspekt der Düsterkeit anzunehmen . Ich konnte nicht auf einen Aufstieg hoffen, ohne jemanden mit Füßen zu treten.

Vom Temperament her war ich für diesen Kampf völlig ungeeignet. Mein Wunsch nach Leben war so schwach, dass solch beschämende, kleinliche Feindseligkeiten ein exorbitanter Preis dafür zu sein schienen. Ich wäre viel lieber nicht geboren, als auf diese Weise ums Leben zu kämpfen. Ich begann mich eifrig nach einer anderen Beschäftigung umzusehen. Aber ich konnte keinen finden, der nicht den gleichen Makel trug.

Allerdings traf ich dort in dieser Bibliothek auf Norman Benson. Er war fast zehn Jahre älter als ich, groß und lockergliedrig. Sein von Falten durchzogenes Gesicht erinnerte mich an unsere Bergsteiger in Tennessee. Aber die Ähnlichkeit ging nicht weiter. Er war ein Produkt der Stadt, aufgewachsen in Luxus und Reichtum. Er wurde von den Leuten in der Bibliothek unterschiedlich als „ein Heiliger", „ein Freak", „ein Philanthrop", „ein Spinner" beschrieben. Der Chef nannte ihn „einen Langweiler". Er war das Idol der kleinen Jungen, die Besorgungen für uns erledigten und die Bücher wieder in die Regale stellten. Er schenkte ihnen dicke ägyptische Zigaretten aus seinem silbernen Etui, zu ihrer großen Freude und zum großen Entsetzen von Miss Dilly, die die Aufsicht über die Jungen hatte.

Sein Hobby war, wie er mir bald erklärte, „eine Umlaufbibliothek, die wirklich im Umlauf ist". Er hatte eine seltsame Sprache, einen Hintergrund aus Harvard-Englisch, einen malerischen Slang im Vordergrund – alles erhellt von Anflügen seltsamer Obszönitäten. Natürlich kann ich mich nicht an seine Worte erinnern, aber seine Art zu sprechen werde ich nie vergessen.

„Sie nennen das eine Umlaufbibliothek", schrie er. „Verdammt! Es bewegt sich nie einen Zentimeter. Es ist stationär! Anstatt durch die Stadt zu gehen, sitzt es hier und wartet darauf, dass Leute kommen. Und die Leute kommen nicht. Nicht in deinem Leben! Nur wenige haben den Mut dazu stellen Sie sich all dieser imposanten Architektur und dem bürokratischen Aufwand. Wenn es etwas gibt, was die Leser entmutigen könnte, dann tun sie es nicht, weil sie zu dumm waren, daran zu denken. Wenn ein Fremder hereinkommt und nach einem Buch fragt , behandeln sie ihn wie ein Gauner. Stellen Sie ihm unverschämte Fragen über den Beruf seines Vaters. Lassen Sie ihn kein Buch nehmen, es sei denn, er kann einen Steuerzahler dazu bringen, zu versprechen, dafür zu zahlen, wenn er es stiehlt! Was zum Teufel hat das damit zu tun? „Jemand möchte lesen. Sie sollten ein Hosianna hochschicken ! Sie sollten wie Postboten rausgehen und jeden Morgen an jeder Tür ein Buch hinterlassen. Im Umlauf? Verrottet!"

Er hatte ein oder zwei Jahre lang seine Zeit und sein Geld investiert, um diese Reform herbeizuführen. Zuerst war er auf kalte Gleichgültigkeit gestoßen. Aber er blieb bei seinem Standpunkt. Er hatte sein Geld als Garantie für eventuell verlorene Bücher hinterlegt. Er hatte ein halbes Dutzend oder mehr Schullehrer überredet, Bücher unter ihren Schülern und den Eltern zu verteilen, und sie für die zusätzliche Arbeit aus eigener Tasche bezahlt. Er hatte Niederlassungen in mehreren Missionskirchen und in ein oder zwei Saloons gegründet.

„Dieser tote Bibliothekar", erklärte er mir, „hatte die blöde Idee, dass es seine Aufgabe sei, Bücher aufzubewahren – sie einzulegen! Ich habe versucht, ihm zu zeigen, dass jedes Buch, das er in seinen Regalen hat, verstaubt." Geld verschwendet, dass seine Aufgabe darin besteht, sie in Bewegung zu halten. Die Bücher der Stadt sollten in den Häusern der Steuerzahler sein und nicht in einer Bibliothek eingesperrt. Die bloße Idee entsetzte ihn zunächst. Er hatte Angst, die Bücher würden schmutzig werden . Mein Gott! Was ist das beste Ende, das ein Buch haben kann, würde ich gerne wissen? Es sollte durch langes Lesen in Stücke zerfallen. Es ist eine Sünde, dass ein Buch von Würmern gefressen wird. Darauf habe ich gehämmert ihn, bis er anfängt, das Licht zu sehen. Er weint nicht mehr, wenn ein Buch zurückgebunden werden muss.

Tatsächlich war der „Hammering"-Prozess effektiv gewesen. In diesem Jahr las der Chef auf dem Nationalkongress einen Artikel zum Thema „Bibliothekserweiterung". Natürlich gebührte ihm die ganze Ehre; prahlte damit, dass die Idee aus seiner Bibliothek gekommen sei und so weiter. Aber das kümmerte Benson überhaupt nicht. Sein Plan war angenommen worden und er war zufrieden.

Er interessierte mich ungemein. Warum verbrachte ein Mann mit einem hohen Einkommen seine Zeit damit, durch die Gegend zu hetzen und zu versuchen, die Leute dazu zu bringen, Bücher zu lesen, die ihnen nicht wichtig genug waren? Ich konnte keine Antwort von ihm bekommen. Er wechselte von der Frage zu einer Lobrede auf die Lektüre. Es war ein häufiger Ausdruck von ihm, dass „Lesen eine Erfindung des letzten halben Jahrhunderts ist".

„Natürlich", würde er ergänzen, „hat die Aristokratie viel länger Freude am Lesen. Aber das Volk? Sie haben gerade gelernt, wie. Die Demokratisierung von Büchern ist das folgenreichste gesellschaftliche Ereignis in der Geschichte der Welt. Denken Sie darüber nach!" Innerhalb von vierundzwanzig Stunden lesen mehr Menschen einen Leitartikel in der Zeitung, als Shakespeare in seinem ganzen Leben hätte lesen können. Es gibt Dutzende einzelner Bücher, von denen es eine größere Auflage gab als alle Abdrücke der elisabethanischen Literatur zusammen. Nicht wahr? Sehen Sie die Unermesslichkeit davon? Es bedeutet, dass Menschen auf der ganzen Welt zur gleichen Zeit an dasselbe denken können. Es bedeutet einen sozialen Geist. Platon lebte in seinem kleinen Winkel der Welt und seine Lehren lebten nach dem Wort von Mund und Manuskripte. Nur wenige Menschen konnten sie lesen, noch weniger konnten es sich leisten, sie zu kaufen. „Onkel Toms Hütte" verbreitete sich innerhalb weniger Jahre über das ganze Land. Denken Sie nur daran, wie lange es dauerte, bis sich das Christentum verbreitete – ein paar hundert Meilen pro Jahr Jahrhundert. Und dann denken Sie an die Evolutionstheorie! Es hat die Welt in weniger als einer Generation erobert! Das ist es, was Bücher bedeuten. Wir betreten gerade erst die Epoche des menschlichen Wissens im Vergleich zum alten Lernen des Einzelnen. Es ist gigantisch! Wunderbar!"

Benson fand, wie viele andere auch, Gefallen an mir. Ich war einsam genug in dieser Bibliothek. Und da ich anderswo kein Mitleid fand, nutzte ich jede Gelegenheit, mit ihm zu reden.

Eines Abends bat er mich, mit ihm zum Abendessen nach Hause zu kommen. Ich nahm das Angebot gerne an, da ich mein bleiches kleines Zimmer und das schlampige Restaurant, in dem ich aß, mehr als satt hatte. Ein Abend mit diesem reichen jungen Mann schien wirklich verlockend. Zu meiner Überraschung ging er voran zu einem Auto in der Innenstadt von Bowery. Ich kannte die Stadt nicht gut und dachte, diese düstere Straße führe vielleicht zu einem schöneren Viertel. Doch je weiter wir kamen, desto düsterer wurde die Nachbarschaft. Es war mein erster Besuch in den Slums.

Wir stiegen an der Stanton Street aus. Mittlerweile kommt es mir so vertraut vor – mit seiner schmuddeligen Unschönheit, dem Elend seiner Mietskasernen, seiner überfüllten Menschlichkeit und dem Wunder, dass Menschen an einem solchen Ort lachen können –, dass ich mich kaum daran erinnern kann, wie es beim ersten Mal aussah. Ich denke, was mich am meisten beeindruckt hat, war die Vielzahl der Kinder. Am deutlichsten erinnere ich mich daran, wie ich über ein schmutziges Baby gestiegen bin. Es lag flach auf dem Rücken, saugte an einem Apfelkern und starrte mich mit einer seltsamen Desinteresse an. Es schien keine Angst zu haben, dass ich darauf treten würde. Ich wollte anhalten und den Jungen zur Seite stellen, damit er nicht im Weg war. Aber ich hatte das Gefühl, ich würde dumm aussehen. Ich wusste nicht, wo ich es anfassen sollte. Und Benson schritt die Straße entlang, ohne es zu merken.

Ein paar Blocks weiter kamen wir zu einem Wohnhaus mit Blumenkästen in den Fenstern. Ein Messingschild an der Tür trug die Aufschrift „Das Kinderhaus". So wurde ich in die Sozialsiedlung eingeführt. Sie waren damals eine Neuheit.

Als wir eintraten, drängte sich ein Tumult junger Leute um uns. Eine junge Frau mit einem freundlichen Gesicht versuchte sie hinauszutreiben und erklärte mit gutmütiger Verärgerung, dass sie ihre Zeit überschritten hätten und nicht gehen würden. Sie überfielen Benson, aber irgendwie gelang es ihm besser als der jungen Frau, sie davon zu überzeugen, nach Hause zu gehen. Ihr Name erschreckte mich, als Benson mich vorstellte. Es erinnerte an eine fantastische Zeitungsgeschichte über die Tochter eines Millionärs, die ihre Diamanten und Yachten zurückgelassen hatte, um unter den Armen zu leben. Ich hatte sie für ein blassgesichtiges, nonnenartiges Wesen gehalten. Ich empfand sie als äußerst lebendig und keineswegs als Einsiedlerin.

Die Siedlung bestand aus einem vorderen und einem hinteren Mietshaus. Der Hof dazwischen war in einen angenehmen Garten verwandelt worden. Mit den Stockrosen an den Wänden und den leuchtenden Geranienbeeten war es für dieses überfüllte Viertel ein seltsam schöner Ort. Die Herrenunterkünfte befanden sich im Hintergebäude. Benson hatte zwei Räume im obersten Stockwerk, ein kleines Klosterschlafzimmer und ein größeres Arbeitszimmer. Es überraschte mich mehr als der Innenhof. Es war verblüffend, mitten in den Slums die Atmosphäre eines Studentenwohnheims vorzufinden. Die Bücher, die Zaunfolien, die Sofakissen auf der Fensterbank – nach meinen Monaten in einem möblierten Zimmer – lösten in mir Heimweh nach meinem Verbindungshaus aus.

Unten im fröhlichen Speisesaal traf ich die Mitarbeiter von „Residents". Der leitende Arbeiter war Rev. James Dawn, ein Engländer. Er hatte einen Abschluss in Oxford und war im ersten London Settlement mit Arthur Toynbee verbunden. Seine Frau, ebenfalls Engländerin, saß am Fußende des Tisches. Benson stellte mich schnell den anderen vor. „Miss Blake – Bezirksschwester", „Miss Thompson – Kindergärtnerin", „Long, Dozent für Soziologie an der Universität", „Dr. Platt – vom Gesundheitsamt." Ich habe die Etiketten nicht ansatzweise verstanden.

College und in der Schule gegessen hatte . Was mich jedoch am meisten beeindruckte, waren die scharfsinnigen, intellektuellen – oft witzigen – Gespräche. Im Mittelpunkt der Diskussion stand eines der unzähligen kommunalen Probleme. Ich schämte mich dafür, dass ich nicht dazu beitragen konnte.

Für mich war es eine wunderbar attraktive Gruppe von Menschen. Sie genossen alles, was ihnen im College-Leben am wünschenswertesten erschien, und dazu kam eine seltsame, magnetische Ernsthaftigkeit, die ich nicht verstand. Ich sah sie entspannt. Aber selbst in ihrem Gespräch nach dem Abendessen, bei Kaffeetassen und Zigaretten, war eine unterschwellige Ernsthaftigkeit zu spüren, die auf einen lebenswichtigen Kontakt mit einer unbekannten Realität hindeutete. Ich war wie ein Eskimo, der auf eine Uhr blickte, ich konnte nicht verstehen, was die Zeiger bewegte. Ich konnte ihre Handlungen sehen, aber nicht die Reize, auf die sie reagierten. Ich wusste nichts von Elend.

Dieser Abend versetzte mich in Aufruhr. Es war eine völlig neue Welt, die ich gesehen hatte. Ich hatte nie an die Slums gedacht, außer dass sie ein beunruhigender Ort zum Leben waren. Die Stanton Street war empörend. Ich wollte es nicht noch einmal sehen. Und doch konnte ich den Gedanken daran nicht loswerden – daran und an die seltsame Gruppe, die ich im Kinderhaus getroffen hatte. Es schien etwas Schicksalhaftes daran zu sein, etwas, das ich ohne mit der Wimper zu zucken betrachten und versuchen musste, zu verstehen.

Andererseits ließ mich ein Selbstverteidigungsinstinkt versuchen, es zu vergessen . Die Abneigung gegen den Kampf ums Leben, die ich durch die kleinlichen Eifersüchteleien in der Bibliothek verspürt hatte, verwandelte sich beim Anblick des Slums in eine stumme, vage Angst. Mit neuer Begeisterung wandte ich mich „Ralph Roister Doister " zu, bei dem ich nur lustlos vorangekommen war. Der einzige Ausweg aus den verwirrenden Problemen des Lebens, den ich sah, lag in einer wissenschaftlichen Laufbahn.

Das Altenglische, das früher ein Vergnügen für mich gewesen war, schien mir jetzt ein Mittel zur Erlösung zu sein. Als Benson mir das nächste Mal vorschlug, den Abend mit ihm zu verbringen, entschuldigte ich mich mit der Begründung, ich arbeite.

Aber sehr oft, wenn ich an meinem Tisch saß und die Mitternachtsöle über dieser jahrhundertealten Farce verbrannte, kam die Vision dieses Babys aus der Stanton Street, das das Stück Müll aussaugte, zwischen mich und meinen Pagen. Und ich schämte mich, als ich versuchte, ihn zu vertreiben. Es war, als wäre mir ein herausfordernder Fehdehandschuh vor die Füße geworfen worden, den ich entweder aufheben und dem Kampf entgegentreten oder eine grobe Kapitulation begehen müsste. Ich habe versucht, dem Problem mit Büchern zu entkommen.

Buch III

ICH

Nicht lange nach diesem Besuch in den Slums, als ich etwas mehr als ein Jahr in der Stadt war, erhielt ich dank der Freundlichkeit von Professor Meer ein neues Arbeitsangebot. Die Aufgabe bestand darin, eine große Sammlung früher englischer Manuskripte und Broschüren zu katalogisieren und eine beschreibende Bibliographie herauszugeben. Ein reicher Blechdosenhersteller hatte sie gekauft und wollte sie einer Universitätsbibliothek schenken.

Es bot genau die Flucht, die ich suchte. Ich schrieb sofort in Hochstimmung, um es anzunehmen. Allerdings hat Norman Benson meiner Freude etwas Wasser in den Weg gelegt. Er war mein einziger Freund in der Bibliothek und ich beeilte mich, ihm die gute Nachricht zu überbringen. Doch als er den Brief las , war er alles andere als begeistert.

„Wirst du es akzeptieren?" fragte er kalt.

„Natürlich", antwortete ich, überrascht über seinen Ton. „Auf so viel Glück habe ich kaum gehofft, zumindest viele Jahre lang nicht. Es ist eine große Chance."

„Das interessiert mich wirklich", sagte er, legte die Bücher, die er trug, ab und setzte sich auf meinen Schreibtisch. „Was für einen irdischen Nutzen", fuhr er fort, „glaubst du, dass es irgendjemandem nützt, wenn du mit diesen alten Pergamenten herumfummelst?"

„Warum. Es...", begann ich leichthin, war aber auf die Frage nicht vorbereitet. Und als mir plötzlich klar wurde, dass ich diesen Aspekt des Falles nicht berücksichtigt hatte, ließ ich meine Antwort unvollendet.

„Ich habe kein bisschen das schulische Temperament", sagte er, nachdem er lange genug gewartet hatte, damit ich versuchen konnte, eine Antwort zu finden. „Das ist nur eines von vielen Dingen, die ich nicht verstehe. Ich würde nicht leugnen, dass jedes bisschen Wissenschaft, wie staubtrocken sie auch sein mag, von Nutzen sein kann. Ich bezweifle nicht, dass das ein guter Fall ist." Diese Art könnte für das Studium der mittelalterlichen Literatur gemacht werden. Ich sage nicht, dass sie *absolut* nutzlos ist. Aber *relativ gesehen* erscheint sie mir – nun ja – uninteressant. Sie gehört zur gleichen Klasse wie Astronomie. Man könnte die Sterne studieren, bis man schwarz ist Das Zifferblatt und Sie würden nichts Falsches daran finden, und wenn Sie es täten, könnten Sie es nicht richtig machen. Die Astronomie war für uns von praktischem Nutzen, zumindest hilft sie uns, unsere Uhren zu regulieren.

Aber wie zum Teufel? Sie wollen dem Angelsächsischen irgendeinen Nutzen abgewinnen? Wollen Sie nicht nützlich sein?"

Seine Verachtung für meine Spezialität brachte mich in Aufruhr.

„Was würden Sie mir vorschlagen? Soziale Siedlungswissenschaft?" Ich antwortete mit ausgeprägter Ironie.

Wenn er jedoch den Anflug von Wut in meiner Erwiderung bemerkte, war er zu sehr mit seinen eigenen Ideen beschäftigt, um sich überhaupt darum zu kümmern. Er stand vom Tisch auf und ging auf und ab wie ein Tier im Käfig, wie er es immer tat, wenn er mit einem Problem kämpfte. Einen Augenblick später kam er zurück und setzte sich.

„Sie beantworten meine Frage nicht", sagte er scharf. „Sie können auf Ihrer Würde stehen und sagen, dass ich kein Recht habe, danach zu fragen. Aber das ist Quatsch! Eine Art Kloster. Dieser Job ist erst der Anfang. Du triffst deine Wahl zwischen Menschen und Büchern, zwischen menschlichem Denken, das lebendig ist, und dem, das wie Mumien konserviert wurde. Warum? Ich frage. Was steht in diesen alten Büchern? kann in seinem Interesse mit dem Leben um uns herum verglichen werden. Die Wahrheit ist nicht nur seltsamer als Fiktion, sie ist auch dramatischer, komischer, tragischer, schöner. Selbst Shelley hat nie einen Text geschrieben, wie man ihn mit eigenen Augen sehen und vielleicht auch fühlen kann . Ich möchte wissen, was Menschen dazu bringt, Dinge zu tun. Ich würde gerne wissen, warum Sie dieses Angebot annehmen. Ich gehe davon aus, dass Sie für Ihre Zeit und Generation nützlich sein möchten. Welchen Nutzen erhoffen Sie sich durch die tabellarische Auflistung dieser alten Bücher? , das niemand außer ein paar Gelehrten jemals lesen wird?"

Ich war völlig unvorbereitet, seine Frage zu beantworten. Und ich spürte, wie ich in seiner Wertschätzung versank. Warum strebte ich so eifrig nach dem Leben eines Bücherwurms? Ich verstehe jetzt. Ich war ein Feigling. Ich war immer noch wund von den Wunden meines kindischen Bemühens, Gott zu begreifen. Ich hatte Angst vor dem Leben. Ich hatte Angst davor, dass das kleine Kind in der Stanton Street am Apfelkern lutscht. Das Leben um mich herum, von dem Benson so enthusiastisch sprach, kam mir bedrohlich vor. Offensichtlich verpflichtete es die Menschen, die aktiv in den Krieg eintraten, zur Kriegsführung. Ich wollte Frieden. Für mich waren Bücher eine Art Zufluchtsort.

Mein neuer Arbeitgeber, Mr. Perry, der Blechdosenmann, war ein seltsamer Typ. Er war in einer Obstkonservenindustrie aufgewachsen und hatte im Alter von etwa dreißig Jahren eine Methode erfunden, mit der man Dosendeckel ohne Lötzinn anbringen konnte. Das Glück hatte ihm einen ehrlichen Geschäftspartner beschert und das Patent hatte beiden ein

Vermögen eingebracht. Als die erste Rate der Tantiemen eintraf, hatte Perry aufgehört, im Kessel mit Himbeerkonfitüre zu rühren, und seitdem keinen einzigen Arbeitsschritt mehr getan. Mit vierzig hatte er in der Stadt ein „Herrenhaus" gebaut und war in die Politik gegangen. Er erkaufte sich einen Sitz im Staatssenat, stellte jedoch fest, dass ihn dies bis zum Äußersten langweilte. Nachdem sich mehrere andere Modeerscheinungen als uninteressant erwiesen hatten, hatte er sich für einen LL.D. entschieden. Ein Freund hatte ihm geraten, einer Hochschule eine wertvolle Büchersammlung zu spenden.

Er hatte einen großen Scheck an einen Londoner Händler geschickt und das Ergebnis war diese heterogene Masse. Da sein Interesse an der Sache nur vorübergehend gewesen war, war er nach der ersten Ausgabe ausgesprochen skeptisch. Ich vermute, dass dies der Grund ist, warum ich und nicht eine anerkannte Autorität für die Arbeit ausgewählt wurde. Er hatte keine Ahnung, wie der Katalog aussehen sollte, und seine einzige Anweisung an mich bestand darin, daraus „etwas Gelehrtes" zu machen.

In seiner monströsen Villa befand sich eine Wohnung, die ursprünglich für den Nachhilfelehrer der Kinder gedacht war. Aber es hatte nie Kinder gegeben. Diese Quartiere wurden mir gegeben. Es gab einen eigenen Eingang, ein Schlafzimmer, ein Bad und ein Arbeitszimmer, wo meine Mahlzeiten serviert wurden, und es gab eine Treppe hinunter zur Bibliothek.

In den drei Jahren, in denen ich für ihn arbeitete, habe ich ihn zehnmal nicht gesehen. Seine Frau war tot, er lebte weit weg und zu meiner großen Zufriedenheit lud er mich nie zu seinen Junggesellenabschieden ein – deren Nachhall mich manchmal aus dem Schlaf riss. Etwa alle sechs Monate holte er einen Experten mit, der meine Arbeit begutachtete. Da sie keinen Fehler fanden und er es nicht verstehen konnte, war er überzeugt, dass es wissenschaftlich war.

Es war eine Zeit voller großartiger Inhalte für mich. Der Trott, in den ich geriet, war wirklich tief. Ich habe niemanden gesehen. Den Kontakt zu anderen hatte ich fast nur per Post. Und meine Briefe bezogen sich alle auf mein Fachgebiet. Acht volle Stunden habe ich in der Bibliothek gearbeitet. Der Architekt hatte nicht damit gerechnet, dass Mr. Perry viel lesen würde, und da es nur wenige Fenster gab, wirkte der Raum düster. Ich musste oft künstliches Licht verwenden. Um fünf ging ich eine Stunde im Park spazieren. Zumindest war das meine Theorie. Aber die geringste Unhöflichkeit war ein Vorwand, um ein Manuskript in mein Zimmer zu meiner schattigen Lampe und zum offenen Feuer zu bringen. Die täglichen acht Stunden im Katalog waren nur ein Anfang. Sobald ich meine Ausgabe von „Ralph Roister- Doister " beendet hatte, begann ich mit einer Monographie über angelsächsische Wurzeln. Mein Ziel war es, ein

Stipendium an einer englischen Universität zu gewinnen. Wenn mein Katalog fertig war, hatte ich genug Geld für ein Jahr oder länger zum Studium in Oxford. Mein Leben war vorgezeichnet.

II

Die Dunkelheit kam unerwartet.

Manchmal waren meine Augen müde, aber ich hatte es nicht ernst genommen. Eines Nachmittags, als ich ein Blatt Papier auf dem Schreibtisch auslegte, wurde die Seite plötzlich von einem tanzenden Spinnennetz verdeckt – einer schwindelerregenden Verzerrung aus Schwarz und Weiß –, die immer dichter wurde. Ich schlug die Hände vor die Augen und verspürte eine so plötzliche Erleichterung, dass ich Angst hatte, sie wieder wegzunehmen.

Ich stand langsam auf und tastete mich mit dem Fuß zu einem Sessel vor. Wie lange ich dort saß, die Hände fest gegen die Augen gedrückt, weiß ich nicht. Ich hatte irgendwo gelesen, dass ein Mann mit genau solchen Symptomen erblindete. Es war eine unaussprechliche Angst, eine Angst, die mich zum Lachen brachte. Wenn man das Gefühl hat, dass die Götter witzig sind, ist das ein schlechtes Zeichen.

Ich war plötzlich ruhig. Es wurde akzeptiert. Ich dachte ein paar Minuten nach, meine Augen waren noch immer geschlossen, und dann tastete ich mich zum Telefon vor.

„Zentral“, sagte ich und ich erinnere mich, dass meine Stimme ruhig und alltäglich war. „Würden Sie mir die Augen- und Ohrenklinik nennen? Ich kann die Nummer nicht nachschlagen. Ich bin blind.“

„Sicher“, kam die Antwort zurück. „Es muss schwer sein, blind zu sein.“

Ein Kloß spürte ich in meiner Kehle. Es kommt mir jetzt in den Sinn, wenn ich darüber schreibe, und jedes Mal, wenn ich Leute klagen höre, dass die moderne Industrie unser Leben aller Menschlichkeit beraubt und uns in Mechanismen verwandelt hat. Bei solchen Gesprächen muss ich an das plötzliche Mitgefühl denken, das mich aus der Maschine empfand. Immer wenn ich völlig deprimiert und entmutigt bin, gehe ich in eine Telefonzelle.

„Hallo, Central “, sage ich, „erzähl mir etwas Fröhliches. Ich habe kein Glück.“

Es ist nie gescheitert. Immer ist etwas scherzhaftes Mitgefühl aus der Maschine gekommen und hat mir geholfen, es wieder richtig zu machen.

Als der Arzt kam, blickte er einen Moment lang auf meinen Schreibtisch, auf die ganze, die Augen ermüdende Masse aus verblassten Drucken und Notizen. Er schaltete das elektrische Licht ein.

„Ich nehme an, du arbeitest viel in diesem teuflischen Glanz?"

„Ich brauche ein starkes Licht", sagte ich.

Er grunzte angewidert.

„Das wird weh tun", sagte er und ließ mich neben dem elektrischen Licht sitzen, „aber du musst es ertragen."

Er befestigte einen kleinen Spiegel an seiner Stirn und ließ den grausamen Strahl in mein Auge strahlen. Irgendwo im Gehirn konzentrierte es sich und brannte. Der Schweiß brach mir überall aus.

„Jetzt das andere Auge."

Ich zuckte einen Moment zusammen und hielt meine Hand davor.

„Komm, komm", sagte er schroff und ich nahm meine Hand weg.

Als die Tortur vorüber war, band er mir einen schwarzen Verband über die Augen, legte mich auf die Couch und belehrte mich. Als er innehielt, um Luft zu holen, unterbrach ich ihn.

„Welche Hoffnung gibt es?"

Er zögerte.

„Oh! Sag mir die Wahrheit."

„Nun – ich schätze, die Chancen stehen gut – dass du genug siehst, um normal arbeiten zu können Sagen Sie, wie viel Schaden Sie angerichtet haben. Das ist jetzt nur noch eine Vermutung."

Wir haben übers Geschäft gesprochen. Ich hatte genug Geld für ein Privatzimmer und eine gute Behandlung gespart, also setzte er mich in ein Taxi und sagte dem Fahrer, er solle mich im Krankenhaus abliefern.

Es war eine schreckliche Erfahrung, diese Fahrt. Versuch es selber. Fahren Sie mit verdunkelten Augen durch die Straßen: Sie werden tausend Geräusche hören, die Sie noch nie zuvor gehört haben, selbst vertraute Geräusche werden furchterregend sein. Jeder Ruck, jede Unterbrechung wird bedeutsam erscheinen. Ich war froh, dass der Arzt nicht mitkam, froh, dass mich niemand so verängstigt sah.

Schließlich hielten wir an und ich hörte den Ruf des Taxifahrers.

„Hey! Da. Komm raus und nimm diesen Mann."

Ich empörte mich über meine Hilflosigkeit, stieß die Tür auf und stolperte, als ich hinaustrat. Ich wäre schwer gestürzt, wenn nicht ein Sanitäter da gewesen wäre, um mich aufzufangen.

„Sie müssen zunächst vorsichtig sein, Herr", sagte er. „Man wird sich mit der Zeit daran gewöhnen."

Das war genau das, wovor ich Angst hatte – mich an die Dunkelheit zu gewöhnen!

Allerdings bestärkten seine Worte meinen Stolz. Die Wege der Götter kamen mir wieder komisch vor, und ich scherzte mit ihm, als er mich einige Stufen hinauf und in einen Empfangsraum führte. Der Hausarzt, für mich nur eine Stimme, war nervös fröhlich. Er sagte immer wieder: „Es wird alles gut." "Alles wird gut." Er schien in alle Richtungen zu tanzen. Meine Ohren hatten sich nicht daran gewöhnt, Geräusche zu lokalisieren. Ich nehme an, dass er sich normal bewegte, aber er schien jedes Mal aus einem anderen Blickwinkel zu sprechen.

„Das ist Miss Barton", sagte er schließlich. „Sie ist Tagesschwester auf Ihrer Station. Sie wird dafür sorgen, dass Sie sich wohl fühlen."

Mechanisch streckte ich meine Hand in die Dunkelheit hinaus. Es wurde von etwas getroffen und ergriffen, von dem ich wusste, dass es eine Hand war, aber es fühlte sich nicht an wie irgendeine andere Hand, die ich jemals gesehen hatte.

„Ich freue mich, Sie kennenzulernen", sagte ich.

Mit einem Scherz darüber, dass Menschen normalerweise nicht froh sind, Krankenschwestern kennenzulernen, führte sie mich zum Aufzug und in mein Zimmer.

„Sie haben eine ziemliche Aufgabe vor sich – diesen Ort zu erkunden", sagte sie mit echter Fröhlichkeit in der Stimme. „In dieser *Terra incognita* gibt es alle möglichen Abenteuer . Alles ist gepolstert, damit man sich nicht die Schienbeine anstößt, aber pass auf die Zehen auf. Am besten bleibst du zunächst ein paar Tage im Bett und ruhst dich aus. Habt ihr alle." brauchst du in deinem Koffer?"

„Ich weiß es nicht. Ein Diener hat es gepackt."

„Na dann. Das ist die erste Erkundungstour. Ich helfe dir."

Auch ihre Stimme hüpfte überraschend. Es war etwas Seltsames, in einem Raum mit einem völlig Fremden zu sein, dessen Existenz sich nur durch diese scheinbar unberechenbare Stimme und durch Hände manifestierte, die meine Schnürsenkel öffneten, mir meinen Pyjama reichten und mich ins Bett brachten.

„Ich muss jetzt loslaufen und mich um Mrs. Stickney von nebenan kümmern – sie ist sehr wählerisch. Die Nachtschwester, Miss Wright, kommt ziemlich bald, um sechs. Sie wird Ihnen Ihr Abendessen bringen. Wenn Sie im …

aufwachen Morgen, klingeln Sie hier über Ihrem Kopf, und ich bringe Ihnen Frühstück. Gute Nacht.

Als sie gegangen war und ich allein in dem fremden Bett lag, spürte ich zum ersten Mal die schreckliche Leere der Dunkelheit. Ich denke jetzt nicht gern daran.

Es dauerte wahrscheinlich nicht viele Minuten, aber es schien Stunden zu dauern, bis Miss Wright mir mein Abendessen brachte. Sie setzte sich auf die Bettkante und half mir, den Weg zu meinem Mund zu finden. Sie war rücksichtsvoll und versuchte aufzumuntern. Aber ich mochte sie nicht. Ihre Effizienz hat mich immer an meine Hilflosigkeit erinnert. Und ihre Stimme schien zu groß für eine Frau. Es erweckte für mich den Eindruck, dass sie mit jemandem sprach, der mehrere Meter hinter mir stand.

Sie hatten, glaube ich, gnädigerweise mein Essen unter Drogen gesetzt, denn ich schlief sofort ein. Als ich aufwachte, hatte ich keine Ahnung von der Stunde. Eine Zeit lang lag ich in der Dunkelheit und wunderte mich darüber. Ich wollte niemanden wecken. Aber schließlich beschloss ich, dass ich vor dem Frühstück nicht so hungrig sein würde. Nach langem vergeblichem Herumfummeln fand ich die Glocke über meinem Bett. Wenige Minuten später verkündete Miss Bartons Stimme – selbst nach all den Jahren halte ich sie für eine Art sonnige Fröhlichkeit –, dass es kurz vor elf war. Als das Frühstück beendet war, warnte sie scherzhaft davor, das Bett anzuzünden, stopfte meine Pfeife und brachte meinen Händen den Weg zur Streichholzschachtel bei.

In den folgenden Wochen verlor ich den Überblick über die Zeit der Sonne. Ich begann, meine Tage im Verhältnis zu ihr einzuschätzen. In den „Nächten", wenn sie dienstfrei hatte, war die Dunkelheit sehr dunkel.

Es wäre mir unmöglich, im Detail die Entwicklung zu beschreiben, durch die Miss Barton, meine Krankenschwester, zu meiner Freundin Ann wurde. Es begann, glaube ich, als sie entdeckte, wie völlig allein ich war. Am zweiten Tag im Krankenhaus erhielt ich die Erlaubnis, Besuch zu empfangen, und ich ließ den Anwalt meines Arbeitgebers kommen.

„Wen soll dich morgen besuchen?" Miss Barton fragte, wann er gegangen sei.

Mir fiel niemand ein.

„Möchten Sie, dass ich ein paar Briefe an Ihre Verwandten schreibe?"

„Nein. Ich habe keine nahen Verwandten."

„Na ja. Hast du nicht ein paar Freunde, denen du schreiben kannst?"

In den drei Jahren, die ich bei Mr. Perry gelebt hatte, hatte ich alle sozialen Kontakte abgebrochen. Ich hatte meine College-Freundschaften nicht aufrechterhalten. Benson war so dagegen gewesen, dass ich das, wie er es nannte, aktive Leben aufgab, dass ich jeglichen Kontakt zu ihm verloren hatte. Meine einzigen Beziehungen zu Menschen waren technischer Art, also auf dem Korrespondenzweg. Ich wollte nicht einmal Prof. Meer mit meinem rein persönlichen Unglück belästigen. Dies kam Miss Barton äußerst gottlos vor. Was? Ich hatte mehrere Jahre in der Stadt gelebt und keine Freunde gehabt? Es war unglaublich! Leider stimmte es. Mir fiel niemand ein, den ich bitten könnte, meine Einsamkeit zu lindern. Und es gibt keine Einsamkeit wie die Dunkelheit.

Die nächste Woche war die schlimmste, denn die Krankenschwestern wechselten und Miss Wright, die tagsüber Dienst hatte, war nicht freundlich. Miss Barton hatte jedoch Mitleid mit mir und saß nachts oft stundenlang bei mir. Wie fragmentarisch war mein Kontakt mit ihr! Niemand, dem das Sehvermögen nicht entzogen wurde, kann erkennen, welche große Rolle es in den Beziehungen des Lebens spielt. Ich konnte nur hören. Ständig war das Knarren des Schaukelstuhls neben meinem Bett zu hören und ihre Stimme, die manchmal ruhig, manchmal angespannt in der Dunkelheit hin und her schwang. Es schien keinen Körper zu haben . Immer wenn ihre Hände mich berührten, erschreckte es mich.

Aber aus ihrem Vortrag erfuhr ich etwas über die Person, der die Stimme gehörte. Sie war in einem Dorf in Vermont geboren, wo noch nie jemand von einer berufstätigen Frau gehört hatte, aber seit sie denken konnte, hatte sie ihr Herz für die Medizin gelegt. Ihren Vater hatte sie nie gekannt. Ihre Mutter, eine gute Näherin und Stickereidesignerin, hatte die Kinder großgezogen. Ein Bruder war Ingenieur und die ältere Schwester Lehrerin. Aber das Geld reichte nicht aus, um Ann ein Medizinstudium zu ermöglichen. Die Krankenpflege kam ihrem Ziel so nahe wie möglich. Aber was ihr nicht gegeben werden konnte, wollte sie für sich gewinnen. Sie hatte diese Stelle angenommen, weil der Nachtdienst sehr kurz war und sie jede zweite Woche fast den ganzen Tag zum Lernen aufwenden konnte. Ihr Interesse hatte sich der neuen Wissenschaft der Bakteriologie zugewandt. Ihr vager Wunsch, Ärztin zu werden, hatte sich in das klare Ideal einer Forschungsarbeit verwandelt.

Irgendwie vermittelte mir die Stimme, die so ruhig und sicher war, als sie davon sprach, den Eindruck von Integrität und unbesiegbarer Entschlossenheit, wie es mir der Anblick von niemandem je vermittelt hat. Ich wusste ebenso wenig wie sie, wie sie an ihr Forschungslabor kommen sollte. Aber ich konnte nicht daran zweifeln, dass sie es tun würde. Sie hatte bedingungslosen Glauben an ihr Schicksal. Ich betone diese Phase von ihr. Es hat mich damals am meisten beeindruckt.

Aber ihr Gespräch beschränkte sich keineswegs auf ihren Ehrgeiz. Sie hatte neben ihrer Medizin noch tausend Dinge gelesen und sprach häufiger darüber. Sie bezog sich ständig auf Bücher, auf Fakten aus Geschichte und Wissenschaft, von denen ich nichts wusste. Sie sprach ernsthaft über Ethik und die tieferen Dinge des Lebens. Es weckte in mir wieder alle alten Fragen und Bestrebungen der Vorbereitung. Schultage – die Dinge, vor denen ich in meiner mit Büchern gefüllten Bibliothek versteckt hatte. Sie war die erste Person, die ich traf, seit der Arzt in der Schule mir gezeigt hatte, was sie von diesen Dingen hielt. Benson hatte ausführlich über die objektive Seite des Lebens gesprochen, aber er hatte nie auf sein Innenleben Bezug genommen. Die Menschen, die ich kannte, wollten diese Welt zu einem Gebetstreffen, einem Zählhaus oder einem Spielplatz machen. Ann war an solchen Idealen ebenso wenig interessiert wie ich.

Sie benutzte eine für mich neue Ausdrucksweise: „Individualismus", „Selbstdarstellung", „Persönlichkeitserweiterung". Sie sprach vom Leben als einem Kreuzzug gegen die Tyrannei der Vorurteile und Konventionen. Ihr Standpunkt war biologisch. Jeder evolutionäre Fortschritt basierte auf Variationen des Typs. Bemühungen, den Typus zu erhalten oder zu bewahren, den sie als „reaktionär" und „invasiv" bezeichnete. Sie betonte die Notwendigkeit einer „absoluten Freiheit, von der Norm abzuweichen". Die Autorität, die sie mit größter Ehrfurcht zitierte, war Spencer. Dieses Gespräch, von dem ich vieles nicht verstand, zeigte mir deutlich eines: eine Seele, die leidenschaftlich nach der Wahrheit sucht. Das, was sie mir erzählte, war ihr Ideal, so wie es der Schlachtruf von Bakounine gewesen war. „*Je suis un chercheur passionné de la Vérité*.

Wenn irgendein Hinweis auf meine Lebensweise fiel, geriet sie in Wut. Es war – und das war ihr schlimmster Vorwurf – unnatürlich.

„Ich glaube an Individualismus, Egoismus", sagte sie. „Aber nicht isoliert. Der Mensch ist von Natur aus genauso gesellig wie die Ameise. Eine Ameise, die allein lebte, wäre eine Nicht-Ameise. Du warst ein Nicht-Mensch. Es ist gut, dass deine Augen wieder auf dich gerichtet sind – wenn es dir Sinn beibringt. Der Verkehr mit seinesgleichen ist eine notwendige Nahrung des menschlichen Lebens."

Und während es für mich ein Geschenk Gottes war, jemanden zum Reden zu finden, muss es für sie auch eine Freude gewesen sein. Die Geschichten, die sie mir über die anderen Patienten erzählte, zeigten, dass ihr Verhältnis zu den Krankenschwestern eher dürftig – wenn auch nicht wirklich beleidigend – war. Nachdem ich stundenlang Mrs. Stickneys endlosen kleinen Sorgen zugehört hatte, war es für sie, glaube ich, eine Erleichterung, in mein Zimmer zu kommen und über die Dinge zu sprechen, die sie heftig interessierten. Sie widmete mir immer mehr Zeit. In der dritten Woche, als sie wieder im Tagesdienst war, las sie mir Leckys „Geschichte der europäischen Moral" vor.

III

Es ist schwer, über die nächste Woche zu schreiben. Ich kann es nicht mehr so sehen, wie es damals ausgesehen haben muss. Ich kann das „Warum" nicht sagen. Es war.

Es herrschte immense Einsamkeit – und Angst. Mit den paar hundert Dollar, die ich für das Studium in Oxford gespart hatte, konnte ich die Arztrechnung bezahlen und mich für ein paar Monate ernähren. Aber was wäre da dahinter, wenn meine Augen nicht zurückkämen? Bestenfalls waren die Chancen nur ausgeglichen. Auf jeden Fall war der einzige Trade, den ich kannte, weg. Ein Bücherwurm mit schwachen Augen ist eine traurige Sache. Natürlich hätte ich nach Hause gehen können. Aber ich hatte nie großen Respekt vor dem verlorenen Sohn. Er muss ein armer Kerl gewesen sein.

Nun, in meinem größten Kummer tröstete mich Ann – so wie Frauen seit Anbeginn der Welt Männer getröstet haben. Auf unerklärliche Weise und aus unerklärlichen Gründen liebte sie mich.

Ich versuche, meine Erinnerungen an diese Tage in eine geordnete Reihenfolge zu bringen. Aber es ist alles verschwommen. Von Tag zu Tag wuchs mein Bedürfnis und von Tag zu Tag erfüllte sie das Bedürfnis. Die Patienten in diesem Krankenhaus benötigten außer tagsüber keine große Aufmerksamkeit. Die meisten haben gut geschlafen. Nach Mitternacht klingelte man selten für sie. Sie hat mir immer mehr Zeit geschenkt.

Der Stress zwischen uns wuchs schnell, aber in kleinen Schritten, fast unmerklich. Ihre Hand ruhte noch ein wenig länger in meiner. Aus dem Händedruck wurde eine Liebkosung – dann ein Kuss. Der Kuss hielt an....

So nahm die Stimme einen Körper an. Die Berührung kam dem Hören zu Hilfe, um mit diesem lieben Menschen der Dunkelheit in Kontakt zu treten. Es ist seltsam, auf welch fragmentarische Weise sie in meinem Bewusstsein Gestalt annahm, als etwas, das über eine bezahlte Krankenschwester hinausging, enger und intimer als jeder Freund, den ich im Licht gekannt hatte.

In der Dunkelheit schien alles andere seltsam. Was ich durch Ertasten als Tisch entdeckte, passte nicht in die alte Kategorie „Tische". Sogar die Pfeife, die ich seit dem College geraucht hatte, schien eine grundlegende Veränderung in ihrer Natur erfahren zu haben. Ann war das Einzige, was natürlich schien. Ich hatte keine Intimität mit einer Frau des Lichts, anhand derer ich diese Erfahrung beurteilen konnte. So wie es kam, kam es mir nicht

- 55 -

seltsam vor – es ließ die folgenden Dinge seltsam erscheinen. Als ich endlich die Augen öffnete, errötete ich vor Ann wie vor einem Fremden.

Es schien alles so unvermeidlich.

„Es ist spät", sagte sie eines Abends, „ich muss gehen. Wenn du mich willst, klingel."

„ Natürlich will ich dich."

„Aber du solltest schlafen. Ich meine, klingel, wenn etwas passiert."

„Es spielt keine Rolle, ob etwas passiert oder nicht. Ich———"

„Klingeln Sie nicht, es sei denn, Sie brauchen mich."

Die Tür schloss sich hinter ihr. Ich lag da und überlegte mit mir selbst, ob ich sie brauchte oder nicht. Die Glocke war in Reichweite meiner Hand. Ich stand auf, um der Versuchung zu entgehen. Mit unbeholfenen, zitternden Händen füllte und zündete ich meine Pfeife an und setzte mich ans offene Fenster. Mein Kopf schmerzte vor Einsamkeit und Trostlosigkeit. Irgendwo in der Nacht schlug eine Kirchenglocke zwei, und auf dem Bürgersteig unter mir erklangen verspätete Schritte scharf und deutlich. Ich versuchte mich für Spekulationen zu interessieren, wohin oder zu wem die Person eilte. Aber meine Gedanken kehrten zu meiner eigenen Einsamkeit zurück. Auf der ganzen Welt gab es niemanden, der von meiner Blindheit wusste und sich darum kümmerte, außer dem Blechdosenhändler, der fluchte, dass er sich die Mühe machen müsste, jemanden zu finden, der meine Arbeit zu Ende brachte. Nein. Da war Ann.

Ganz plötzlich kam mir eine Vision aus meiner Kindheit in den Sinn, aus der Zeit, als ich bei Mary Dutton krank gewesen war und sie mich in die warme Behaglichkeit ihres Bettes gebracht hatte. Die Vision brachte eine schnelle Lösung. Ich klingelte. Ich stand an der Wand und wartete – atemlos. Die Tür öffnete sich und aus der Dunkelheit kam ihre Stimme.

"Willst du mich wirklich?"

Ich glaube nicht, dass ich gesprochen habe, aber ich erinnere mich, dass ich ihr meine Hände ausgestreckt habe. Meine angestrengten Ohren hörten ein leises Rascheln – dann kam eine Berührung – und ich umarmte sie.

Also war ich getröstet.

IV

Für die Nacht gab es reichlich Vergesslichkeit. Aber der neue Tag rief mich von den Elysian Fields zurück in die kalte Realität unserer gewöhnlichen Welt.

Meine Vertrautheit mit der offenen Offenheit meines guten Freundes Chaucer und der frühen englischen Schriftsteller hatte meinen Geist von vielen Gemeinheiten gereinigt. Ich hatte nie das Gefühl einer biblischen Sünde im Hinblick auf meine plötzliche Leidenschaft für Ann. Es war zu süß und natürlich, um so falsch zu sein. Doch dieser Haltung der frühen Renaissance widersprach ein modernes Gefühl persönlicher Verantwortung. Die Auswirkungen der Sache beunruhigten mich zutiefst.

Als ich dort in der Dunkelheit saß und darüber nachdachte – während Miss Wright ab und zu in die Routineangelegenheiten des Tages eintauchte – wurde mir zum ersten Mal der Unterschied zwischen Liebe und Leidenschaft bewusst. Es bestand kein Zweifel, dass Ann mich liebte. Aber ich liebte sie nicht.

Von billiger Sentimentalität war sie so weit entfernt wie jede andere Frau, die ich kannte. Sie war seltsam unromantisch. In allem, was sie tat, herrschte eine beeindruckende Bestimmtheit. Ich wusste von Anfang an, dass die Liebe, die sie mir schenkte, für immer galt. Es sollte der große menschliche Faktor in ihrem Leben sein, aber es sollte nicht auf Gegenseitigkeit beruhen. In meinem Elend wollte ich ihren Trost, in meiner Einsamkeit brauchte ich ihre Zuneigung. Ich hatte sie sehr liebgewonnen und war von ihr abhängig, aber ich wusste von Anfang an, dass sie nicht der Mittelpunkt meines Lebens sein sollte.

Dennoch schien mein Kurs sehr klar. „The Woman Who Did“ war damals noch nicht geschrieben worden. Die heute in der Literatur so häufig geäußerte Vorstellung, dass das Sexualleben außerhalb der Ehe schön und würdevoll sein könnte, war unbekannt. Obwohl ich keine Sehnsucht nach einer ewigen Paarung verspürte, keinen Wunsch, sie zu heiraten, sagte mir mein Gewissen sehr deutlich, dass ich es tun sollte. Ich hätte nicht gedacht, dass ich mit auch nur annähernd Anstand weniger tun könnte.

Seitdem Margot zurückgegangen war, neigte ich nicht mehr zu romantischen Träumen. Ich rechnete nicht mit der großen Leidenschaft als einem notwendigen Teil des Lebens, daher war es keine besondere Selbstaufopferung, dieser Möglichkeit die Tür zu verschließen, indem ich eine Frau heiratete, die ich nicht ganz liebte. Doch was hatte ich ihr zu bieten, da sie von Blindheit ohne Geld und Handel bedroht war? Je mehr ich über diese Dinge nachdachte, desto bescheidener wurde ich. Ihr „fairer Name“ schien mir jedoch wichtiger als all diese Überlegungen. Es war bedauerlich, dass ich ihr keine Ruhe und Geborgenheit garantieren konnte. Es war bedauerlich, dass ich ihr nicht die Liebe schenken konnte, die der Kern der Ehe sein sollte, aber das alles schien kein Grund zu sein, ihr nicht die Schale anzubieten.

Als Ann endlich kam, lachte sie mich aus. Was? Heiraten? Nichts lag ihr ferner. Sie hatte ihre eigene Arbeit vor sich. Ein Zuhause einrichten? Sobald sie weitere hundertfünfzig Dollar gespart hatte, ging sie nach Paris, um bei Pasteur zu studieren. Die Leute könnten über seine Keime, Kulturen und Seren lachen. Lass sie lachen! Die Zukunft lag in der Bakteriologie. Heiraten? Natürlich liebte sie mich, aber woher kamen diese beiden Vorstellungen?

Sie hielt mir einen Vortrag über freie Liebe. Es ist schwer, über eine Theorie zu schreiben, die ich so stark ablehne. Dennoch ist Anns Haltung in dieser Angelegenheit ein wesentlicher Bestandteil meiner Geschichte.

Je länger ich lebe, desto bemerkenswerter erscheint es mir, wie begrenzt das Feld ist, in dem jeder von uns originelles Denken betreibt. Einer meiner Freunde ist ein äußerst fähiger Arzt. In seinem Fachgebiet war er verblüffend radikal. Seine Heilmittel sind jedoch so erstaunlich, dass seine Kollegen seine Methoden akzeptieren. Aber in allen anderen Bereichen des Denkens ist er hoffnungslos konservativ. Ein anderer Bekannter, ein Maler, ist ein mutiger Erneuerer in der Verwendung von Farben, hat aber bedingungslos all jene Überzeugungen akzeptiert, die Max Nordau als „die konventionellen Lügen unserer Zivilisation" bezeichnet hat. Einem Thema scheinen wir all unsere geistige Energie, all unsere Kräfte originellen Denkens zu widmen, in anderen Dingen glauben wir, was uns beigebracht wird. So war es auch bei Ann. Ihr Spezialgebiet war die Bakteriologie, ihre Vorstellungen von der Ehe hatte sie geerbt.

Ihre Mutter, die ich später kennenlernte und respektierte, war eine bemerkenswerte Frau. Mr. Barton hatte sie nach einem recht anständigen jungen Leben mit fünfunddreißig Jahren verlassen. Obwohl weder Ann noch Mrs. Barton jemals viel über ihn sprachen, erfuhr ich, dass er als hoffnungsloser Trunkenbold gestorben war. Zunächst hatte die Mutter die Kinder durch Stillen und Nähen bei den Familien ihrer Nachbarn in Vermont unterstützt. Und überall, sobald sie die Privatsphäre eines Haushalts betreten hatte, fand sie denselben abstoßenden Vorwand, einen sorgfältig gehüteten äußeren Ausdruck von Harmonie und Zuneigung, eine innere Realität kleinlicher Streitereien und Zwietracht. Oft erlebte sie Situationen abscheulicherer Tragödien, Eifersucht, Hass und seltsamer Leidenschaften, Frauen mit gebrochenem Herzen aus Mangel an Liebe, körperlich gebrochen durch übermäßiges Kinderkriegen. Nachdem sie ihr eigenes Unglück als eine schreckliche Ausnahme betrachtete, gelangte sie zu der Überzeugung, dass solche Sorgen erbärmlich häufig seien. Und überall schienen Frauen die Opfer zu sein. So unglücklich das Eheleben eines Mannes auch sein mag, er fand in seiner Arbeit Erleichterung. Für die Frau war das Zuhause alles, und wenn etwas schief ging, war das ganze Leben schief.

Offenbar durch Zufall, aber ich vermute, dass es unvermeidlich war, war sie mit einigen der Anführerinnen der frühen „Frauenrechtsbewegung" in Kontakt gekommen. Sie korrespondierte eifrig mit ihnen und kam schließlich nach Westen nach Cincinnati, da sie zu dem Schluss gekommen war, dass sie Bildung brauchte. Sie verdiente ihren Lebensunterhalt und ihre Kinder mit Handarbeiten und verbrachte die Hälfte der Nächte, nachdem sie zu Bett gegangen waren, mit Schulbüchern. Sie musste am Anfang beginnen. Allein, in ihrer Mansarde, folgte sie dem Gymnasialkurs und drängte die Arbeit, die ein Kind zwei oder drei Jahre braucht, in die halben Nächte eines Jahres. Nach und nach arbeitete sie sich zur Vorarbeiterin in einem großen Stickereibetrieb hoch und konnte so ihre Kinder auf die weiterführende Schule und die älteren aufs College schicken. Aber ihr Gesundheitszustand hatte nachgelassen, bevor Ann an die Reihe kam.

Ihr Interesse an der Frauenbewegung hatte sie mit allen möglichen Radikalen in Kontakt gebracht und kurz nach ihrer Ankunft in Cincinnati hatte sie Herrn Grun getroffen , einen deutschen anarchistischen Flüchtling. Aus der Freundschaft entwickelte sich eine schöne Liebesbeziehung, die bis zu seinem Tod andauerte.

Ann hatte alle libertären Dogmen ihres Pflegevaters akzeptiert. Es kam mir sehr wunderbar vor, sie über ihr „Zuhause" sprechen zu hören. Für mich war es ein ziemlich unfruchtbares Wort. Aber für sie bedeutete es eine Fülle von Zuneigung, einen Ort sicherer Sympathie. Mit traurigem und bitterem Neid hörte ich ihren Kindheitsgeschichten zu. Die liebevolle Güte, die glückliche Harmonie, die sie zu Hause gekannt hatte, war ihrer Überzeugung nach eine Folge der freien Beziehung zwischen ihrer Mutter und ihrem Geliebten. Ann war in einer Atmosphäre aufgewachsen, in der freie Liebe an der Tagesordnung war.

Verfolgung ist der sicherste Weg, einen Ketzer davon zu überzeugen, dass er Recht hat. Ich habe viele Anarchisten gekannt und das Auffälligste an ihnen ist ihr Gemeinschaftsinteresse. Unabhängig davon, ob sie die Gesellschaft ernsthaft beleidigen oder nicht, stehen sie alle in einem engen Verteidigungsbündnis dagegen. Die Feindseligkeit, die ihnen überall begegnet, zwingt sie dazu, sich mit ihresgleichen zu verbünden. Ann war unter den Kindern von Kameraden aufgewachsen.

Für sie ist Liebe eine ganz persönliche, individuelle Angelegenheit. Die Einmischung der Kirche oder des Staates betrachten sie als unverschämt und unanständig. Sie nehmen die ganze Sache mit dem Sex ernster und in mancher Hinsicht auch vernünftiger als die meisten von uns. Soweit ich sie gesehen habe, sind ihre Haushalte kaum anders, weder besser noch schlechter als ein durchschnittliches Zuhause. Ihr Vorteil liegt darin, dass die meisten Anarchisten von freundlicher Natur sind und selten mit geldgierigem

Materialismus behaftet sind. Aber das liegt an den Menschen, nicht an ihren Institutionen.

Für Ann wäre die Heirat ein Verzicht auf ihre Erziehung und die Menschen gewesen, die sie liebte, vergleichbar mit der einer Tochter eines Baptistenpriesters, die katholische Nonne wurde, oder der dritten Frau eines Mormonenältesten. Aber protestantische Frauen heiraten manchmal Mormonen oder tragen den Schleier. Und Anarchisten sind nicht klüger darin, den Zweig so zu biegen, dass er gebogen bleibt, als Baptisten. Wenn Ann diese Art von Frau gewesen wäre, hätte sie vielleicht die Kontrolle verloren und ihr Volk verlassen, um mich zu heiraten, wie es sorgfältig erzogene Töchter in ähnlichen Krisen getan haben, seit die Welt jung war.

Aber sie hatte eine ganz klare Theorie, dass die Liebe das Leben nicht beeinträchtigen dürfe. Jedem von uns sei eine eigene Persönlichkeit gegeben, eine besondere Aufgabe in der Welt, und die Entwicklung dieser Persönlichkeit, die Erfüllung dieser individuellen Aufgabe sei das große Ziel des Lebens. Liebe sollte einen nicht vom Wettlauf zum gesetzten Ziel ablenken. Liebe ist eine Zierde des Lebens. Sie sprach mit beißendem Spott über einen Mann, den sie kannte und der „zu viele Ringe an den Fingern trug". Sein Geschmack war schlecht, er versuchte, sein Leben zu sehr zu schmücken und verfehlte so die Realität des Lebens. Das Ziel, das sie sich gesetzt hatte, war die Bakteriologie, und sie hatte nicht den geringsten Zweifel, dass sie es richtig gewählt hatte. Dies sollte ihr Leben sein. Wenn das Schicksal ihr solche Freuden bescherte, wie sie ihre Liebe zu mir nannte, war es etwas, wofür man dankbar sein konnte. Aber es muss ihrer Karriere untergeordnet sein und darf sie niemals beeinträchtigen.

Sicherlich ist dies nicht die gewöhnliche Einstellung von Frauen zur Liebe. Aber Ann war eine außergewöhnliche Frau, eine dieser unerklärlichen Ausnahmen, die wir mit dem vagen Wort „Genie" bezeichnen.

Vor ein paar Monaten nahm ich eine illustrierte französische Zeitung in die Hand und stieß zufällig beim Öffnen auf eine Seite mit Fotos von einem halben Dutzend berühmter Frauen. Anns Gesicht war darunter. Es gab einen Artikel einer angesehenen Psychologin über „Geniale Frauen". Seine Schlussfolgerungen interessierten mich nicht besonders, aber ich hatte noch nie zuvor eine so prägnante Darstellung von Anns Leistungen, den gelehrten Gesellschaften, denen sie angehört, den wissenschaftlichen Rezensionen, an deren Herausgabe sie mitarbeitet , den Broschüren, die sie geschrieben hat, und den bekannten Entdeckungen, die sie gemacht hat, gesehen . Es hat mich verblüfft, auf einer halben Seite eine so beeindruckende Erfolgsbilanz zu sehen.

Es hilft mir jetzt, die junge Frau besser zu verstehen, die mich vor etwa zwanzig Jahren zutiefst verwirrte. Damals sah ich kein besonderes

Versprechen auf Auszeichnung. Ich lächle mit einem schiefen Gesichtsausdruck, als ich mich an meine Anmaßung erinnere, dass sie sich im Schatten meines Namens verstecken musste. Ich nehme an, wenn sie zugestimmt hätte, mich zu heiraten, hätten wir irgendwie einen Weg gefunden, unseren Lebensunterhalt zu verdienen. In meinem verkrüppelten Zustand hätte ich nicht viel tun können – ich habe kein Talent zum Geldverdienen. Die Last, das Heim zu ernähren, wäre erheblich auf sie gefallen. Vielleicht wäre es für uns beide „besser" gewesen, wenn ihre seltsame Erziehung ihr die Ehe nicht zuwider gemacht hätte. Sie und ich wären möglicherweise „glücklicher" gewesen, wenn sie nicht von dem verzehrenden Ehrgeiz erfüllt gewesen wäre, der sie dazu trieb, die Liebe an einen geringeren Ort zu stellen. Vielleicht. Aber die Rasse wäre ärmer geworden und hätte ihren wirklichen Beitrag zur Beseitigung von Krankheiten verloren.

Ich konnte damals nicht mit ihr über diese Dinge streiten. Mein Wissen war so viel geringer als ihres. Aber obwohl es eine Erleichterung war, zu erfahren, dass sie mich nicht heiraten würde, gab es dennoch ein Gefühl tiefer Ungerechtigkeit. Es schien ein verabscheuungswürdiger Betrüger zu sein, ihr so viel mehr wegzunehmen, als ich geben konnte. Es erschien mir letztlich unfair, eine Liebe anzunehmen, die ich nicht vollständig erwidern konnte. Aber sie schob jegliche Erklärungsversuche beiseite. Sie rannte in ihr Zimmer, brachte mir ein Exemplar des Rubaiyat und hielt mir eine ziemliche Predigt im Vierzeiler über Omars Astronomie, wie er den Kalender überarbeitet und gestern die Toten und morgen die Ungeborenen gestrichen hatte. Liebe, sagte sie, sei subjektiv, ihre Freude komme aus dem Lieben und nicht aus dem Geliebtwerden. Dann wurde sie plötzlich ängstlich. Vielleicht war sie „aufdringlich", vielleicht wollte ich nicht, dass sie mich liebte …

Meine Skrupel vergingen wie im Flug. Ich wollte sie auf jeden Fall. Und ich konnte sie davon überzeugen.

V

Nachdem unsere Beziehungen vorerst gefestigt waren, machte sich Ann daran, mich zu reformieren. Sie war wirklich entsetzt über das isolierte Leben, das ich geführt hatte. Dass ich mich wenig für die Menschheit interessierte, überhaupt nichts für das öffentliche Leben und nur durch Zufall wusste, wer Bürgermeister der Stadt war, schockierte sie. Jeden Abend, nachdem ihre anderen Patienten übernachtet hatten, brachte sie mir die Papiere. Es gab keinen Liebesakt – nur einen Kuss –, bis sie mir eine halbe Stunde lang vorgelesen hatte. Es langweilte mich bis zum Äußersten, aber sie bestand darauf, dass es gut für mich sei. Ich musste zuhören, denn jeden Abend untersuchte sie mich anhand dessen, was sie am Abend zuvor gelesen hatte. So erlangte ich eine gewisse Menge an unabhängigen Informationen über Millionärsscheidungen, Morde und Kommunalpolitik.

Ihr nächster Schritt bestand darin, mich mit den anderen Patienten in Kontakt zu bringen.

"Gelangweilt?" sie schimpfte. „Es ist eine Sünde, sich zu langweilen. Es sind Menschen – Menschen –, die genauso gut sind wie Sie. Sie interessieren sich nicht für Mrs. Stickneys Ehemann? Sie interessieren sich nicht für Mr. Blakes geschäftliche Sorgen? Das sind die beiden." großartige Fakten über das Leben. Die weibliche Hälfte der Welt denkt an Männer. Die männliche Hälfte denkt ans Geschäft. Das sind die beiden Dinge, die wirklich am interessantesten sind."

Sie nahm sich meine Reformation so sehr zu Herzen, dass ich begann, mich selbst dafür zu interessieren. Ich machte mich mit allen Symptomen der Dyspepsie eines Mannes vertraut. Mrs. Stickneys Augenleiden schienen durch eine zu enge Beschäftigung mit Kochbüchern verursacht worden zu sein – auf der Suche nach einem Gericht, das ihr Mann verdauen konnte. Durch Mr. Blakes mürrischen Vortrag bekam ich neue Einblicke in das Geschäftsleben und die großen und kleinen Unehrlichkeiten, die es ausmachen. Ich frage mich manchmal, ob er während seiner Krankheit wirklich so sehr ausgeraubt wurde, wie er erwartet hatte. Er war davon überzeugt, dass sein Hauptkonkurrent seine Geschäftsgeheimnisse seinem Chefbuchhalter abkaufen würde. Er schien weder auf seinen Rivalen noch auf seinen Angestellten wütend zu sein, weil er diese Gelegenheit nutzte, um ihn zu betrügen, sondern auf das Schicksal, das ihnen durch seine Krankheit eine so große Versuchung bot. Er beschwerte sich bitterlich, weil er noch nie eine solche glückliche Chance gehabt hatte.

Am meisten habe ich jedoch durch die Zeitungen gewonnen.

„Möchten Sie etwas über einen millionenschweren Sozialisten hören, der sagt, dass alle Richter und Polizisten ein Jahr im Gefängnis absitzen sollten, bevor sie für ein Amt in Frage kommen?"

„Das klingt hoffnungsvoller als Wahlkampfreden", sagte ich unterwürfig.

Es war Norman Benson. Ich erkannte seine urige Art, Dinge auszudrücken, bevor sie auf seinen Namen kam.

„Ich kenne ihn", lachte ich.

Ich musste ihr alles über unsere kurze Bekanntschaft erzählen.

„Warum bittest du ihn nicht, zu dir zu kommen?"

Ich hatte nicht das Gefühl, ihn gut genug zu kennen, um ihn zu stören. Ich hatte ihn drei Jahre lang nicht gesehen und auch nichts von ihm gehört.

Als Erstes am Morgen rief sie ihn an, ohne es mir mitzuteilen, und teilte ihm meine Notlage mit. Zu meiner großen Überraschung brachte Miss Wright ihn gegen elf Uhr in mein Zimmer.

Benson war der beschäftigtste Mann, den ich je gekannt habe. In späteren Jahren, als ich bei ihm wohnte und sein engster Freund war, konnte ich nie mehr die Hälfte seiner Aktivitäten verfolgen . Er war eine Art „beratender Ingenieur" in der Werbung. Große Konzerne im ganzen Land würden ihn rufen lassen und dafür gut bezahlen, dass er die Aufmerksamkeit der Öffentlichkeit auf ein neues Produkt lenkt. Während er frühstückte, konnte er Verse im Stil von Spotless Town schreiben, und obwohl er Kunst nicht ernst nahm, zeichnete er einige der erfolgreichsten Werbespots seiner Zeit. In einem Jahr verdiente er etwa dreißigtausend Dollar, mehr als sein geerbtes Einkommen von zehntausend. Er gab nicht mehr als fünftausend im Jahr für sich selbst aus, aber es ging ihm immer schlecht.

Er leitete ein halbes Hundert Wohltätigkeitsorganisationen – Siedlungen, Kindertagesstätten, Einwandererheime, Kindervereine und so weiter. Sein größtes Hobby war der „ Arbeiter" . Studenten Verein." Als er diese Unternehmen nicht vollständig unterstützte, zahlte er das jährliche Defizit. Es waren diese Ausgaben, die ihn zu der Werbearbeit drängten, die er verabscheute.

Es war für mich ein Wunder, wie er trotz dieser vielfältigen Aktivitäten Zeit für die tausend und eine kleine Freundlichkeit und die vielfältigen persönlichen Beziehungen fand, die er zu Menschen aller Art und in allen Lebenslagen pflegte. Ungefähr einmal in der Woche speiste er im University Club, öfter in der Siedlung, und an den anderen Abenden aß er mit einem seiner Arbeiter im obersten Stockwerk eines Mietshauses Potluck Studenten . Ebenso fand er Zeit, sich an mich zu erinnern und Freude ins Krankenhaus zu bringen.

Als ich am ersten Morgen über den Zeitungsbericht sprach, fragte ich ihn, ob er Sozialist sei.

„Gehängt, wenn ich es weiß", sagte er. „Ich bin nie einer sozialistischen Organisation beigetreten. Diese Seifenkistenmenschen liegen mir nicht besonders am Herzen. Sie reden über den Wiederaufbau unserer Industrieinstitutionen, und die meisten von ihnen wissen nicht, wie man für einen Dollar Wechselgeld bekommt. Sie reden über den Sturz der Mauer." Straße, und sie unterscheiden Eisenbahnvieh nicht von Viehvieh. Sie begreifen nicht einmal, was für eine große Sache das ist – und auch nicht, wie ungerecht, verrückt und kopflastig. Aber manchmal denke ich, ich muss ein Sozialist sein. Ich kann meinen Mund nicht aufmachen und etwas Ernstes sagen, ohne dass mich jeder einen Sozialisten nennt. Ich weiß es nicht."

Die verbleibenden Wochen im Krankenhaus gaben mir einen großen Fundus an Dingen, über die ich nachdenken konnte. Mein Verstand arbeitet retrospektiv. Ich habe immer Verständnis für die Wiederkäuergewohnheit der Kuh gehabt. Die Eindrücke der Stunde sind für mich nie eindeutig. Damit eine Erfahrung real wird, muss ich lange darüber nachdenken; Allmählich dringt es in mein Bewusstsein ein und wird zu einem lebenswichtigen Besitz.

Bensons Art von Freundlichkeit war für mich absolut neu. Niemand hatte jemals so etwas für mich getan wie er. Und so wie es mich überraschte, dass er sich die Mühe machte, mir eine Dose meines Lieblingstabaks zu schicken, so waren die Zuneigung, die intimen Liebesbekundungen, die Ann mir machte, etwas Ungeahntes. „Komm mit mir auf einen hohen Berg, und ich werde dir alle Wunder der Welt zeigen" – das war Anns Geschenk an mich. Aus dem Schrecken der Dunkelheit, vom tiefsten Abgrund der Verzweiflung, führte sie mich hinauf in das weiße Licht der Gipfel des Lebens.

Wenn ich diese Seiten noch einmal durchlese, stelle ich fest, dass ich Ann als eine Stimme beschrieben habe, als eine Person, die über ernste Dinge nachdachte und sprach, die hauptsächlich in einen Ehrgeiz versunken zu sein schien, der bis zu diesem Zeitpunkt keine Früchte getragen hatte. Ich möchte mir die Frau vorstellen, die in der Dunkelheit voller Fröhlichkeit, Zärtlichkeit und Liebe zu mir kam.

eines Tages gereinigt werden, damit wir mit solchen Dingen vernünftig und freundlich umgehen können. Aber dieser Zeitpunkt ist noch nicht gekommen und ich muss mit den vorhandenen Werkzeugen zufrieden sein. Ann brachte mir in diesen trostlosen Tagen all die wundersamen weiblichen Dinge näher – die urigen und sanften Scherze der Liebe, die sinnlosen süßen Worte und Namen, die Liebkosungen sind, die plötzlichen Impulse der Selbstoffenbarung , die seltsamen und unerwarteten Zwänge – von denen ich nichts wissen darf schreiben.

Ich war nicht mehr einsam – nicht einmal, wenn Miss Wright Dienst hatte – es gab so viel, worüber ich nachdenken musste.

VI

Schließlich wurden die Verbände abgenommen . Ich erinnere mich an den plötzlichen schmerzhaften Glanz des abgedunkelten Raumes, an die drei Ärzte in Krankenhauskostümen, die über verschiedene Formen der Folter konsultierten. Besonders erinnere ich mich an das Muttermal auf der Stirn des Häuptlings, eines grauhaarigen Mannes mit Brille. Es waren die ersten Dinge, auf die sich meine aus dem langen Schlaf aufgeschreckten Augen konzentrierten. Die Tortur verlief tragisch. Es schien, dass sie absichtlich langsam waren. Doch als das Urteil fiel, lautete es Freispruch. Ich hatte Glück. Wenn ich vorsichtig bin, kann ich vielleicht wieder fast normal sehen. Aber monatelang darf ich nicht versuchen zu lesen. Mein ganzes Leben lang muss ich beim ersten Anzeichen von Müdigkeit innehalten.

Nachdem ich einige Rauchgläser zurechtgerückt hatte, schickten sie mich zurück in mein Zimmer, um meine Sachen zu packen und in ein neues Leben aufzubrechen. Als ich den Korridor betrat, sah ich am anderen Ende zwei Krankenschwestern. Mein Herz blieb schlagartig stehen und mir wurde plötzlich schwindelig. Irgendwie hatte ich nicht an Ann gedacht, was das Sehen angeht. Sie war aus der Dunkelheit zu mir gekommen und hatte sich als Klang und Berührung offenbart. Ich hatte keine Ahnung, wie sie aussehen würde. Sie kamen beide auf mich zu. Durch meine dunkle Brille konnte ich nur sehr wenig sehen. Ich konnte nicht erraten, welches welches war.

„Also. Sie haben die Verbände abgenommen? Ich bin sehr froh." Es war Miss Wrights energische Stimme.

„Ich bin auch froh", sagte Ann.

Ich habe versucht, sie zu sehen, aber meine Augen waren voller Tränen.

„Ich zeige ihm sein Zimmer", sagte Ann.

Als die Tür hinter uns geschlossen wurde, warf sie ihre Arme um meinen Hals und weinte, wie ich noch nie eine Frau weinen sah.

„Oh! Geliebte", schluchzte sie. „Ich bin so froh. Ich hatte Angst – Angst, dass du blind sein würdest."

Sie war immer so fröhlich und professionell mit meinem Fall umgegangen – natürlich würde alles gut ausgehen –, dass ich ihn nicht aus ihrer Sicht gesehen hatte. Für mich war es eine Offenbarung, dass ihr Mut eine Täuschung gewesen war.

„Oh. Ich hatte Angst – Angst!"

Ich versuchte sie zu trösten, aber all die seit Wochen aufgestauten Sorgen und Ängste waren zum Vorschein gekommen. Und mir war nicht klar gewesen, dass ihre Liebe mein Risiko für sie zu einer persönlichen Tragödie gemacht hatte.

Als sie sich etwas beruhigt hatte, wollte ich, dass sie wegtrat, damit ich sie ansehen konnte. Aber nein – sagte sie – sie wollte nicht, dass ich sie zuerst sah, als ihre Augen von Tränen geschwollen waren. Sie klammerte sich fest an mich und wollte mir ihr Gesicht nicht zeigen.

Es klopfte an der Tür. Ich hatte noch nicht lange genug gelebt, um den Ernst der feuchten Augen einer Frau zu erkennen, und ohne darüber nachzudenken, sagte ich: „Kommen Sie herein." Es war Benson.

„Miss Wright sagt mir –"

Er zögerte. Er sah Ann an. Ich drehte mich auch um. Sie bemühte sich mutig, unbesorgt zu wirken, aber ihre Augen waren so rot, dass man es kaum verbergen konnte.

„Ja", sagte sie in ihrem professionellen Ton. „Die Nachrichten sind sehr gut. Besser als wir gehofft hatten."

„Gut. Ich bin vorbeigekommen", sagte Benson, als gäbe es keinen Grund, sich zu schämen, „um zu sehen, wie du rausgekommen bist, und um dich dazu zu bringen, das Wochenende mit mir zu verbringen, wenn sie dich gehen lassen. Ich muss." Ich besuche meinen Onkel und meine Tante – dumme alte Leute – Hypochonder. Aber sie fahren nächste Woche nach Europa und ich muss sie unbedingt sehen. Ich werde vor Langeweile sterben, wenn niemand da ist, mit dem ich reden kann. Komm lieber mit, die Fahrt ist gut . Ich muss für ein paar Minuten zum Club rennen. Kannst du deinen Griff in einer halben Stunde packen? Alles klar. Bis dann."

Ann war so wütend, wie ich sie noch nie zuvor gesehen hatte.

„Wenigstens hättest du mir Zeit gegeben, meine Augen zu trocknen."

„Ich glaube nicht, dass ihm etwas aufgefallen ist. Männer sehen so etwas nie", sagte ich.

Aber Ann lachte darüber und so wurde ihre gute Laune wiederhergestellt.

Ihr Gesicht war, als ich es jetzt sah, überhaupt nicht das, was ich erwartet hatte. Es war ernst, dürftig, ein bisschen streng. Ich hatte sie für blond gehalten, aber ihr Haar war von sattem, tiefem Braun. Natürlich kann ich ihr Aussehen nicht beurteilen. Sie hatte Freude in meine Dunkelheit gebracht. Für mich konnte sie nicht anders, als schön zu sein.

Der Ausdruck ist das, was am meisten zählt. In ihrem Gesicht, das durch die Uniform ihrer Krankenschwester betont wurde, strahlte sie eindeutig Vernünftigkeit und neuenglische Zuverlässigkeit aus. Unter anderen Umständen hätte sie mich vielleicht nicht angezogen. Ihr Gesicht in der Ruhe hätte vielleicht nicht mehr als Selbstvertrauen erweckt. Aber als sie ihre Hände auf meine Schultern legte und mit dem Licht der Liebe in ihren Augen in mein Gesicht blickte, schien es mir, als würde ein mystischer Heiligenschein der Schönheit um sie strahlen. Keine andere Frau hat jemals so auf mich geschaut wie Ann. Und doch weiß ich, dass die meisten Leute sie „einfach" nennen würden.

Das Schwierigste, was ich an ihr akzeptieren konnte, war ihre Größe. Ich hatte sie für deutlich kleiner gehalten als Miss Wright. Ich war natürlich durch die relative Größe ihrer Stimmen in die Irre geführt worden. Ann war überdurchschnittlich groß und Miss Wright kaum einen Meter fünfzig.

In der halben Stunde vor Bensons Rückkehr hatten wir nichts Konkreteres besprochen als Möglichkeiten, uns außerhalb des Krankenhauses zu treffen. An jedem zweiten Samstag hatte sie vom Abendessen bis Mitternacht frei. Ich hatte eher Angst, dass Benson, wenn wir allein waren, ein paar Fragen stellen oder einen Witz über sie machen würde, aber er redete eifrig über andere Dinge.

Sein Onkel und seine Tante waren ein einsames altes Paar. Ihre Kinder waren etabliert und es blieb ihnen nichts übrig, was sie interessierte, außer ihren Krankheiten, von denen einige, wie Benson sagte, real waren. Es war ein wunderschönes Haus etwas außerhalb von Stamford on the Sound – jetzt, da die Kinder weg waren, ziemlich traurig leer. Ich hatte noch nie so viel Luxus, so schweres Silber, so allgegenwärtige Diener gesehen.

Sie planten, in Paris zu leben, in der Nähe einer Tochter, die einen Franzosen geheiratet hatte. Ihre Vorkehrungen waren alle getroffen. Doch im letzten Moment hatte ihre ausgebildete Krankenschwester sie in Verwirrung gebracht, als sie plötzlich entschied, dass sie Amerika nicht verlassen wollte. Die Tante erzählte uns beim Abendessen mürrisch davon. Anns Wunsch kam mir in den Sinn.

„Wie viel Freizeit hätte die Krankenschwester?“ Ich fragte. „Ich kenne jemanden, der unbedingt in Paris leben und bei Pasteur studieren möchte. Sie ist sehr fähig. Ihr Neffe hat sie gesehen – Miss Barton – sie war im Krankenhaus. Sie hat mir sehr gut gefallen.“

Benson warf mir einen kurzen Blick zu. Es war das einzige Anzeichen dafür, dass er jemals eine Intimität zwischen uns bemerkt hatte.

„Meine Tante beabsichtigt, dauerhaft in Paris zu leben“, sagte er. „Sie würde niemanden mitnehmen wollen, der nicht bereit wäre, auf unbestimmte Zeit zu bleiben.“

„Das würde meiner Meinung nach genau zu Miss Barton passen.“

Benson ging sofort auf meinen Vorschlag ein und empfahl Ann begeistert weiter. Ich musste eine Reihe von Fragen beantworten. Die Tante gehörte zu den Unentschlossenen, die es hassen, sich zu entscheiden, aber der Onkel wollte loslegen. Während der drei Sonntagsmahlzeiten sprachen wir ständig darüber, und am Montagmorgen gingen sie mit einer Einführungsnotiz von mir zu ihr.

Ann freute sich, wie ich vorhergesehen hatte, über die Gelegenheit. Sie gefiel ihnen, und sobald sie einen Ersatz finden konnte, was eine leichte Sache war, da ihre Position begehrenswert war, wurden die Vorkehrungen getroffen.

VII

Ann und ich verbrachten den Tag vor ihrer Abreise zusammen. Wir hatten einen Ausflug ans Meer geplant, aber es regnete heftig und wir fanden Zuflucht in einem Hotel. Wir waren zu sehr aneinander interessiert, als dass wir uns groß um das Wetter oder unsere Umgebung gekümmert hätten. Alle Schönheiten der Natur, die unsere Aufmerksamkeit hätten ablenken können, wären eine Zumutung gewesen.

Es war ein Tag unvergesslicher Freude. Und dennoch war es nicht ohne eine subtile Legierung. Durch eine unausgesprochene Vereinbarung wurden wir Omars Philosophie gerecht und diskutierten weder über die Vergangenheit noch über die Zukunft. Ich hatte Angst, innezuhalten und nachzudenken, aus Angst, es könnte falsch erscheinen ...

Einmal trübte sie mich mit ein paar Dankesbekundungen dafür, dass ich ihr, wie sie es ausdrückte, diese großartige Gelegenheit gegeben hatte, ihren Traum, bei Pasteur zu studieren, zu verwirklichen. Und die ganze Zeit wusste ich, dass ich diese Chance, die das Schicksal mir geboten hatte, nicht nur um ihretwillen ergriffen hatte. Trotz der Freude über ihre Liebe herrschte eine unterschwellige Unsicherheit. Ich wollte mich weit genug davon entfernen, um es beurteilen zu können. Es ist schwer auszudrücken, was ich meine, aber ich war an diesem Tag glücklicher und unbeschwerter, weil ich wusste, dass sie am nächsten gehen würde.

Aber diese verschwommenen Momente waren – nur Momente. Wir waren jung. Es war der Frühling des Lebens, wie er des Jahres war. Der Geist der Poesie, der großartigen Texte, war in diesem kitschigen Hotelzimmer zu spüren ...

Am frühen Morgen machten wir uns durch die nassen, glitzernden Straßen auf den Weg quer durch die Stadt in Richtung Fluss. Natürlich wusste ich genau, wohin wir wollten, aber irgendwie war ich beim Eingang zum Dock überrascht und unvorbereitet. Einen Moment lang standen wir da und schüttelten uns so förmlich wie möglich die Hand. Plötzlich funkelten Tränen in ihren Augen, sie streckte die Hand aus und küsste mich. Dann drehte sie sich abrupt um und betrat das kahle, schattige Gebäude. Sie hatte einen festen Schritt, sie machte sich auf den Weg, um ihrem Schicksal zu begegnen.

Ich schaute zu, bis sie außer Sichtweite war. Und dann überraschte ich mich selbst mit einem Seufzer seltsamer Erleichterung.

VIII

Später am Tag aß ich mit Benson im University Club zu Mittag.

„Was sind deine Pläne jetzt?" fragte er, als wir uns bei Kaffee und Zigaretten niederließen.

„Such dir einen Job, nehme ich an."

„Sie sind nicht in der Lage, zu arbeiten oder Arbeit zu suchen – gerade erst aus dem Krankenhaus."

„Aber ich muss essen."

„Das ist ein dummer Aberglaube!" er explodierte. „Man muss nicht arbeiten, um zu essen. Das tut keiner der ‚besten Leute'. Das halbe Problem der Welt ist, dass so viele Idioten schwitzen – nur um zu essen. Wenn sie sich weigern würden, für Kutteln zu arbeiten-" Eintöpfe und Nachfrage nach Logenplätzen in der Oper, das würde Wunder bewirken. Warum Menschen ihr ganzes Leben lang schuften, um in einem Mietshaus zu sterben, ist mir ein Rätsel. Welche Art von Arbeit wollen Sie?"

Meine Vorstellungen zu diesem Punkt waren vage.

„Wie viel Geld hast du?"

Das hatte ich herausgefunden.

„Einhundertfünfundachtzig Dollar und dreiundneunzig Cent. Und dann meine Bücher – vielleicht könnte ich noch hundert dafür bekommen."

„ Wenn man skrupellos genug ist, ist das natürlich ein guter Anfang für ein Vermögen. Viele Männer haben es mit weniger Geld geschafft. Aber es ist langweilig, sich zurückzulehnen und zuzusehen, wie das Geld wächst. Haben Sie jemals ein Stück Maifischrogen gesehen – alles Eier? „Geld ist ein verdammt produktiverer Anblick als Fisch. Wenn man einen Silberdollar mit genug Zynismus imprägniert, kann man seine Ausgaben nicht mit seinem Einkommen decken. Schauen Sie, wie der Reichtum in diesem Land trotz all unserer Diebstähle und Verschwendung gewachsen ist! In der Zivilgesellschaft Im Krieg haben wir Geld verbrannt – Millionen nach Millionen in die Flammen geworfen – wir haben es nie bemerkt. Die Nation war 1965 reicher als 1960.

„Aber Geld zu verdienen ist der Ehrgeiz eines Narren. Denken Sie nur daran, wie viele Dubs es schaffen, ihren Lebensunterhalt zu verdienen. Das kann jeder. Wenn du anfängst, dir Sorgen zu machen, schnappst du dir den ersten Job, der dir angeboten wird, und denkst, dass du Glück hast. Komm zur Abrechnung – der Vorstand zahlt sieben pro Woche. Du kannst drei Monate lang mit der Hälfte deines Geldes leben. In dieser Zeit wirst du sehen ein

Dutzend offene Stellen. Sie können Ihre Wahl treffen, anstatt sich den ersten Job zu schnappen, den Sie sehen.

Dieses Gespräch war typisch für Benson. Er begann fast immer mit einer allgemeinen Aussage, aber gerade wenn man anfing zu glauben, er hätte Sie und das Thema vergessen, wurde er scharfsinnig und machte einen klaren Vorschlag. Ich folgte seinem Rat und zog ins „Kinderhaus".

So brachte mich meine vorübergehende Blindheit mit zwei großartigen Tatsachen des Lebens in Kontakt, die ich bisher ignoriert hatte: Frauen und Not – der Schönheit des Sex und dem Schrecken des Elends. Und diese beiden Dinge beschäftigten mich ganz.

Eine nach der anderen wählte ich meine Erinnerungen an Ann aus und dachte über sie in all ihren Auswirkungen nach. Ich habe versucht, sie wie Perlen auf einem Faden in einem geordneten, einheitlichen Design anzuordnen. Von Tag zu Tag wurde sie eine realere und prägnantere Persönlichkeit.

Die Wirkung meiner Begegnung mit Ann hätte ich damals nicht in Worte fassen können. Aber ein sehr moderner Begriff würde manchen meine Bedeutung erklären. Sie öffnete meinen Geist für die „Obertöne" des Lebens. Letztes Jahr habe ich „ Pelleas und Melisande " gehört. Ich saß die erste halbe Stunde ungerührt da. Es gab viel sinnlichen Reiz für die Augen, aber die Musik schien unbefriedigend zu sein. Plötzlich kam die Wertschätzung. Plötzlich verstand ich sofort, was er sagen wollte. Die ganze mystische Harmonie, das ungeschriebene, unbeschreibliche Wunder davon überkam mich. Und jetzt scheint mir Debussy der Größte von allen zu sein. „The Afternoon of the Faun" berührt mich tiefer als jede andere Musik. Tatsächlich denke ich, dass wir für diesen subtileren Klangduft einen neueren Namen als „Musik" erfinden müssen.

Auf ähnliche Weise zeigte mir Ann die „Obertöne" des Lebens. Eine tiefere Bedeutung, mystische Bedeutungen fand ich in vielen Dingen, die mir vorher kaum aufgefallen waren. Die Sonnenuntergänge boten einen noch reicheren Farbenreichtum. Ich kannte Chaucer und seine Vorgänger sehr gut, die große Poesie der Welt etwas weniger gründlich. Es hatte mich nicht nur als Studium der vergleichenden Philologie interessiert, nicht nur als heikles Spiel der Prosodie – des Rhythmus, des Reims und des Refrains. Es hatte auf mich einen tieferen Reiz ausgeübt als diese mechanischen Elemente – so faszinierend sie auch sind. Aber irgendwie wurde mir alles neu. Ich entdeckte in den altbekannten Zeilen Dinge, von denen ich allein in meinem Arbeitszimmer nie geträumt hätte. Ich begann in jeder Poesie – in jeder Kunst – den Versuch zu sehen, diese „Obertöne" auszudrücken.

Andererseits verbrachte ich mein aktives Leben im entsetzlichen Elend der Slums – etwas, das für mich ebenso neu war. Damals waren die meisten unserer Nachbarn Iren und Deutsche. Jahrzehnt für Jahrzehnt hat sich die Nationalität der Stanton Street geändert. Zuerst verschwanden die Deutschen, dann verdrängten die russischen und ungarischen Juden die Iren, jetzt hört man genauso viel Italienisch wie Jiddisch. Die herzzerreißende Armut, die Erniedrigung durch Dreck und Trunkenheit ist keine Frage der Rasse. Welle um Welle der Einwanderung stellt fest, dass ihre einheimischen Bräuche und Moralvorstellungen nicht ausreichen, um sie vor der Ansteckung des Slums zu schützen. Und so wird es auch bleiben, bis wir klug genug sind, das Verbrechen der Überlastung auszumerzen und unseren Neuankömmlingen eine angemessene Chance zu geben.

Ich versuche, mich wieder auf die Haltung der ersten Wochen im „Kinderhaus" zu besinnen und mir zu erklären, wie ich Teil der „Siedlerbewegung" geworden bin. Ich versage. Ich denke, nur sehr wenige der wirklich wichtigen Dinge im Leben lassen sich logisch erklären.

Ich habe einige Menschen getroffen, die allein durch Bücher von den Ungerechtigkeiten unserer sozialen Organisation beeindruckt waren und die Abgeschiedenheit ihres Studiums verließen, um ihr Leben in den aktiven Kampf für Gerechtigkeit zu stecken. Solche mentalen Prozesse sind meiner Meinung nach selten. Sicherlich kam es bei mir anders.

Als Benson mir vorschlug, in der Siedlung zu wohnen, verspürte ich keine „Berufung" zum Sozialdienst. Ich war einsam, arbeitslos und völlig hilflos. Die Erinnerung an den Abend, den ich mit ihm im Kinderhaus verbracht hatte und an die interessanten Menschen, die ich kennengelernt hatte, war sehr angenehm. Ich hatte keine Ahnung, dass ich dort bleiben würde. Für mich war es eine Art Genesungsheim, in dem ich mich ausruhen konnte, bis ich in der Lage war, rauszugehen und mit dem gewöhnlichen Leben der Welt zurechtzukommen.

Der kleine Kreis der Arbeiter wirkte zunächst unzusammenhängend. Hier lebten ein halbes Dutzend hochgebildete Männer und Frauen, von denen die meisten angenehme Häuser verlassen hatten und im ärmsten Viertel der Stadt lebten. Warum? Was haben sie Gutes getan? Um uns herum loderte das große Feuer der Armut. Hier und da haben sie freilich eine Marke herausgepickt. Doch das Feuer lag außerhalb ihrer Kontrolle. Sie glaubten nicht einmal, dass sie es aufhalten könnten.

Ich erinnere mich an einen Abend beim Abendessen, als wir einen Wirtschaftsprofessor von einer der großen Universitäten zu Gast hatten. Er war stolz auf seinen kalten wissenschaftlichen Standpunkt, er betrachtete die Siedlungsbewegung als sentimental, fast hysterisch, und er hatte die

Bösartigkeit zu vergessen, dass das, worüber er spottete, für seine Gastgeber eine äußerst ernste Sache war.

„Diese Siedlungsbewegung erinnert mich an eine Geschichte", sagte er. „Es war einmal ein gutherziger alter Herr, der die Straße entlang ging und einen betrunkenen Mann in der Gosse fand. Er versuchte vergeblich, den Unglücklichen auf den Bürgersteig zu ziehen, verlor dann aber den Mut und sagte: ‚Mein armer Mann.' „Ich kann dir nicht helfen, aber ich werde neben dir in die Gosse gehen."

Er lachte herzlich, aber niemand sonst lachte. Die Geschichte fiel völlig flach aus. Es dauerte mehrere Minuten, bis sich jemand der Herausforderung stellte. Schließlich hustete Rev. Mr. Dawn, der Chefarbeiter, leicht und antwortete. Er war ziemlich rot geworden und ich sah, dass ihn der Witz verletzt hatte.

„Das ist eine sehr alte Geschichte", sagte er, „sie war vor vielen Jahrhunderten in Jerusalem im Umlauf. Sie wurde mit großem *Eklat* von einem Schriftgelehrten und einem Pharisäer erzählt, die ‚auf der anderen Seite vorbeikamen'."

„Oh, komm, jetzt!" Unser Gast protestierte. „Das ist kaum ein fairer Vergleich. Der Samariter soll dem armen Teufel wirklich etwas Gutes getan haben. Und außerdem war das Opfer in diesem Fall kein Trunkenbold, sondern eine Person, die ‚unter Diebe gefallen' war."

"Diebe?" fragte Benson mit einem Anklang von Wut in der Stimme. „Glauben Sie, es gibt keine Diebe, sondern Straßenräuber?" – und als ihm dann offenbar klar wurde, wie sinnlos es war, mit einem solchen Mann zu streiten, lächelte er mild und fuhr in sanfterem Ton fort. „Außerdem sind einige von uns dumm genug, sich einzubilden, dass wir auch etwas Gutes bewirken können. Diskutieren wir darüber nicht, wir behalten lieber unsere Illusionen bei. Wollen Sie uns nicht sagen, was Sie Ihren Klassen über Marx' Theorie des Mehrwerts beibringen? Natürlich weiß ich, dass dieser Satz tabu ist. Aber mit welchen Begriffen beschreiben Sie den Erlös aus Industrieraub?"

Ich konnte mich nicht entscheiden, ob der Professor erkannte, dass Benson ihn beleidigen wollte, oder ob er Angst hatte, die Frage anzusprechen. Jedenfalls wandte er sich an Mrs. Dawn und änderte das Gespräch.

Diese kleine Neigung hat mich sehr zum Nachdenken gebracht. Mir gefiel die Lebenseinstellung des Professors nicht. Aber was haben diese Siedlungsarbeiter schließlich Gutes bewirkt? Immer wieder verlangte diese Frage nach einer Antwort. Manchmal ging ich mit Mr. Dawn hinaus, um bei der Bestattung der Toten zu helfen. Ich konnte keinen angemessenen Zusammenhang zwischen seinen freundlichen Worten an die

Hinterbliebenen und dem schrecklichen Tuberkulose-Drachen erkennen, der durch das überfüllte Viertel streifte. Was haben Dawns Fürsorge bewirkt? Manchmal ging ich mit Miss Bronson, der Kindergärtnerin, aus und hörte zu, wie sie mit verständnislosen Müttern über ihre Pflichten gegenüber ihren Kindern sprach. Was konnte Miss Bronson erreichen, wenn sie ein paar Stunden am Tag mit den Jugendlichen spielte, die in schmutzige Häuser mussten? In der Siedlung bekamen sie ein gesundes Mittagessen. Aber die beiden anderen Mahlzeiten am Tag müssen sie schlecht gekochtes, verfälschtes Essen zu sich nehmen. Manchmal ging ich mit Miss Cole, der Krankenschwester, hinaus, um ihre Fälle zu besuchen. Ich konnte mir kaum etwas Vergeblicheres vorstellen als ihren alleinigen Kampf gegen unhygienische Mietskasernen und unhygienische Geschäfte.

Ich erinnere mich besonders an einen Besuch, den ich bei ihr machte. Es war die Krise für mich. Der Fall war eine Geburt eines Kindes. Es gab sechs weitere Kinder, alle in einem unbelüfteten Raum, dessen einziges Fenster auf einen dunklen, verstopften Luftschacht hinausging, und der Vater war ein Trunkenbold. Ich erinnere mich, wie ich dort saß, nachdem der Arzt gegangen war, das nächstjüngste Baby auf meinem Knie hielt, während Miss Cole den schwächlichen Neuankömmling badete.

„Kannst du ihn nicht für eine Minute mit dem Weinen aufhören lassen?" fragte Miss Cole nervös.

„Nein", sagte ich mit plötzlicher Wut. „Ich kann nicht. Ich würde es nicht tun, wenn ich könnte. Warum sollte er nicht weinen? Warum weinen die anderen kleinen Narren nicht ! Wollen Sie, dass sie lachen?"

Sie hörte auf, mit dem Baby zu arbeiten und bot mir eine Flasche Brandy aus ihrer Tasche an. Aber Brandy war nicht das, was ich wollte. Natürlich wusste ich, dass die Männer bis zum Abgrund sanken. Aber ich hatte nie gedacht, dass manche dort geboren sind.

für Mutter und Kind alles getan hatte , was sie konnte, packte Miss Cole ihre Sachen wieder in die Tasche und wir machten uns auf den Heimweg. Es war lange nach Mitternacht, aber die Straßen waren noch belebt.

„Was nützt es?" Ich forderte vehement. „Oh, ich weiß – Sie und der Arzt haben das Leben der Mutter gerettet – ein neues auf die Welt gebracht und so weiter. Aber was nützt es? Das Kind wird sterben – es war ein Mädchen – lass uns auf die Knie gehen, richtig." Hier und bete zu den Göttern, dass es bald sterben möge – und nicht in Not, Angst und Scham aufwachsen möge." Dann habe ich gelacht. „Nein, es hat keinen Sinn zu beten. Sie wird schon sterben! Sie werden anfangen, ihr Bier aus der Dose zu geben, bevor sie entwöhnt ist. Nein. Das nicht. Ich glaube nicht, dass die Mutter sie stillen kann. Sie Sie wird an Magermilch sterben. Und wenn das nicht hilft, kann sie sich noch Tuberkulose und andere Dinge einfangen. Oh, sie wird schon sterben. Und nächstes Jahr wird es noch eine geben. Um Himmels willen, was soll's der Nutzen? Was nützt es?" Plötzlich begann ich zu fluchen.

„So dürfen Sie nicht reden", sagte Miss Cole mit angespannter Stimme.

„Warum sollte ich nicht fluchen?" Sagte ich grimmig, wandte mich ihr herausfordernd zu und versuchte, mir eine größere Blasphemie auszudenken, die ich dem Wirrwarr des Lebens entgegenwerfen könnte. Aber der Anblick ihres vor Müdigkeit bläulichen Gesichts und der krampfhaft verzogenen Lippen vor nervöser Erschöpfung zeigte mir einen Grund, es nicht zu tun. Die Erkenntnis, dass ich so brutal zu ihr gewesen war, schockierte mich schrecklich.

„Oh, ich bitte um Verzeihung", rief ich.

Sie stolperte leicht. Ich dachte, sie würde ohnmächtig werden und legte meinen Arm um sie, um sie zu stützen. Sie war fast alt genug, um meine Mutter zu sein, aber sie legte ihren Kopf auf meine Schulter und weinte wie ein kleines Kind. Wir standen auf dem Bürgersteig – im grellen Licht eines lauten, abscheulichen Saloons – wie zwei verängstigte Kinder. Ich glaube nicht, dass einer von uns einen Grund sah, irgendwohin zu gehen. Doch schließlich trockneten wir unsere Augen und gingen aus reiner Gewohnheit blind zum Haus der Kinder zurück. Auf den Stufen brach sie das lange Schweigen.

„Ich weiß, wie du dich fühlst – am Anfang ist jeder so, aber du wirst dich daran gewöhnen. Ich kann nicht sagen, warum." Ich kann mir nicht vorstellen, dass es viel bringt. Aber es muss getan werden. Man darf nicht darüber nachdenken. Es gibt Dinge zu tun, heute, morgen, jederzeit. Dinge, die getan werden müssen. So leben wir . So viele Dinge zu tun, wir können nicht denken. Es würde dich umbringen, wenn du Zeit zum Nachdenken hättest. Du musst arbeiten – arbeiten.

„Du wirst auch bleiben. Ich weiß. Du wirst nicht weggehen können. Du bist schon zu lange hier. Du wirst nie wissen, warum." Du wirst aufhören zu fragen, ob es etwas nützt. Und ich sage dir, wenn du aufhörst, darüber nachzudenken, wird es dich töten. Du musst arbeiten."

Sie ging in ihr Zimmer und ich über den verlassenen Hof und hinauf zu meinem. Aber es gab keinen Schlaf. In dieser Nacht wurde mir zum ersten Mal klar, dass ich es auch tun muss. Ich hatte so viel gesehen, dass ich es nie vergessen konnte. Es war etwas, vor dem es kein Entrinnen gab. Egal wie herrlich die offenen Felder waren, ich hatte immer den Geruch der Mietskasernen in meiner Nase. Die Vision eines von Tuberkulose geplagten Armen mit eingefallenen Wangen würde immer zwischen mir und der Schönheit des Sonnenuntergangs auftauchen. Eine Schar eiliger Geister – die

Geister der abgeschlachteten Babys – folgten mir überall hin und riefen „Feigling", wenn ich weglief. Die Slums hatten mich gefangen genommen.

Als ich dort allein mit meiner Pfeife saß und das Stöhnen des unruhigen Schlafs des Bezirks in meinen Ohren hörte, wurde mir stärker, als ich es jetzt aufschreiben kann, die schreckliche Einheit des Lebens bewusst. Ich spürte die unzähligen komplizierten Fäden, die uns zu einem unteilbaren Ganzen verbinden. Ich sah, wie die blutigen Mietzinsen der Mietskasernen durch alle Geschäfte zirkulierten, sie verdirbten und sogar in die Kollekten unserer Kirchen flossen. Ich sah, wie der Lohn des Lyrikers über das Redaktionskonto in die Taschen verschiedener Abonnenten zurückfloss, die mit dem Lebensnotwendigen spekulierten und sich am Hunger der Menge fett machten. Meine eigene Kleidung wurde im Sweatshop hergestellt.

Ich konnte das große Feuer der Ungerechtigkeit nicht löschen. Ich konnte zumindest die Wunden einiger meiner gefallenen Brüder verbinden – die weniger Glück hatten als ich. Meine alte Vorbereitung. Die Schulethik kam mir wieder in den Sinn. „Ich möchte so leben, dass möglichst viele Menschen froh sind, dass ich gelebt habe, wenn ich sterbe." In gewisser Weise schien es nicht so wichtig zu sein, ob ich etwas Dauerhaftes erreichen konnte. Ich muss tun, was ich konnte. Eine solche Anstrengung schien mir der einzige Ausweg aus der schrecklichen Schande der Gefälligkeit zu sein .

Während ich in das Leben der Menschen in unserer Nachbarschaft ein- und auswanderte, suchte ich nach einem Betätigungsfeld. Es gab so viele Dinge zu tun. Ich suchte den Ort, an dem die Not am größten war. Es dauerte nicht lange, bis ich zu dem Schluss kam – eine Schlussfolgerung, die ich nicht geändert habe –, dass die schlimmsten Übel unserer Zivilisation in „The Tombs" ihren Höhepunkt erreichen.

Der offizielle Name für diesen Stein- und Ziegelhaufen ist „The Criminal Courts Building". Aber die Leute nennen es weiterhin „Die Gräber". Das Gefängnis stammte aus der Mitte des Jahrhunderts und ein Sammelsurium offizieller Architektur war Jahrzehnt für Jahrzehnt hinzugefügt worden, da die politischen Bosse Geld brauchten. Es beherbergte die Staatsanwaltschaft, das „Polizeigericht", „Sondersitzungen" für Ordnungswidrigkeiten und „Allgemeine Sitzungen" für Straftäter. In diesem Gebäude könnte man unsere gesamte Strafvollzugspraxis studieren.

Ich wurde zuerst von einer Frau, die in die Siedlung kam, in ihren düsteren Schatten geführt. Ihr Sohn, ein sechzehnjähriger Junge, war zwei Monate zuvor verhaftet worden und hatte zusammmen mit zwei weiteren Personen in einer unbelüfteten Zelle, die ursprünglich für einen einzigen Insassen vorgesehen war, auf seinen Prozess gewartet. Seine Zellengenossen hatten sich ein Dutzend Mal verändert. Ich erinnere mich, dass es sich bei einem um einen alten Fälscher handelte, der auf eine Berufung wartete, bei einem anderen um den Hausverwalter eines unordentlichen Hauses und bei einem dritten um einen hohen Pfarrer der Kirche, der den Auslandsmissionsfonds unterschlagen hatte, um Blumen für eine Chorsängerin zu kaufen. Der Junge war offensichtlich unschuldig. Und genau aus diesem Grund wurde er so lange festgehalten. Der Bezirksstaatsanwalt war bestrebt, eine hohe Verurteilungsbilanz zu erreichen. Seine Amtszeit lief gerade ab und er rief die Männer, die er für unschuldig hielt, nicht vor Gericht, diese „technisch" schlimmen Fälle, die er seinem Nachfolger aufbürdete. Mit der Hilfe eines wohltätigen Anwalts namens Maynard, über den ich später noch mehr schreiben werde, haben wir den Fall schließlich durchgesetzt und der Junge wurde umgehend freigesprochen.

Als ich mit Benson über diesen Fall sprach, stellte ich fest, dass er sich bereits für die Probleme der Kriminologie interessierte. Er war einer der Treuhänder der „The Prisoner's Aid Society". Das Interview in der Zeitung, das Ann mir im Krankenhaus vorgelesen hatte, war ein Versuch von ihm gewesen, auf das Thema aufmerksam zu machen und der Gesellschaft etwas Leben einzuhauchen.

„Sie sind ein Haufen Fossilien", sagte er. „Ich glaube, sie sind eine *Société.* " *Savante* .' Sie lasen Bücher ausländischer Strafvollzugsbeamter und konnten einen Gauner nicht von einem Teppichkehrer unterscheiden. Wir brauchen jemanden, der die amerikanische Kriminalität untersucht. Kein Dilettant — jemand, der sich ernsthaft darauf einlässt.

Ich sagte ihm, dass ich mir viele Gedanken darüber gemacht habe und dass ich bereit wäre, die Aufgabe in Angriff zu nehmen, wenn die Mittel und Wege geklärt werden könnten.

„Ich kann mir vorstellen, dass ich die Gesellschaft dazu bringen könnte, Ihnen ein existenzsicherndes Gehalt zu zahlen. Aber sie sind tot. Wenn Sie etwas tun würden, was nicht in den Büchern steht, würde es sie erschrecken. Ich werde darüber nachdenken."

Ungefähr eine Woche später erhielt ich einen Brief des kürzlich gewählten, aber noch nicht eingesetzten Bezirksstaatsanwalts, in dem er mich aufforderte, ihn aufzusuchen. Sein Name war Brace, sein Brief war das Ergebnis von Bensons Überlegungen. Für mich war er ein typischer junger Reformpolitiker. Als Mann aus gutem Hause war er voller Enthusiasmus und hoffte zuversichtlich, mehrere Flüsse in Brand zu setzen. Unter seinem Regime würde es absolute, abstrakte Gerechtigkeit geben. Benson hatte ihm erzählt, wie der eigentliche Bezirksstaatsanwalt die „schlimmen Fälle" auf ihn abwälzte, und er war zu Recht empört. Er wollte jemanden, dessen Treue er vertrauen konnte und der die Gefängnisseite der Gräber im Auge behalten würde. Er war sich sicher, dass es viele Missbräuche gab, die es zu stoppen galt, und er war der Mann dafür. Die einzige Stelle, die er mir laut Gesetz anbieten konnte, war die eines Sonderdetektivs für den Landkreis. Der Lohn würde achtzehnhundert pro Jahr betragen.

„Es ist nicht gerade eine würdige Position", sagte er. „Die Bezirksdetektive sind eine niedrige Klasse – aber natürlich müssen Sie nicht mit ihnen verkehren."

Ich war mehr als bereit, den Platz einzunehmen. Zusammen mit dem Rest der neuen Regierung wurde ich vereidigt und nahm so mein Lebenswerk in Angriff. Es war weit entfernt von meinem früheren Ziel, Fellow in Oxford zu werden.

Buch IV

ICH

„Literarische Einheit" kann in einer Autobiographie nur auf Kosten jeglichen Realitätssinns gesichert werden. Der einfachste von uns ist eine multiple Persönlichkeit, die aus einem bestimmten Blickwinkel nur teilweise beschrieben werden kann. Das Lehrbuch über Physiologie, das ich in der Schule studierte, enthielt drei Illustrationen. Einer von ihnen stellte sich den Menschen als eine Struktur aus Knochen vor, als ein Skelett; ein anderer zeigte den Menschen als ein System von Venen und Arterien; der dritte als eine Masse miteinander verwobener Muskeln. Keiner von ihnen sah aus wie irgendein Mann, den ich je gesehen habe. Das Gleiche gilt für die meisten Autobiografien: Um die Aufmerksamkeit auf eine Phase ihrer Tätigkeit zu lenken, haben die Autoren alles weggelassen, was ihre Geschichten lebensecht erscheinen ließe.

„The Memoirs" von Cassanova vermitteln uns das Bild eines Liebhabers. Aber er muss mehr als ein *Roué gewesen sein* . „The Personal Recollections" von General Grant schildert die Karriere eines Soldaten. Aber schließlich war er in erster Linie ein Mann, und es war mehr oder weniger Zufall, dass er zur Siegesmaschine wurde. Wie fragmentarisch ist das Bild seines Lebens, das uns Benvenuto Cellini vermittelt!

Ich könnte diese klassischen Modelle akzeptieren und direkt die Geschichte meiner Arbeit in den Gräbern erzählen. Ich könnte meine Erzählung auf den Teil von mir beschränken, der an der Freundschaft mit Norman Benson beteiligt war. Oder ich könnte alles andere abstreifen, Fleisch, Knochen und Blutgefäße ignorieren und mich selbst als ein „emotionales System" bezeichnen. Auf eine dieser Arten nähere ich mich eher einer literarischen Produktion. Aber sicherlich würde es auf Kosten der Wahrhaftigkeit gehen. Vielleicht kommt ein großer Schriftsteller, der die künstlerische Form mit dem Eindruck von Wirklichkeit verbindet. Aber bis das Genie uns die Methode gelehrt hat , müssen wir uns zwischen den beiden Idealen entscheiden. Ich entscheide mich eher für die Realität als für die Kunst.

Und das Leben, wie es mir erschien, hat eine episodische Form und ist nur in den kontinuierlichen Höhepunkten des gegenwärtigen Augenblicks vereint. Es handelt sich um eine Reihe von Vorfällen, die mit dem ununterbrochenen Atmen derselben Person zusammenhängen. Die Tatsachen eines jeden Lebens hängen nur *de post facto zusammen* , da sie den zukünftigen Verlauf des Individuums, dem sie widerfahren, beeinflussen. Je weiter wir uns bemühen, diese Einflüsse, die uns geformt haben, zurückzuverfolgen, desto größer wird die Komplexität, die wir finden. Es sind nicht nur unsere Körper, die über „Stammbäume" verfügen, die die Zahl unserer Vorfahren zeigen, die von Generation zu Generation mit schwindelerregender Geschwindigkeit zunimmt. Genauso ist es mit unseren Gedanken und unserem Geschmack. Aus einer immens diffusen Leuchtkraft hat die Linse des Lebens die konzentrierten Lichtstrahlen gebündelt, die Sie und ich sind.

Wenn ich also von meinem Leben erzähle, wie ich es sehe, muss meine Erzählung in Fragmente zerfallen. So unkünstlerisch eine solche Form auch sein mag, sie scheint mir die einzig mögliche für die Autobiographie zu sein. Es müssen Ereignisse angeführt werden, die mir, so unzusammenhängend sie auch erscheinen mögen, den Eindruck erwecken, dass sie von der großen Linse eingefangen wurden und einen integralen Bestandteil des Brennpunkts bildeten, der hier sitzt und versucht, sich selbst zu beschreiben.

II

Seit einigen Jahren schreibe ich kontinuierlich zum Thema Kriminologie. Ich könnte hier in dieser Erzählung kein vollständiges Bild der Gräber und ihrer Menschen vermitteln und auch nicht in geordneter Reihenfolge zeigen, wie ein Vorfall nach dem anderen mich zu einer eindeutigen Haltung gegenüber unserem Strafsystem zwang, ohne zu wiederholen, was ich an anderer Stelle veröffentlicht habe. Aber die Atmosphäre, in der ich mein Berufsleben verbracht habe, hat mich so deutlich beeinflusst und war eine so wichtige Kraft in meinem Experiment mit der Ethik, dass ich ihr etwas Raum geben muss. Ich muss zumindest versuchen, einige aufschlussreiche Beispiele für die Dinge zu geben, die mich beeinflusst haben, und eine kurze Darstellung der Haltung, die aus meiner Arbeit hervorgegangen ist, denn ohne diesen Hintergrund wäre der Rest meiner Geschichte bedeutungslos.

Zuerst war ich Gegenstand allgemeiner Feindseligkeit. Die Tombs waren eine feudale Domäne von Tammany Hall. Ich wurde als Feind betrachtet.

Das „Beutesystem" war den Übeln des öffentlichen Dienstes gewichen. Kommunale Mitarbeiter konnten nicht entlassen werden, es sei denn, es wurden „Vorwürfe" gegen sie nachgewiesen. Die Menschen in den Gräbern machten sich keine großen Sorgen um die Reformverwaltung. Sie betrachteten es als eine Unterbrechung ihres ausgeglichenen Verhaltens, die glücklicherweise nicht lange anhalten würde. Sie waren an solche Moralkrämpfe der Wählerschaft gewöhnt und wussten, wie wenig sie wert waren. Einige der „Reform"-Beamten versuchten ernsthaft, ihre Abteilungen aufzuräumen. Ihre Bemühungen wurden von widerspenstigen Untergebenen, Männern, die von der Maschine ausgebildet wurden und ihr treu ergeben waren, zunichte gemacht.

Der Ablauf in den Gräbern war typisch. Brace hatte eine Konferenz mit dem neuen Justizvollzugskommissar und als Ergebnis wurden einige „Anweisungen zur Anleitung von Gefängniswärtern" an die Wände geklebt. Aber die Bezirksstaatsanwälte wechseln bei jeder Wahl, während der Direktor – geschützt durch den Staatsdienst – für immer im Amt bleibt. Der Verkauf von „Dop" an die Gefangenen, der durch die „Anweisungen" in Großbuchstaben verboten war, wurde keinen Tag lang unterbrochen. Innerhalb einer Woche hatten die Schrauben vergessen, Witze darüber zu machen.

Da ich vom Reformator Brace ernannt worden war, sollte ich natürlich sein persönlicher Spion sein. Vor einem so fatalen Fehler wurde ich von einem seltsamen alten Gefängnismissionar namens „General Jerry" bewahrt. Er hatte in Three Oaks einen Arm verloren, im Krankenhaus von Andersonville hatte er „Religion" gefunden. Und als der Herr ihn im Gefängnis besuchte, widmete er den Rest seines Lebens einer ähnlichen Arbeit. Ich glaube, er hatte außer seiner Rente kein Einkommen – er war immer schäbig. Er verfügte über sehr wenig Gelehrsamkeit, dafür aber über eine immense Menge an häuslicher Weisheit. Wenn jemals ein Mann das Recht auf eine Sternenkrone erlangt hat, dann war es Jerry. Er und der Vater – jeder auf seine unterschiedliche Art – waren die aufrichtigsten Christen , denen ich je begegnet bin. Aus den Augen dieses bescheidenen alten Mannes strahlte eine so edle Würde, dass ich es immer als Privileg empfand, zu seinen Füßen zu sitzen und von ihm zu lernen.

Als ich ihn beobachtete, stellte ich zunächst fest, dass ein Mann, der aufrichtig und ehrlich war, trotz solcher Nachteile den Respekt der Gräber gewinnen konnte. Bald wurden wir Freunde und er gab mir viele kluge Ratschläge.

„Ich komme hierher, um Seelen zu retten", sagte er. „Das ist alles, weswegen ich hier bin. Ich lasse nicht zu, dass mich irgendetwas anderes interessiert. Ich bin kein Bezirksstaatsanwalt. Klar, ich sehe Bestechung Schrauben um seine Seele. „Big Jim", sage ich , „du hast nicht recht , Gott. Ich bin nicht der Einzige, der als Same Geld von der Mutter des Dago nimmt, der gehängt wurde. Ich bin nicht der Einzige." Einer hat gehört, wie du diese Jüdin angelogen hast und ihr erzählt hast, wie du ihrem Mann helfen würdest. Ich bin nicht der Einzige, der das Hotel kennt, in das du sie gebracht hast. Gott sieht es! Gott hört es! Er weiß es! Das solltest du besser tun Richte es mit Ihm!' Das ist alles, was ich sage . Sie wissen, dass ich es nicht erzähle . Und sie helfen mir bei meiner Arbeit. Erst gestern kam Big Jim zu mir. „General", sagt er, „oben in 431 ist ein Typ, der weint." Ich schätze, du gibst ihm besser ein bisschen Gospel.'

„Warum kommst du hierher zu den Gräbern? Um den armen Kerlen zu helfen, was sie falsch gemacht haben. Nun ja. Tu nichts anderes . Die Schrauben denken alle, dass du Brace verarscht hast .“ „Jerry“, sagen sie zu mir, „wer ist der Neue? Wonach sucht er hier herum?“ „Ich weiß es nicht“, sage ich . „Behalten Sie ihn besser im Auge – genau wie ich “ , sage ich . „Nach einer Weile werden wir es wissen.“

Ich spürte die ganze Zeit, wie sie mich ansahen. Ein paar Monate später setzte ich mich neben Jerry im Hof; Er hatte eine Bibel auf den Knien und ein Käsesandwich in der Hand.

„Ich bin nicht gut darin , Gnade zu sagen“, erklärte er, „deshalb lese ich immer einen Psalm, wenn ich esse.“ ... „Sagen Sie, junger Mann“, fuhr er fort, „ich habe etwas zu sagen.“ Du. Die Schrauben haben dich noch nicht ganz eingeschätzt – aber die meisten von ihnen sind sich einig, dass du kein verdammter Idiot bist . Jetzt möchte ich dir nur etwas sagen. Du nimmst diese Gräber alle zusammen – Aufseher, Schraubenzieher, Polizisten und Anwälte, Bezirksstaatsanwälte und Richter – man kann nie mit allen befreundet sein . Es gibt zu viele, die sich gegenseitig hassen . Also musst du dich entscheiden. Du sagst , du bleibst bei diesem Job. Nun ja, Finden Sie einfach besser heraus, wer bei Ihnen bleiben wird . Die Richter bleiben und die Schrauben bleiben. Aber die Bezirksstaatsanwälte bleiben nie länger als zwei Jahre. Finden Sie es heraus. Das ist es, was das gute Buch mit „Seid ihr!“ meint weise wie Schlangen .‘“

Jerrys Rat war gut. Ich hatte bereits „herausgefunden“, dass mir die Gunst der Richter wichtiger war als die des Staatsanwalts. Ich musste mich entscheiden, wem ich dienen wollte, und es war ganz offensichtlich, dass es – wenn ich etwas erreichen wollte – sinnvoll war, mich mit dem Mammon der politischen Ungerechtigkeit anzufreunden. Die Reformatoren waren nicht nur erbärmlich schwach, nur wenige von ihnen genossen Vertrauen. Sie waren noch keine sechs Wochen im Amt, als klar wurde, dass ihre Wiederwahl unmöglich war. Die besten von ihnen waren Amateure in Politik und Regierung. Ein großer Teil ihres Desasters war zweifellos auf gut gemeinte Ignoranz zurückzuführen. Aber nur sehr wenige von ihnen blieben am Schiff hängen, als es zu sinken begann. Es wäre eine düstere Belustigung, die Zahl darüber zu veröffentlichen, wie viele großmäulige Reformer zwei Jahre später erneut ins Amt kamen – unter dem Banner der Maschine.

Brace, mein Chef, verlor den Mut, als er herausfand, dass die Mauern von Tammany beim Klang von Zeitungstrompeten nicht einstürzen würden. Er hatte kein weiteres Interesse, außer sich im Rampenlicht zu halten. Wie alle seine Vorgänger vernachlässigte er die Routinearbeit seines Büros und widmete seine ganze Aufmerksamkeit Aufsehen erregenden Prozessen, was zu seinem Bekanntheitsgrad in der Zeitung beitrug.

Einer der großen Skandale der vorangegangenen Regierung, der vor allem die öffentliche Empörung gegen die Ringpolitik ausgelöst hatte, drehte sich um einen Mann namens Bateson. Er bezeichnete sich selbst als „Auftragnehmer" und erhielt die meiste Arbeit für die Planierung der Straßen der Stadt. Es gab schlüssige Beweise dafür, dass er fast ausschließlich an den Trassen der Straßenbahnlinien arbeitete. Der Skandal war von einer der Zeitungen aufgedeckt und umfassend aufgearbeitet worden. Die Fakten waren klar. Der Ingenieur der Straßenbahngesellschaft meldete seinen Vorgesetzten, dass die eine oder andere Straße zu steil sei, um mit ihren Wagen einen gewinnbringenden Betrieb zu ermöglichen. Einer der Direktoren würde Bateson hinzuziehen. Bateson würde die Angelegenheit mit den mysteriösen Mächten in der Fourteenth Street besprechen, die Stadträte würden über einen Haushaltsplan zur Begradigung der Straße abstimmen; Bateson würde den Auftrag erhalten und nach einer guten Bezahlung durch die Stadt eine konkrete Anerkennung seiner Wertschätzung seitens der Straßenbahngesellschaft erhalten. Die Zeitungen hatten die Beweise bereits gesammelt. Der Betrug war offensichtlich. Jeder erwartete, dass Brace Bateson sofort vor Gericht rufen würde. Und es schien unvermeidlich, dass aufgrund der in diesem Fall vorgelegten Beweise Anklage sowohl gegen den „Old Man" in der Fourteenth Street als auch gegen die Bestechungsgelder der Direktoren der Straßenbahngesellschaft erhoben werden konnte.

Brace begann diesen Fall mit großem Trompetenklang. Doch eine Vertagung nach der anderen wurde von den Tammany-Richtern gewährt. Es dauerte Monate. Und als es endlich hieß, war der Untere auf mysteriöse Weise aus der Anklage ausgeschieden. Bateson wurde freigesprochen. Einige Monate später trat Brace zurück und wurde Anwalt der berüchtigten Traktionsumstrukturierung. Einige aktuelle Zeitschriftenartikel haben die Art von Reform enthüllt, für die er eintrat.

„Politik" schien mir schon immer ein sehr trauriges Geschäft zu sein. Ich fand jede Menge überparteiliches Elend, das meine ganze Zeit beschäftigte. Nach und nach fügte ich mich in das Leben in den Gräbern ein und wurde zu einer festen Größe. Als die Neuwahlen Tammany wieder an die Macht brachten, schützte mich der „öffentliche Dienst" vor den Schmugglern, so wie er sie vor ihren Feinden geschützt hatte. Und so habe ich – an diesem übelriechenden Ort – mein Leben verbracht.

Für jemanden, der mit unserem Moloch der Gerechtigkeit nicht vertraut ist, ist es überraschend, wie viel Arbeit eine Person in meiner Position leisten kann, wie viele Opfer den gnadenlosen Rädern entzogen werden können. Erstens gibt es die Armen, die kein Geld haben , um einen kompetenten Anwalt zu engagieren, und keine Möglichkeit haben, den Beweis ihrer Unschuld zu sichern. Dann gibt es noch die „Greenhorn"-Einwanderer, die

die Sprache und die Gesetze dieses neuen Landes nicht kennen und nicht genug wissen, um ihre Konsuln zu benachrichtigen. Am traurigsten von allen – und am leichtesten zu helfen – sind die Jugendlichen. Damals gab es bei uns noch kein Kindergericht. Aber ich glaube, die meiste Zeit habe ich damit verbracht, das Los der unschuldigen Frauen und Kinder der Gefangenen zu erleichtern. Ob der Mann schuldig ist oder nicht, es ist immer die Familie, die am meisten leidet. Und wenn das alles nicht geschehen wäre, hätte ich alle Hände voll zu tun gehabt, den freigesprochenen Männern zu helfen. Sehen Sie sich den Bericht des Strafgerichts in Ihrem Bezirk an und erfahren Sie, wie hoch die durchschnittliche Haftdauer während der *Verhandlung* ist. Es variiert von Ort zu Ort. Sie beträgt selten weniger als drei Wochen. Und drei Wochen sind für den normalen Mechaniker eine ernste Angelegenheit. Etwa ein Drittel aller Festgenommenen wird freigesprochen. Sie erhalten keine Entschädigung für ihre fußlose Inhaftierung. Neben dem Lohnausfall bedeutet dies in der Regel auch den Verlust des Arbeitsplatzes.

Zwei Geschichten, die an anderer Stelle erzählt wurden, sind es wert, als Beispiele für die vielfältige Arbeit, die ich zu erledigen hatte, noch einmal erzählt zu werden.

Im Sommer meines ersten Jahres in den Gräbern begann ich, mich für den Fall eines rothaarigen italienischen Jungen namens Pietro Sippio zu interessieren. Er war erst vierzehn Jahre alt und wegen vorsätzlichen Mordes angeklagt.

Die Anklage fiel dem brillantesten jungen Anwalt im Stab des Bezirksstaatsanwalts zu. Die Familie Sippio war zu arm, um einen Anwalt zu engagieren, und Richter Ryan, vor dem der Fall verhandelt wurde, hatte einen berühmten Strafverteidiger mit der Verteidigung beauftragt. Der Prozess wurde sofort zu einem witzigen Turnier zwischen diesen beiden Männern. Der kleine Pietro und sein Schicksal waren im Duell um die Zeitungsanzeige eine Nebensache.

Die Hauptzeugin der Aussage war Mrs. Casey, die Mutter des kleinen Jungen, der getötet worden war. Sie war eine Witwe, eine einfache, ungebildete Irin, die ihren Lebensunterhalt mit dem Waschen verdiente. Sie erzählte ihre Geschichte mit jedem Anschein von Wahrhaftigkeit. Am Morgen des tragischen Tages hatte sie sich im Hinterhof des Mietshauses, in dem beide Familien lebten, mit Pietro gestritten. Pietro hatte etwas Schmutz auf ihre Wäsche geworfen und sie hatte ihn geohrfeigt. Anstatt zu weinen, wie sie es von einem gewöhnlichen Jungen erwartet hätte, hatte er gesagt, er würde sich an ihr „rächen".

Als sie die Mittagspfeifen in den benachbarten Fabriken hörte, war sie auf den Bürgersteig gegangen, um ihr Baby zum Abendessen zu holen. Das Kind saß auf dem Bordstein und als sie in der Tür stand und ihn rief, traf ein

Ziegelstein, der vom Dach des Mietshauses kam, das Baby am Kopf und tötete es sofort. Sie stürzte hinaus und – sie fluchte sehr feierlich – blickte auf und sah „den roten Kopf des kleinen Teufels , so deutlich, wie ich ihn sehen kann ." Euer Ehren .

Der Verteidiger konnte ihre Aussage nicht im Geringsten erschüttern.

Andere Zeugen schworen, dass sie, als sie Mrs. Caseys Hilferuf hörten, auf das Dach gestürmt seien und Mrs. Sippio getroffen hätten, die mit ihren beiden jüngeren Kindern Felicia, einem Mädchen von acht Jahren, und Angelo, die fünf Jahre alt war, durch das Dachfenster herunterkam. Als man sie fragte, wo Pietro sei, antwortete sie, sie habe ihn nicht gesehen. Aber diese Zeugen waren Iren und standen auf der Seite von Mrs. Casey. Sie sagten aus, dass es leicht sei, von einem Dach zum anderen zu gelangen. Und es war offenbar ihre Theorie, dass Pietro auf diese Weise entkommen war.

Wenige Minuten nach der Tragödie war Pietro pfeifend die Straße heraufgekommen und in die Arme der Polizei gelaufen, die sich gerade auf die Suche nach ihm machte.

Zu seiner eigenen Verteidigung sagte Pietro aus, dass er nach einem Streit mit Mrs. Casey einige Zeit auf der Straße herumgespielt und dann mit einer Gruppe Jungen zum Fluss hinuntergegangen sei, um zu schwimmen. Sie hatten das Wasser erst verlassen, als die Mittagspfeifen sie auf die Zeit des Abendessens aufmerksam gemacht hatten. Sie hatten sich alle beeilt, ihre Kleider anzuziehen und waren nach Hause gegangen. Er schwor mit Bestimmtheit, dass er am Morgen nicht auf dem Dach gewesen sei. Offensichtlich war er sich der Ernsthaftigkeit seiner Position nicht bewusst und war ziemlich stolz darauf, im Mittelpunkt so viel Aufmerksamkeit zu stehen.

Zwei oder drei andere Jungen sagten aus, Pietro sei mit ihnen geschwommen und habe das Wasser erst nach dem Ertönen der Trillerpfeifen verlassen. Dies war ein wichtiger Punkt, da das Baby nur wenige Minuten nach Mittag getötet worden war. Aber dem Bezirksstaatsanwalt gelang es in einem brutalen, schikanösen Kreuzverhör, einen der Jungen – einen elfjährigen Jungen – so weit zu verunsichern, dass er seine rechte Hand nicht mehr von der linken unterscheiden konnte. Er brach völlig zusammen und gab schluchzend zu, dass Pietro vielleicht gegangen war, bevor der Pfiff ertönte.

Frau Sippio sagte aus, dass sie Pietro nach dem Frühstück nicht gesehen habe. Sie war gegen halb elf auf das Dach gegangen, um ein paar Teppiche auszuklopfen. Sie hatte die beiden jüngeren Kinder mitgenommen. Aber Pietro war nicht auf dem Dach gewesen. Sie war eine sehr schüchterne Frau, so verängstigt, dass sie den größten Teil ihres dürftigen Englisch vergaß. Aber sie schien die Wahrheit zu sagen.

Nach der Zeugenaussage hielt der Verteidiger ein beredtes, wenn auch recht bombastisches Plädoyer. Er wandte sich häufiger an den Schreibtisch der Reporter als an die Jury. Niemand, sagte er, habe eine Aussage gemacht, die Pietro auch nur im Entferntesten belastete, außer der trauernden und wütenden Mrs. Casey. Er hielt eine Schlussbemerkung über die rachsüchtigen Züge der Iren. Er weinte fast über die Aussicht auf die ewige Verdammnis, die Mrs. Caseys Seele aufgrund ihres Meineids erwartete. Kein vernünftiger Mann, so kam er zu dem Schluss, würde eine Fliege aufgrund solch unzuverlässiger Aussagen verurteilen.

Der Staatsanwalt begann seine Zusammenfassung mit dem Hinweis auf seine Position als Anwalt der Bevölkerung des Staates New York. Er sagte, dass sein fähiger Gegner technisch gesehen „Der Anwalt der Verteidigung" genannt werde, dass aber in Wirklichkeit er selbst diesen Titel mehr verdient hätte. Es ging ihm nicht um die Verteidigung eines einzelnen Täters, sondern um die Verteidigung der gesamten Gemeinschaft gesetzestreuer Bürger . Und bei der Erfüllung dieser äußerst ernsten Aufgabe durfte er nicht zulassen, dass sein persönliches Mitleid mit dem jugendlichen Mörder ihn von seiner öffentlichen Pflicht abhielt.

Anschließend gab er einen malerischen und markerschütternden Bericht über die Vendetta und die Mafia. Er machte die Jury auf die bekannten Rache- und Mordtraditionen der Italiener aufmerksam.

Was die Aussage von Frau Sippio angeht – obwohl er die Heiligkeit eines Eides hoch schätzte – konnte er es nicht übers Herz bringen, dieser Mutter die Schuld zu geben, die durch einen Meineid ihre eigene Seele gefährdete, um ihren Sohn zu retten. Im Hinblick auf die Aussagen der Jungen war er strenger . Ihre einzige Entschuldigung für einen Meineid war ihre Jugend. Sie waren Mitglieder einer verzweifelten Bande, deren Anführer Pietro war. Sie wurden durch die falschen Maßstäbe der Loyalität gegenüber ihrem Anführer korrumpiert, die unter Straßenjungen so verbreitet sind.

Die einzige Aussage, die die ernsthafte Aufmerksamkeit der Jury verdiente, war die von Mrs. Casey – der achtbaren Frau, die miterlebt hatte, wie ihr Baby vor ihren Augen schändlich ermordet wurde. Sie hatte Pietro eindeutig identifiziert.

„Es tut mir leid", endete er, „für diesen Jungen, der durch ein so abscheuliches Verbrechen gleich zu Beginn sein Leben ruiniert hat. Aber Sie und ich, meine Herren der Jury, sind durch einen Eid verpflichtet, nur an die Kälte zu denken." Tatsachen. Der Richter kann, wenn er es für klug hält, bei der Verhängung eines Urteils barmherzig sein. Aber Ihre einzige Aufgabe besteht darin, die Wahrheit herauszufinden. Hier ist ein Junge von feuriger Veranlagung und rachsüchtiger Rasse. Er schwor Rache. Jemand muss den Ziegelstein geworfen haben. Niemand sonst hatte das Motiv. Entweder ist der Angeklagte schuldig, wie in der Anklageschrift dargelegt, oder der Ziegelstein ist vom Himmel gefallen."

Das Gesetz besagt ausdrücklich, dass einer Person, die einer Straftat angeklagt ist, jeder „begründete Zweifel" zugute kommen muss. Angesichts der offensichtlich widersprüchlichen Aussagen waren meiner Meinung nach alle Anwesenden überrascht, als die Jury das Urteil „schuldig" verkündete.

Ich war damals noch nicht lange genug in den Gräbern, um mich daran zu gewöhnen. Ich war nicht verhärtet. Die Tragödie dieses Falles hat mich verblüfft. Ein kleiner Junge von vierzehn Jahren, der wegen vorsätzlichen Mordes verurteilt wurde! Was mich jedoch am meisten beeindruckte, war die Art und Weise, wie die Anwälte im Gerichtssaal herbeistürmten, um dem Staatsanwalt zu gratulieren, dass er einen so zweifelhaften Fall gewonnen hatte. Es wäre für mich abstoßend genug, wenn mir jemand dazu gratulieren würde, dass ich einen Erwachsenen an den Galgen geschickt habe. Aber dieser kleine Junge von vierzehn Jahren...

Ich ging über die Seufzerbrücke und redete mit Pietro in seiner Zelle. Wenn mich jemals ein Junge dadurch beeindruckt hat, dass er eine unkomplizierte Geschichte erzählt, dann hat er es getan. Ich war überzeugt, dass er am Flussufer gewesen war, als das Casey-Baby getötet wurde.

Nach dem Mittagessen ging ich zum Schauplatz der Tragödie und mein Glaube an Pietros Unschuld wurde durch mein Gespräch mit Mrs. Casey erheblich erschüttert, wenn auch nicht zunichte gemacht. Sie war natürlich wütend, aber sie wirkte weder bösartig noch rachsüchtig. Als ich mit ihr in ihrem schäbigen Kellerraum sprach, der voller Dampf aus den Wannen mit schmutziger Kleidung war, konnte ich nicht an ihrer Aufrichtigkeit zweifeln. Sie glaubte wirklich, dass Pietro ihr Kind getötet hatte. Sie wischte sich die Seifenlauge von ihren kräftigen Armen, führte mich auf den Bürgersteig, zeigte mir die Stelle, an der das Baby gesessen hatte, und zeigte mir, wo sie den teuflischen roten Kopf über dem Rand gesehen hatte.

Mir kam die Idee in den Sinn, dass ein Junge überraschend klug sein müsste, um aus dieser Höhe einen Ziegelstein zu werfen und ein Baby zu treffen. Mrs. Casey folgte mir und ich ging auf das Dach. Die Schornsteine waren in einem baufälligen Zustand und es lagen lose Ziegelsteine herum. Auf dem College war ich ein ziemlich guter Ballspieler, aber als ich sechs Stockwerke tiefer versuchte, einen Wasserpfropfen auf dem Bordstein zu treffen, schoss ich mindestens zwei Meter darüber hinaus. Ich bat Mrs. Casey, ihren Ziegelstein mitten auf der Straße anzuzünden. Ich rief einige der Jungs an, die meine Operationen von der Straße aus beobachteten, und bot ihnen einen Vierteldollar an, wenn sie den Wasserstopfen knacken könnten. Ihre Versuche waren nicht besser als meine.

Etwas weiter entlang der niedrigen Mauerkrone waren einige Ziegelsteine aufgestapelt, mit denen offenbar Kinder Häuser gebaut hatten. Ich bat Mrs. Casey, einen von ihnen umzustoßen, so leicht wie aus Versehen. Es fiel ein Stück von der Wand ab und krachte auf den Bordstein.

„Mrs. Casey", sagte ich, „ich glaube nicht, dass Pietro diesen Ziegelstein geworfen hat. Er hätte das Baby nicht schlagen können, wenn er es versucht hätte. Jemand hat ihn versehentlich umgestoßen."

Sie stand einige Sekunden da, blickte über die Mauer und schüttelte unsicher den Kopf.

„Glaube, und ich würde denken, dass Sie Recht haben, Sir", sagte sie schließlich, „Wenn ich seinen roten Kopf nicht gesehen hätte, Sir, scherzen Sie so deutlich, wie ich Ihren sehe."

Und als wir die Treppe hinuntergingen, wiederholte sie immer wieder: „Ich habe wirklich seinen roten Kopf gesehen." Davon war sie offenbar überzeugt.

Ich besuchte Frau Sippio . Wegen der Feindseligkeit der irischen Nachbarn war sie in ein anderes Mietshaus umgezogen. Ich fand Herrn Sippio zu Hause, wie er sich um seine Frau kümmerte, sie war halb hysterisch vor Scham und Trauer über Pietros Schicksal. Aber sie erzählte mir ihre Geschichte genauso einfach und überzeugend wie Mrs. Casey. Pietro war nicht auf dem Dach gewesen. Es waren nur Felicia und Angelo da gewesen. Ich war kurz davor, entmutigt zu gehen. Offenbar log eine der Frauen. Ich konnte nicht erraten, welches. Ich hatte nur die Überzeugung gewonnen, dass der Ziegelstein nicht mit Tötungsabsicht geworfen worden sein konnte. Und das wäre ein sehr schwaches Argument gegen das Urteil einer Jury. Als ich gerade aufstand, hörte ich im Flur ein Geräusch von Füßen. Mrs. Sippios Gesicht leuchtete auf. „Es sind die Kinder", sagte sie. Als sie lautstark in den Raum stürmten, klärte sich das ganze Geheimnis. Es war weder mir noch irgendjemandem in den Sinn gekommen, dass es in derselben italienischen Familie zwei rothaarige Jungen geben könnte. Aber Angelos Haar war noch flammender als das von Pietro.

Ich nahm ihn auf meinen Schoß und amüsierte ihn, bis ich sein Vertrauen gewonnen hatte. Und als er über andere Dinge nachdachte, fragte ich ihn plötzlich.

„Angelo, als dieser Ziegelstein neulich vom Dach fiel, warum hast du es deiner Mutter nicht erzählt?"

Für einen Moment war er verwirrt und begann dann zu wimmern. Er hatte Angst gehabt, ausgepeitscht zu werden. Ich stieß einen Schrei aus und beruhigte die Familie, eilte in die Stadt und erwischte Richter Ryan, als er gerade sein Büro verließ. Er hörte mir gespannt zu, denn er war der sanftmütigste Mann, den ich je gekannt hatte, und er war zutiefst entsetzt über die Vorstellung, einen so jungen Menschen wegen vorsätzlichen Mordes verurteilen zu müssen.

Die Anwälte wurden in die Kammer des Richters gerufen, und – ich vermute, dass die „Pathos"-Autoren der Zeitungen benachrichtigt wurden. Am nächsten Morgen versammelten sie sich in großer Zahl vor Gericht. Der Staatsanwalt hielt eine rührende Rede. Mit großer Freude verkündete er, dass neue Beweise gefunden worden seien, die den Angeklagten von jedem Verdacht entlasteten. Der Richter hob das Urteil der Jury auf. Der Bezirksstaatsanwalt sagte, dass Mrs. Casey Angelo so offensichtlich mit seinem älteren Bruder verwechselt hatte, dass ein neuer Prozess keinen Sinn hatte und Pietro entlassen wurde. In einigen Bemerkungen zu dem Fall erwähnte Richter Ryan meinen Namen und dankte mir persönlich für meinen Beitrag in der Angelegenheit. Immer häufiger rief er mich in anderen Fällen um Hilfe an, und mit der Zeit wurden die anderen Richter auf meine Existenz aufmerksam. Ich hatte mehr als alle Hände voll zu tun.

Sehr oft konnte ich auf ähnliche Weise Beweise aufdecken, für deren Beschaffung die Angeklagten zu arm und unwissend oder die Anwälte zu faul waren.

Aber es war eine andere Art von Fällen, in denen ich den Richtern den größten Nutzen erwies. Ein großer Teil der Gefangenen bekennt sich schuldig, ohne einen Prozess zu fordern. Wird die ganze Angelegenheit vor einem Geschworenengericht verhandelt, hört der Prozessrichter alle Beweise und verschafft sich so einen Überblick über die Tatmotive, die Persönlichkeit und das Umfeld des Angeklagten. Aber wenn sich ein Gefangener schuldig bekennt, kommen vor Gericht praktisch keine Einzelheiten ans Licht, und wenn der Richter keine besonderen Ermittlungen anstellen lässt, muss er das Urteil willkürlich verhängen. Ryan hat mich fast immer gebeten, solche Fälle zu untersuchen. Die anderen Richter – mit Ausnahme von O'Neil – taten dies häufig. Ich würde den Gefangenen in seiner Zelle besuchen und seine Geschichte hören, mir anhören, was die Polizei zu sagen hatte, und dann eine persönliche Untersuchung durchführen, um strittige Punkte zu klären.

Mit der Zeit vertraute Ryan immer mehr auf mein Urteilsvermögen. Ich glaube, er hatte das Gefühl, dass ich ehrlich war; dass ich nicht bestochen werden könne und dass ich eher auf der Seite der Gnade liege als sonst. Seine lockere Freundlichkeit war damit zufrieden und er war nur zu froh, seine Verantwortung auf meine Schultern abwälzen zu können. In den letzten Jahren, bevor er zum Obersten Gerichtshof ernannt wurde, ließ er mich praktisch die meisten seiner Männer verurteilen. Außer in den Fällen, in denen politische Einflüsse eingriffen, bestimmten meine schriftlichen Berichte das Schicksal des Gefangenen.

Natürlich musste ich mit seinen Anfälligkeiten klarkommen. Wenn ich mir vorgenommen hätte, eindeutig vorzuschlagen, welche Strafe er verhängen sollte, wäre er beleidigt gewesen. Er achtete sehr auf seine Würde. Aber ich erarbeitete eine formelle Ausdrucksweise, die seinen Stolz nicht erschütterte, und erreichte, was ich beabsichtigte. Nachdem ich den Sachverhalt dargelegt hatte, landete ich bei einer Art Codephrase. Wenn ich wollte, dass der Richter dem Mann eine weitere Chance im Rahmen einer Bewährungsstrafe gibt, würde ich sagen: „Unter den gegebenen Umständen glaube ich, dass der Angeklagte die größtmögliche Milde verdient." Ich bin überzeugt, dass die Festnahme und die Freiheitsstrafe, die er bereits erlitten hat." haben ihm eine heilsame Lektion erteilt, die er nie vergessen wird. Wenn es die Umstände erforderten , könnte ich von hier aus auch zum anderen Extrem übergehen: „Während meiner Untersuchung dieses Falles, die aufgrund von Zeitmangel stark eingeschränkt war, konnte ich sehr wenig zugunsten dieses Mannes finden."

Jedes Mal, wenn ich einen solchen Bericht vorlegen musste, fühlte ich mich besiegt . Das bedeutete, dass es sich bei dem Gefangenen um einen alten Straftäter handelte, der durch ein Leben voller Berufskriminalität abgehärtet war. Und dass ich keine Hoffnung auf eine Reformation sehen konnte. Aber wenn ich solche Niederlagen nicht akzeptiert hätte, als die Umstände es erforderten, hätten die Richter sehr schnell das Vertrauen in meine Bitten um Gnade verloren.

Ich war für die Richter wertvoll, weil ich sie von Sorgen befreit habe. Wann immer sich jemand im Namen eines Gefangenen an sie wandte, zuckten sie mit den Schultern und verwiesen den Bittsteller an mich. Heutzutage haben wir ein Bewährungsgesetz und die Arbeit, wie ich sie beschrieben habe, ist legalisiert. Aber in der Anfangszeit, als ich keine offizielle Genehmigung hatte , empfand ich meine Position als sehr peinlich. Ohne in irgendeiner Weise in ein Amt gewählt worden zu sein, übte ich tatsächlich eine Macht aus, die angeblich eine Gabe der Wähler ist. Doch – wie so vieles in unserer willkürlichen Regierung – erwuchs meine Position, so außergesetzlich sie auch war, aus der reinen Notwendigkeit des Falles. Die Theorie besagt, dass unsere Richter Juristen sein sollen. Und eine Kenntnis des Gesetzes reicht nicht aus, um zu entscheiden, wie wir unsere Kriminellen behandeln sollen. In den alten Zeiten, als das Gesetz Straftäter offen bestrafte, war das eine einfache Angelegenheit und vielleicht nicht zu viel von den Richtern verlangt. Aber heute, wo wir mit dem Versuch beginnen, diejenigen zu reformieren, die die Gesellschaft gefährden, erfordert die Verhängung von Strafen weniger Kenntnisse im Rechtswesen als vielmehr Vertrautheit mit Psychologie, Medizin und Soziologie. Obwohl ich auf keinem dieser Gebiete ein Experte war, wurde ich als Behelfsperson akzeptiert. Das Gesetz sah keine Beschäftigung speziell ausgebildeter Männer zur Unterstützung der Richter vor. Mir wurde informell erlaubt, die normale Arbeit eines Bezirksdetektivs völlig zu vernachlässigen und meine ganze Zeit den Gerichten zu widmen.

Die Gefahr bei solchen unbeschwerten Vereinbarungen besteht in der Bestechung. Ich hätte mein Gehalt ungestraft verdoppeln oder vervierfachen können. Die „hysterischen“ Anwälte, die die Gräber heimsuchen, versuchten mehrere Jahre lang, meine Fürsprache für ihre Mandanten zu erkaufen. Ich musste ständig auf der Hut sein, damit sie mich nicht täuschen konnten. Und als sie feststellten, dass sie mich auf diesem Weg nicht erreichen konnten, versuchten sie eifrig, mich zu diskreditieren, mich in verdächtige Zustände zu bringen, um mich einzuschüchtern. Mehr als einmal haben sie Frauen auf meine Spur gebracht.

Auch die Politiker haben versucht, mich auszunutzen. Eines Tages erhielt ich einen Brief vom „Alten Mann“, in dem er mich um Fürsprache für einen seiner Freunde bat. Ich schrieb zurück, dass ich sorgfältig nachforschen würde. Ein paar Tage später schickte ich einen weiteren Brief mit der Akte des Gefangenen, er war zweimal im Staatsgefängnis und viele Male verhaftet worden. „Unter den gegebenen Umständen“, schrieb ich, „kann ich in diesem Fall keine Gnade empfehlen.“

Am nächsten Tag traf mich einer der Leutnants des „Alten Mannes“ im Korridor, führte mich in eine Ecke und sagte mir, ich sei ein Narr. Als das, was er „Vernunft“ nannte, mich nicht erschüttern konnte, wurde er beleidigend und drohte, mich „entlassen“ zu lassen. Ich brachte die ganze Angelegenheit zu Ryan. Er sagte mir, ich solle mir keine Sorgen machen, er würde es mit dem „Alten Mann“ besprechen. Ich weiß nicht, was zwischen ihnen passiert ist. Aber danach hatte ich von der Fourteenth Street aus keine Probleme mehr. Wann immer ich den „Alten Mann“ sah, nickte er mir herzlich zu. Häufig überreichten mir seine Läufer eine seiner Karten mit einer mit Bleistift geschriebenen Notiz: „Sehen Sie, was Sie für diesen Freund von mir tun können, und kommen Sie ihm entgegen.“ Aber mit ein oder zwei Ausnahmen erwies sich der „Freund“ als verdient. Eines Tages ließ er mir mitteilen, dass er mich gerne persönlich sehen würde. Ich besuchte ihn in Tammany Hall. Er dankte mir dafür, dass ich einem seiner Freunde „ausgeholfen“ habe und erzählte mir, dass die Stadt, einige ihrer Departemente oder einige seiner „Vertragsfreunde“ immer neue Hände annähmen und dass er versuchen würde, für jeden einen Platz zu finden Mann, ich habe ihn geschickt. Das war eine große Hilfe für mich bei meiner Arbeit und ein Geschenk Gottes für so manchen Mann, der aufgrund einer unbegründeten Verhaftung seinen Job verloren hatte.

So fand ich nach und nach einen sinnvollen Platz im Leben der Gräber.

Ein weiterer typischer Fall ereignete sich Jahre später. Ich hätte zunächst nicht gewusst, wie ich damit umgehen sollte. Die Angeklagte war eine Norwegerin namens Nora Lund. Sie war ungefähr siebzehn und das süßeste und schönste junge Mädchen, das ich je in den Gräbern gesehen habe. Sie war in einem der elegantesten Geschäfte in der Innenstadt angestellt. Es hatte einen guten Ruf als Trockenwarenhaus. Der Gründer war einige Jahre zuvor verstorben, eine Aktiengesellschaft hatte es übernommen und baute es zu einem modernen Kaufhaus aus. Neben den alten Warensortimenten führten sie Silberwaren, Schreibwaren, Möbel usw. Ihre Gönner waren größtenteils sehr betuchte Schüler.

Gleich hinter dem Haupteingang befand sich eine besondere Vitrine, in der verschiedene Spezialitäten ausgestellt waren. Nora leitete diese Ausstellung und es war ihre Aufgabe, die Kunden zu den von ihnen gesuchten Schaltern zu leiten und alle möglichen Fragen zu beantworten. Sie wurde aufgrund ihrer Schönheit und ihres liebenswürdigen, damenhaften Benehmens für diesen Posten ausgewählt. Wenn man sie fragte, wo die Bänder zu verkaufen seien, erinnerte man sich angenehm an ihre großen blauen Augen und ihr freundliches Lächeln.

Sie erhielt sechs Dollar pro Woche. Ihr Vater, der früher Drucker gewesen war, war tot. Ihre Mutter arbeitete in einer Süßwarenfabrik. Eine vierzehnjährige Schwester versuchte zu Hause Buchhaltung zu lernen, während sie sich um die beiden jüngeren Kinder kümmerte.

Noras Lohn reichte zusammen mit dem der Mutter aus, um sie sauber zu halten, wenn nicht sogar bequem, und jede Woche eine Kleinigkeit für die Ausbildung des Jungen aufzubringen, den die Frauen so gern zur Schule schicken wollten. Doch die Mutter wurde krank. Nach und nach wurde der kleine Haufen Ersparnisse aufgefressen. Frau Lund brauchte teure Medikamente. Und sechs Dollar pro Woche sind für eine fünfköpfige Familie sehr wenig, besonders wenn einer krank ist und der andere immer frische, saubere Leinenkragen und Manschetten haben muss. Im Laden bestanden sie darauf, dass die Mädchen immer „ordentlich und vorzeigbar" sein sollten. Die vierzehnjährige Schwester ging zur Arbeit und kümmerte sich um das Baby eines Nachbarn, bekam aber nur zwei Dollar pro Woche und zwei Mahlzeiten.

Als die Ersparnisse aufgebraucht waren, wandte sich Nora mit ihren Sorgen an den Hausverwalter. Sie wollte nicht den Eindruck erwecken, als würde sie um Almosen bitten, sie bettelte darum, dass man ihr etwas härtere Arbeit schenke, damit sie mehr verdienen könne. Es wurde abgelehnt. An diesem Mittwoch gab es im Haus nichts zu essen. Der Apotheker und der Handwerker lehnten einen weiteren Kredit ab und die Miete wurde fällig.

Nora ging erneut zum Kommissar und verlangte die Vorauszahlung ihres Lohns oder zumindest der drei Dollar, die sie bereits verdient hatte. Der Kommissar war wütend über ihre Aufdringlichkeit.

Als Nora an diesem Abend den Laden verließ , trug sie eine Schachtel mit einem Dutzend silberner Löffel bei sich. Leider kannte sie keinen der regelmäßigen und zuverlässigen „Diebesgutempfänger" und so musste sie es beim erstbesten Pfandleihhaus versuchen, das sie besuchte. Der Mann verdächtigte sie, bat sie, einen Moment zu warten und rief die Polizei an. Er hielt sie mit seinem Geschwätz an der Theke fest, bis der Beamte kam. Nora hatte keine Ahnung vom Lügen und brach schon bei der ersten Frage zusammen.

Mann gewesen wäre, wäre ich ihr früher begegnet, aber ich bin sehr selten ins Frauengefängnis gegangen. Ich nehme an, dass es Teil der Last ihres Geschlechts ist, aber die Frauen, die man im Allgemeinen im Gefängnis antrifft, sind das traurigste Schauspiel der Welt. Nachdem sie einmal ihre Selbstachtung verloren haben , sinken sie auf ein unendlich niedrigeres Niveau als Männer. Mit der ersten Begeisterung meiner frühen Tage habe ich mich oft an den Horror dieses Ortes gewagt. Aber ich erkannte bald, dass meine Niederlage hoffnungslos war, und machte einen großen Bogen darum. Deshalb habe ich nichts von Nora gehört, als sie zum ersten Mal zu den Gräbern kam. Es dauerte zwei Wochen, bis ihr Fall angerufen wurde. Es kam vor Ryan zur Sprache. Ich war nicht im Gericht, als sie angeklagt wurde, aber am nächsten Morgen fand ich in meinem Briefkasten eine Notiz des Richters.

„Schauen Sie sich bitte den Fall von Nora Lund an, schwerer Diebstahl zweiten Grades. Sie hat sich gestern schuldig bekannt, sieht aber nicht wie eine Diebin aus. Ich habe den Fall auf Mittwoch zurückverwiesen, um Ihnen genügend Zeit zu geben."

Vor Mittwoch hatte ich die Fakten, die ich bereits erzählt habe. Es war erbärmlich, Frau Lund zu sehen. Die Schande und die Schande des Familiennamens schmerzten sie viel mehr als der Hunger, der den Haushalt bedrohte. Sie war wirklich krank, aber sie kam jeden Morgen herunter, um mit ihrer Tochter zu weinen. Zu Hause ging es ihnen schlecht, da Noras Lohn seit ihrer Verhaftung weggefallen war. Ich versorgte sie mit etwas Essen, stellte den Vermieter zur Rede und tat, was ich konnte, um sie aufzumuntern. Ryan hatte bereits sein Mitgefühl gezeigt und ich erlaubte mir, etwas zu tun, was ich mir zur Regel gemacht hatte, niemals zu tun. Ich habe der Mutter praktisch versprochen, dass Nora freigelassen wird.

Ich habe meinen Bericht mit besonderer Sorgfalt erstellt. Es war ein ungewöhnlich guter Fall. Alle Waren wurden restauriert. Die Firma hatte kein Geld verloren. Selten hatte ich die Gelegenheit gehabt, so deutlich zum Ausdruck zu bringen, dass ich davon überzeugt bin, dass der Täter sicher entlassen werden kann. Ich habe leichten Herzens „höchste Nachsicht" empfohlen.

Als der Fall angerufen wurde, übergab ich meinen Bericht dem Richter. Er las es schnell, als hätte er bereits beschlossen, sie gehen zu lassen.

„Sind Sie sicher, dass es das erste Vergehen ist?" fragte er oberflächlich.

Ich versicherte ihm, dass es so sei.

„In Ordnung", sagte er, „ich schätze, Bewährungsstrafe …"

Der Gerichtsschreiber trat vor und gab dem Richter eine Karte.

„Euer Ehren", sagte er, „ein Herr möchte mit Ihnen über diesen Fall sprechen, bevor Sie das Urteil verhängen."

Der Mann wurde vorgerufen und stellte sich als regulärer Anwalt der Beschwerdeführer vor. Er war Mitglied einer der großen Anwaltskanzleien in der Innenstadt. Er hatte das sichere Auftreten eines sehr erfolgreichen Berufsmannes. Seine Mandanten, sagte er, hätten ihn gebeten, dem Gericht einige Informationen vorzulegen. In den letzten Jahren hatten sie durch solche geringfügigen Diebstähle viele tausend Dollar verloren. Die Höhe dieses Verlustes nahm stetig zu. Die meisten Diebstähle blieben unentdeckt, weil sich die Mitarbeiter gegenseitig schützten. Sie schienen die altmodische Loyalität gegenüber der Firma verloren zu haben. Die Direktoren waren auf unangenehme Weise auf dieses sehr bedeutende Geschäft aufmerksam geworden und hatten beschlossen, die Gerichte respektvoll darauf aufmerksam zu machen. Wenn zwei oder drei Täter hart bestraft würden, hätte das eine heilsame Wirkung auf die Moral ihrer gesamten Truppe.

Mein Herz sank. Ich wusste, wie der Richter es aufnehmen würde. Er war immer beeindruckt von Menschen mit offensichtlichem Reichtum. Ich bin sicher, dass er Gott als Multimillionär betrachtete. Er übergab meinen Bericht dem Anwalt. Er las es zur Hälfte durch und gab es zurück. Es könne keinen Einfluss auf die Haltung der Beschwerdeführer haben, sagte er. Sie interessierten sich nicht für das Familienleben von Nora Lund, sondern für die Ehrlichkeit der Mitarbeiterin Nr. 21.334. Ihr Standpunkt war völlig unpersönlich. „Selbst wenn meine Kunden nachsichtig sein wollten, konnten sie das nicht, um den Aktionären gerecht zu werden. Es handelt sich um ein rein geschäftliches Vorhaben. Die Verluste waren sehr hoch."

„Bitten Sie seine Ehre", sagte ich, „dieses Mädchen für die Diebstähle der anderen zu bestrafen, die Sie nicht erwischt haben?"

Er ignorierte meine Frage und sagte dem Richter weiter, dass sich diese Art von Dingen verschlimmern würde, bis das Geschäft unmöglich sei, wenn nichts unternommen würde.

„Unsere gesamte Truppe", sagte er, „wissen von diesem Verbrechen und beobachten das Ergebnis. Wenn keine Bestrafung folgt, wird es mit Sicherheit einen großen Anstieg der Diebstähle geben. Aber wenn sie ins Staatsgefängnis geschickt wird, wird dies diesen Posten erheblich reduzieren." Verlust."

„Euer Ehren", unterbrach ich völlig verärgert, „das ist absolut unfair. Er jammert, weil die Angestellten nicht loyal sind. Wie viel Loyalität erwarten sie, wenn sie sechs Dollar pro Woche zahlen? Sie finden heraus, wie wenig sie zahlen können." ihre Leute und halten sie von der Notwendigkeit des Stehlens ab. Dieses Mal haben sie zu niedrig gehandelt und versuchen, die ganze Schuld dem Mädchen in die Schuhe zu schieben. Wenn sie ehrliche Löhne zahlten , hätten sie vielleicht ein Recht, vor Gericht zu gehen. Aber wenn sie es zulassen Angestellte verhungern, sie sollten kein Silber in ihre Obhut nehmen. Es ist ..."

„Warten Sie, Officer", unterbrach Ryan ihn. „An ihrem Standpunkt ist vieles dran. Unser gesamtes Strafsystem basiert auf der abschreckenden Idee. Der Staat verhängt keine Strafen, um das durch eine Straftat begangene Unrecht wiedergutzumachen. Sondern um andere davon abzuhalten, ähnliche Verbrechen zu begehen. Solange die Kläger diese Sichtweise des Falles vertreten , kann ich sie nicht ohne Strafe gehen lassen."

"Bestrafung?" Ich bin wieder eingebrochen. „Ich hoffe, dass wir nie so hart bestraft werden. Die Schande über ihre Verhaftung und Inhaftierung übersteigt ihr Fehlverhalten bereits bei weitem. Die Firma hat keinen Cent verloren und sie wollen, dass sie ins Staatsgefängnis kommt."

„Ich werde ein so junges Mädchen nicht ins Staatsgefängnis schicken", sagte der Richter, „aber ich kann sie nicht freilassen. Ich werde sie in eine der religiösen Disziplinaranstalten schicken."

Ich habe um eine Vertagung um ein paar Tage gebeten, damit ich die Angelegenheit den Mitgliedern der Kanzlei persönlich vorlegen kann.

„Die Verzögerung wäre nutzlos", fügte der Anwalt hinzu. „Meine Mandanten haben in dieser Angelegenheit keine persönlichen Gefühle. Es handelt sich lediglich um eine sorgfältig durchdachte Geschäftspolitik."

Ich beharrte darauf, dass ich es gerne versuchen würde. Der Richter schlug mit seinem Hammer.

„In Untersuchungshaft bis morgen früh."

Als wir den Gerichtssaal verließen, riet mir der Anwalt herablassend, nicht zu viel Zeit mit diesem Fall zu verschwenden. „ Es ist nutzlos", sagte er. Aber ich wollte nicht kampflos aufgeben.

Als ich versuchte, die Mitglieder der Firma zu treffen, stellte ich fest, dass mein Gegner mir den Vortritt gelassen hatte, indem er sie telefonisch vor meiner Mission warnte. Ihre Bürosekretärinnen sagten mir, sie seien sehr beschäftigt, sie wüssten mein Geschäft bereits und hätten keine Lust, die Angelegenheit mit mir zu besprechen.

Ich kannte den Stadtredakteur einer der großen Morgenzeitungen und hatte festgestellt, dass die Richter sehr empfänglich für Zeitungskritik waren. Mehr als einmal würde eine richtig platzierte Geschichte dazu führen, dass sie einen Fall in einem neuen Licht sehen. Ich fand einen freien Schreibtisch im Reporterzimmer und schrieb über Nora in der wütendsten Art, die mir möglich war – „seelenloses Unternehmen", „unterbezahlte Sklaven" und solche Phrasen.

„Es ist eine gute Geschichte", sagte der Stadtredakteur, „Schade, dass es keine sozialistische Zeitung gibt, die sie herausgibt. Aber wir können daran nichts ändern. Sie sind die größten Werbetreibenden, die wir haben. Es tut mir leid." Es ist auf jeden Fall ein trauriger Fall. Ich wünschte, du würdest das der Mutter geben."

Er gab mir einen Geldschein. Aber ich sagte ihm, er solle zum Vater des gelben Journalismus gehen. Es war kein Geld, das ich wollte. Wütend und entmutigt stampfte ich aus seinem Büro. Aber mein Versprechen an Frau Lund, Nora rauszuholen, machte es mir unmöglich aufzugeben. Ich ging die Straße entlang und zerbrach mir den Kopf für einen Plan. Plötzlich kam eine Inspiration. Sie wollten nicht auf mich hören. Vielleicht könnte ich Geld zum Reden bringen.

Meine kleinen Einlagen waren bei einer Bank in der Innenstadt. Es gab kein großes Handelsgeschäft, sondern war auf Privat- und Haushaltskonten spezialisiert. Der Kassierer war ein Verbindungskamerad von mir. Mit ein wenig Drängen bekam ich von ihm eine Liste von Einlegern, die große Konten in dem Geschäft hatten, in dem Nora gearbeitet hatte. Ich wählte die Namen der Frauen aus, von denen ich wusste, dass sie sich für verschiedene Wohltätigkeitsorganisationen interessierten, und borgte mir ein Telefon.

Es ist schwierig, am Telefon eloquent zu sein. Das kleine schwarze Mundstück aus Gummi ist eine entmutigende Sache, aber ich blieb den ganzen Nachmittag dabei. Sobald ich Kontakt zu einer Kundin des Ladens hatte, erzählte ich ihr von Noras Notlage – die meisten von ihnen erinnerten sich an ihr Gesicht. Ich habe versucht, ihnen klarzumachen, wie verzweifelt wenig sechs Dollar pro Woche sind. Ich erzählte die Geschichte ihres harten Kampfes, das Heim am Laufen zu halten, wie die Firma sich geweigert hatte, ihr eine Gehaltserhöhung zu geben, und nun versuchte, sie ins Staatsgefängnis zu schicken. Ich habe so deutlich wie möglich über persönliche Verantwortung gesprochen. Die Firma zahlte niedrige Löhne, damit ihre Kunden Seidenstrümpfe für ein paar Cent weniger pro Paar kaufen konnten. Und niedrige Löhne hatten Nora in die Kriminalität getrieben. Ich ging so heftig vor, wie ich es wagte, und forderte sie auf, den Manager und die Mitglieder der Firma anzurufen – um sie persönlich zu erreichen – und gegen ihre Strenge gegenüber Nora zu protestieren. Ich forderte sie auf, die Geschichte unter ihren Freunden zu verbreiten und möglichst viele von ihnen dazu zu bringen, mit dem Rückzug aus ihrem Handel zu drohen.

Ich startete diese Kampagne gegen drei Uhr nachmittags und hielt sie bis nach Geschäftsschluss durch. Es trug Früchte. Einige der Frauen gingen, wie ich später herausfand, weiter, als ich vorgeschlagen hatte, und wandten sich an die Ehefrauen der Firma. Ich kann mir vorstellen, dass die Männer, die sich geweigert hatten, mich zu sehen, keinen ruhigen oder angenehmen Nachmittag und Abend verbrachten.

Am Morgen, als Noras Fall angerufen wurde, hielt der Anwalt eine rührende Rede über die Qualität der Barmherzigkeit und darüber, wie es menschlich ist, zu irren und göttlich zu vergeben. Er sagte, dass die Firma, die er vertrat, es nicht übers Herz bringen konnte, dieses in Not geratene Mädchen strafrechtlich zu verfolgen, und dass, wenn das Gericht gnädig wäre und ihr eine weitere Chance geben würde , sie wieder in ihre Anstellung aufgenommen werden würde. Richter Ryan war überrascht, aber sehr froh, sie entlassen zu können. Allerdings konnte ich für sie einen viel besseren Arbeitsplatz finden.

Ihre Geschichte ist ein trauriger Kommentar zu unserem Justizsystem. Dem Gericht ging es nicht darum, eine Gruppe wohlhabender Männer zu beleidigen. Die Presse traute sich nicht. Der einzige Weg, diesem Mädchen Gerechtigkeit widerfahren zu lassen, bestand darin, sich an das höchste Gericht zu wenden – die Macht des Geldes.

Es fällt mir immer schwer, in zurückhaltender und gemäßigter Sprache über unsere Methode im Umgang mit Kriminalität zu schreiben – das ganze System ist zu äußerst bösartig. Ich war noch nicht viele Wochen in den Gräbern gewesen, als ich mich der Missachtung des Gerichts schuldig machte.

Vier der fünf Richter in den allgemeinen Sitzungen waren Maschinenmenschen. Es kam selten vor, dass ihre Urteile von ihrer politischen Zugehörigkeit beeinflusst wurden; In den allermeisten Fällen konnten sie frei entscheiden, was ihnen als Gerechtigkeit erschien. Für die Organisation ist es einfacher, Dinge vor den Polizeigerichten zu „reparieren", wo es keine Geschworenen gibt. Aber hin und wieder kam ein Mann auf uns zu, der „einen Freund hatte". Der „Alte Mann" in der Vierzehnten Straße würde seine Befehle herabsenden und einer dieser vier

Richter würde die Angelegenheit regeln. Das Beeindruckende daran war die zynische Offenheit. Jeder wusste, was los war.

Der fünfte Richter, O'Neil, war ein Schotte. Man sagte, er sei unbestechlich gewesen – und ich glaube, das war er auch. Er war im Zuge einer früheren Reformwelle ins Amt gespült worden und hatte nichts mit der Maschine zu tun. Aber er war völlig ungeeignet, auf der Bank zu sitzen. Einige Wochen nach meiner Vereidigung sah ich eine Phase seines Charakters, die schlimmer war als „Transplantation".

Ein Mann wurde ihm wegen „Körperverletzung" vorgeführt – einem einfachen Schlagabtausch. Im Allgemeinen werden solche Fälle als Witz behandelt. Zwei Männer streiten sich – dann rennen sie zur Polizeiwache. Wer zuerst ankommt, ist Kläger, wer langsamer ist, ist Beklagter. Jeder bringt eine Wolke von Zeugen vor Gericht, um zu schwören, dass der andere der Angreifer war. Es ist aussichtslos, die Schuld dafür verantwortlich zu machen. Das Strafgesetz sieht eine Höchststrafe von einem Jahr und eine Geldstrafe von fünfhundert Dollar vor, aber wenn keine besondere Bosheit nachgewiesen wurde, entlassen die Richter den Gefangenen im Allgemeinen mit einer oberflächlichen Belehrung oder geben ihm höchstens zehn Tage.

Dieser Mann hatte eine besonders gute Bilanz. Er hatte mehrere Jahre lang zufriedenstellend am selben Ort gearbeitet, seine Frau und ihre drei kleinen Kinder waren vollständig von seinem Verdienst abhängig. O'Neil überflog seine Empfehlungen lustlos, bis ihm ein Satz ins Auge fiel, der die Art der Beschäftigung des Mannes verriet. Er versteifte sich ruckartig.

„Sind Sie Hausmeister?" er donnerte.

„Ja, Euer Ehren."

„Nun, ich sage Ihnen, Sir, den Hausmeistern muss ihr Platz beigebracht werden! Es gibt keine freche, anstößige Klasse von Männern mehr in dieser Stadt. Heute Morgen, Sir, gab es in meiner Wohnung keine Heizung, und als meine Frau sich beim Hausmeister beschwerte war ihr gegenüber unverschämt! Hat sie beleidigt! Meine Frau! Als ich nach unten ging , hat er mich beleidigt, mein Herr! Der Hausmeister hat mich beleidigt, sage ich! Er hat mir sogar gedroht, mich zu schlagen, da Sie diesen angesehenen Bürger hier, den Beschwerdeführer, mutwillig angegriffen haben. Das ist es Damals war die Öffentlichkeit vor Hausmeistern geschützt. Ich bedaure, dass das Gesetz die Strafe, die ich Ihnen auferlegen kann, begrenzt. Das Gericht verurteilt Sie, Sir, zur Höchststrafe. Ein Jahr und fünfhundert Dollar!"

Der Ausbruch kam so plötzlich und war offensichtlich aus kleinlicher Bosheit entstanden, dass im ganzen Gerichtssaal Stille herrschte.

"Was ist los?" seine Ehre zerbrach. „Rufen Sie den nächsten Fall an."

Natürlich wäre dieses Urteil in jedem höheren Gericht aufgehoben worden, aber der Mann hatte kein Geld. Solche Dinge passierten nicht sehr oft, aber häufig genug, um uns immer an ihre unmittelbar bevorstehende Möglichkeit zu erinnern.

Ich habe sechzig dicke Notizbücher, die meine Arbeit in den Gräbern aufzeichnen. Fast jeder Punkt könnte hier zitiert werden, um zu zeigen, wie nach und nach die Verachtung des Gerichts in meinem Kopf wuchs. Es entstand nicht so sehr aufgrund der relativ seltenen Fälle, in denen unschuldige Männer ins Gefängnis geschickt wurden, als vielmehr aufgrund der fortwährenden alltäglichen Farce.

Sehr früh erfuhr ich – und das wussten alle Anwälte –, dass Überlegungen zu abstrakter Gerechtigkeit den Gräbern fremd waren. Jeder Richter hatte seine Schwächen. Es war wichtiger, diese zu kennen als das Gesetz. Die Richter McIvor und Bell waren Männer der Grand Army. Bell war immer sanft zu Veteranen. Er hielt eine typische Rede: „Es tut mir leid, einen Mann, der für sein Land gekämpft hat, in Ihrem erbärmlichen Zustand zu sehen. Ich werde so nachsichtig sein, wie es das Gesetz zulässt." Wenn McIvor einen GAR-Knopf an einem Mann vor sich sehen würde, würde er rufen: „Es tut mir weh und schmerzt, einen Mann zu sehen, der die alte Uniform so entehrt", und er würde ihm das Maximum geben.

Ryan, der korrupteste und unterwürfigste Maschinenmann der fünf, hatte eine wunderschöne und intensive Liebe zu seiner Mutter. Als Kind des Slums hatte er seit seinem vierzehnten Lebensjahr seine Mutter unterstützt und war von der Dachrinne auf die Bank geklettert. Und die kindliche Liebe wie seine eigene überwog bei ihm jedes Maß an moralischer Verdorbenheit. Als ich in den Gräbern einen Mann fand, der mir unschuldig schien, habe ich keine Stellungnahme zu diesem Aspekt des Falles verfasst. Ich suchte nach seiner Mutter und überredete den Sachbearbeiter, den Fall in Ryans Kalender einzutragen. Wenn ich die alte Frau in ein schwarzes Seidenkleid und eine Haube stecken könnte, wenn ich dafür sorgen könnte, dass ihr zwei altmodische Liebesschlösser vor die Ohren hängen, wäre der Trick gewendet. Alles, was sie tun musste, war, ein wenig zu weinen und zu sagen: „Er war seiner alten Mutter ein guter Sohn, Euer Ehren."

Die Fälle sollten in strikter Rotation unter den Richtern verteilt werden. Tatsächlich war es ein Vergehen des Angestellten, mit dem Kalender zu jonglieren. Aber der größte Teil des Wertes eines Anwalts hing von seiner Fähigkeit ab, den Gerichtsschreiber davon zu überzeugen, seinen Mandanten einem Richter vorzustellen, der gegenüber seiner Straftat nachsichtig sein würde.

O'Neil glaubte, dass eine Dame über jeden Verdacht erhaben sein sollte. Wenn also eine Frau eines Verbrechens beschuldigt wurde, war sie mit

Sicherheit keine Dame und wahrscheinlich schuldig. Es war zum Wohle der Gemeinschaft, sie einzusperren. Wenn ein Anwalt eine Mandantin hatte, bestand seine erste Handlung natürlich darin, den Sachbearbeiter zu „reparieren", damit der Fall nicht vor O'Neil verhandelt wurde.

Dennoch wäre ich den Menschen in den Gräbern gegenüber äußerst ungerecht, wenn ich nur von ihrer bösen Seite sprechen würde. Natürlich war dies die Seite, die ich zum ersten Mal sah. Aber am Ende eines Jahres hatte ich mich etabliert. Nachdem sie ihre Angst verloren hatten, dass ich versuchte, ihre Lebensgrundlage zu beeinträchtigen – eine Angst, die sowohl die Richter als auch die Schrauben teilten –, wich die Feindseligkeit der Toleranz und in einigen Fällen dem Respekt und einem gewissen Maß an Freundschaft. Ich fing an, sie, wie sie es auch von sich selbst taten, als Doppelpersönlichkeiten zu betrachten. Das Anlegen der schwarzen Roben durch die Richter hatte eine unheimliche Symbolik. Die Schrauben außerhalb der Uniform waren in ihrer Freizeit ganz andere Wesen als die Schrauben im Dienst.

Es ist allgemein bekannt, dass Maschinenpolitiker ein großes Herz haben. Sie hörten sich jede Geschichte an, die ich über rührende Ungerechtigkeit erzählen konnte, und griffen oft in die Tasche, um dem Opfer zu helfen. Ich habe noch nie sentimentalere Männer getroffen. Alles, was es brauchte, um sie zu starten, war ein wenig „Herzensinteresse". Häufig sammelte Big Jim, der Pförtner, zehn oder fünfzehn Dollar von den anderen Schrauben, um einem meiner Männer zu helfen.

Richter Ryan traf mich eines Tages auf der Straße und lud mich in einen Saloon ein. Es begann eine sehr echte Freundschaft. Von der Bank aus war er ein äußerst expansiver Mann; Er hatte eine wunderbare Fähigkeit, persönliche Anekdoten zu erzählen. In der Geschichte seines Aufstiegs aus der Gosse, seine Mutter auf seinen Schultern, war er naiv, als er von Vorfällen erzählte, die einem Mann meiner Ausbildung kriminell vorkamen. Seine erste Chance, den Beginn seines späteren Aufstiegs, verdankte er Tweed. Und er war ihm genauso treu wie seiner Mutter. Die Seele des Slums steckte in seiner Geschichte. Es war eine Interpretation der Ethik, die dort wächst, wo der Kampf ums Dasein erbittert ist. Eine Ethik, die vom Gestank übelriechender Mietskasernen verdorben ist, von Hunger verklebt und von Angst verzerrt ist.

Die Einstellung der Bewohner der Tombs zu ihrem Doppelleben, die Beharrlichkeit, mit der sie ihr Berufs- und Privatleben trennten, wurde deutlich, als ein junger stellvertretender Bezirksstaatsanwalt gegen die Konvention verstieß. Er hat seine Frau vor Gericht gebracht! Er war ein Jugendlicher, es war sein erster großer Fall, er wollte, dass sie seine Beredsamkeit hörte. Die Empörung war allgemein. Ich unterhielt mich gerade mit Big Jim, dem Pförtner, als einer der Schraubenzieher die Nachricht überbrachte.

"Was?" Jim explodierte. „Hat er seine Frau hierher gebracht? Der Sohn eines ——! Sagen wir mal . Wenn meine alte Frau bis auf zehn Blocks an das Haus herankam – oder eines der Kinder –, würde ich ihre Blocks abreißen. Mach weiter. Du machst Witze.“

Als sie darauf beharrten, dass es wahr sei, kratzte er sich angewidert am Kopf und bekräftigte immer wieder seinen Glauben an die Hundeabstammung des Kerls. Zwei Stunden später, als ich die Gräber verließ, hielt er mich auf. Es ging ihm immer noch durch den Kopf.

„Sagen Sie mal“, sagte er, „was halten Sie von diesem Sohn von …?“

III

Es dauerte nicht lange, bis mir klar wurde, dass die Probleme mit unseren Strafgerichten tiefer gehen als nur die Bestechlichkeit oder schlechte Laune der Richter. Tag für Tag wuchs in mir die Erkenntnis, dass das System selbst im Grunde falsch ist.

Ein Mann kann hin und wieder etwas Schlimmes tun, ohne völlig moralisch zu zerfallen. Es ist die ständige Wiederholung der Tat, die ihn zu einem bösartigen Mann macht. Brown kann hin und wieder die Beherrschung verlieren und seine Frau schlagen und im Großen und Ganzen immer noch ein achtbarer Kerl sein. Aber wenn er es sich zur Gewohnheit macht, ihr jeden Samstagabend ein blaues Auge zu verpassen, würden wir ihn in allen Beziehungen für verdächtig halten. Wir würden nicht nur seine Eignung zur Kindererziehung in Frage stellen, wir würden auch an seiner Wahrhaftigkeit zweifeln und ihm in Geldangelegenheiten misstrauen.

Je öfter ich vor Gericht war, desto stärker wächst die Überzeugung, dass es etwas von Natur aus Bösartiges ist, ein Strafurteil über unsere Mitmenschen zu fällen. Ein Zimmermann, der vor zweitausend Jahren in Palästina lebte, dachte über diese Angelegenheit genauso wie ich. Seine Lehre vom Steinwerfen ist eindeutig. Wenn er mit seiner Aussage „Richte nicht“ Recht hatte, können wir von unseren Richtern keine hohe Moral erwarten. Die ständige Wiederholung des Bösen führt unweigerlich zu einer Entwürdigung.

Sofern wir von unseren Richtern nicht erwarten können, dass sie allwissend sind – und keiner von ihnen ist so einfältig, sich für unfehlbar zu halten –, fordern wir sie auf, mit der Gerechtigkeit zu spielen und mit den Seelen der Menschen zu würfeln. Wir geben ihnen die ganze Macht des Staates, ihre Vermutungen durchzusetzen. Die Spielsteine, mit denen sie spielen, sind Menschen – nicht nur einzelne Straftäter, sondern ganze Familien, unschuldige Frauen und Kinder. Eine solche Beschäftigung – als feste

Anstellung – wird sie zwangsläufig entwürdigen. Es würde Christus selbst verändern ... Aber er sagte ganz bestimmt, dass er es nicht tun würde.

Allerdings hat mich meine Arbeit in den Gräbern nicht zum Pessimisten gemacht. Die Wissenschaft hat den alten Brauch, Wahnsinnige auszupeitschen, überwunden. Die Erweiterung des Wissens muss unweigerlich unsere barbarischen Strafgesetze abschaffen, mit Zellarrest und Stromschlägen. Eine aufgeklärte Gemeinschaft wird erkennen, dass die gesamte mittelalterliche Idee, sich gegenseitig zu bestrafen, laut Christus nicht nur eine Sünde ist, sondern ein Fehler, eine grobe wirtschaftliche Extravaganz, die ebenso nutzlos wie kostspielig ist. Wir werden lernen, uns vor den Verlusten und moralischen Ansteckungen durch Kriminalität zu schützen, so wie wir es vor Infektionskrankheiten tun. Unsere Gefängnisse werden wir durch Krankenhäuser ersetzen, unsere Richter werden zu Ärzten, unsere „Schrauben" werden wir zu ausgebildeten Krankenschwestern machen.

Das gegenwärtige System ist epileptisch. Es wirkt sich mit unaussprechlicher Grausamkeit auf diejenigen aus, die eines Verbrechens verdächtigt werden – und ihre Familien –, es führt zum moralischen Ruin derjenigen, die wir zu unserem Schutz einsetzen, und es ist ein Misserfolg. Die Geldsummen, die die Gesellschaft im Kampf gegen die Kriminalität ausgibt, sind enorm – und die Kriminalität nimmt zu. Alle Statistiken aus jedem zivilisierten Land....

Aber diese persönliche Erzählung ist für mich nicht der Ort, um meine Überzeugungen in Bezug auf die Kriminologie im Detail zu diskutieren.

IV

Der Einfluss der Gräber auf meine Denkweise war langsam und kumulativ, hier ein wenig, dort ein wenig. Durch die besonderen Umstände, unter denen Benson und ich aus der Siedlung geworfen wurden, erhielt ich einen plötzlicheren Einblick in einige Lebensweisen der Welt, einige ihrer Dummheiten und Vortäuschungen. Ich war fast zwei Jahre dort, als der Absturz kam. In dieser Angelegenheit war ich kaum mehr als der Schwanz seines Drachens. Das ist die Tatsache, die ich betonen möchte. Benson war meiner Meinung nach zweifellos der wertvollste „Bewohner" im Kinderhaus. Er spendete nicht nur viel Geld in die allgemeine Staatskasse, sondern weitaus mehr in Nebenunternehmen wie seinen Arbeiter Studentenverein , was der Siedlung zusätzliches Ansehen verlieh, aber auch seine Persönlichkeit war eine große Bereicherung. Durch seine beruflichen und sozialen Kontakte rekrutierte er ständig neue Unterstützer. Und bei den Menschen in der Nachbarschaft war er sicherlich der beliebteste von uns allen. Und doch wurde Benson geopfert, um bestimmte dumme Vorstellungen von Seriosität zu bewahren.

Die jüdische Bevölkerung – mittellose Flüchtlinge vor russischen Massakern – war in unserem Bezirk rasch gewachsen. Sie hatten die Deutschen und Iren fast vollständig vertrieben. Und als Folge ihrer extremen Armut wurde die Prostitution immer schrecklicher. Überall um uns herum waren rote Lichter. Für die nachdenklichen Juden war dies die einzige politische Angelegenheit geworden. Die Maschine tolerierte Laster auf zynische Offenheit. Zwei Jahre zuvor war ein Mann namens Root auf der Reformliste zum Kongressabgeordneten gewählt worden. Es war allgemein bekannt, dass er seine Amtszeit genutzt hatte, um Frieden mit der Maschine zu schließen. Und obwohl er immer noch von Reformen sprach, war er mit dem Feind so befreundet, dass dieser einen Galionsfigur namens O'Brien nominiert hatte. Aber dieser demokratische Kandidat war nur für den Schein da, wir alle wussten, dass Root wiedergewählt werden sollte und dass ihm Tammany-Stimmen versprochen wurden.

Benson teilte meinen Hass auf Heuchelei. Wir haben oft über dieses politische Wirrwarr gesprochen.

„Ich würde gerne Beweise gegen ihn haben", sagte Norman eines Abends. „Ich würde nichts lieber tun, als ein paar Löcher in seine doppelseitigen Pläne zu schießen."

Ich habe viele Informationen gesammelt, die, wenn es sich nicht um rechtliche Beweise handelte, sicherlich überzeugend waren. Die Gräber waren ein großartiger Ort für politischen Klatsch. Ich war zu dieser Zeit fast die einzige Person dort, die kein Tammany-Mann war. Und da ich mich in meinen zwei Berufsjahren nicht für Politik interessiert hatte, galt ich als harmlos. Aus Gesprächsfetzen erfuhr ich, dass es ein Treffen zwischen Root und dem Alten Mann gegeben und einen Vertrag zwischen ihnen geschlossen hatte. Ich konnte die Bedingungen erraten. Die Organisation sollte genügend Stimmen abgeben, um Root zu wählen, und er sollte in Washington zu beschäftigt sein, um sich in lokale Angelegenheiten einzumischen. Aber ich traute mich nicht, Fragen zu stellen, und hatte keine Ahnung, wann und wo die Einigung zustande gekommen war. Durch den Zufall konnte ich folgende Angaben machen:

Als ich eines Abends spät die Bowery hinaufkam, traf ich auf eine Menschenmenge, die einen Kreis um zwei Mädchen gebildet hatte, die sich stritten. Gerade als ich am Tatort ankam, rief eines der Mädchen:

„Charley – gib mir ein Messer."

Ihr Kadett reichte ihr eine mit einer sehr hässlich aussehenden Klinge. Ich habe mein Recht als Bezirksdetektiv selten genutzt, um Verhaftungen vorzunehmen. Da dies jedoch ernsthaftes Blutvergießen zu drohen schien, brach ich den Kampf ab und fesselte den Kadetten. Es stellte sich heraus, dass er ein Mann von einiger Bedeutung in der Politik war, ein Läufer für „The Old Man". Zwei- oder dreimal war er verhaftet worden, aber seine Anziehungskraft hatte ihn immer davon abgehalten.

Er war halb betrunken und in großer Verzweiflung über die schwere Anschuldigung, die ich gegen ihn erheben wollte. Als ich ihn zum Bahnhofsgebäude schleppte, drohte er mir mit schlimmen Konsequenzen, wenn ich ihn überfallen würde – er sagte, er sei ein Freund des alten Mannes. Ich tat so, als würde ich ihm nicht glauben, und in seinem Versuch, mich davon zu überzeugen, dass er wirklich beschützt war, ließ er die Katze aus dem Sack. Er war der Bote des „Alten Mannes" an Root gewesen und hatte das Treffen zwischen ihnen arrangiert. Es hatte am Abend des dritten Septembers im Hinterzimmer von Billy Bryans Saloon stattgefunden. Er wusste nicht, was bei dem Treffen passiert war, die einzige anwesende Person neben den beiden Schulleitern war ein „Helfer" von Root namens „Piggy" Breen. Es hatte keinen Sinn, einen Mann mit seinem „Zug" festzunehmen, also ließ ich ihn frei.

Ich eilte zurück zur Siedlung und rief Benson in seinem Club an. Er brachte Maynard mit, um uns Rechtsberatung zu geben. Maynard war ein unberechenbarer Millionär. Ein Drittel des Jahres spielte er Polo, ein Drittel verbrachte er damit, mit seiner 75-Fuß-Schaluppe an verschiedenen Vereinsregatten teilzunehmen, und den Rest der Zeit lebte er in der Stadt, leitete nächtliche Cotillions und unterhielt dort eine Anwaltskanzlei für wohltätige Zwecke Tageszeit. Er war auch Treuhänder des Vergleichs. Er war äußerst empört über die Geschichte von Roots Verrat.

„Wir können Root ganz einfach besiegen", sagte Benson. „Es ist ein Kinderspiel. Öffentlichkeitsarbeit wurde in der Politik noch nie versucht" (soweit ich weiß, hat Benson diesen Begriff „Werbung" erfunden, der heute so häufig für organisierte Werbung verwendet wird) – „Es ist ein Kinderspiel. In weniger als vierundzwanzig Stunden alle." im Bezirk wird wissen, dass er ein Gauner ist.

„Welchen Reformmann können wir an seiner Stelle einsetzen?" fragte Maynard.

"Hölle!" sagte Benson. „Wir haben keine Zeit, jemanden zu nominieren – die Wahlen sind nur noch eine Woche entfernt. Es ist mir egal, wer gewählt wird, also haben wir Root aus dem Geschäft geworfen."

„Na ja, aber", protestierte Maynard, „wir wollen den Einfluss des Vergleichs nicht zugunsten von Tammany Hall nutzen."

„Das ist nicht nötig. Es muss noch andere Kandidaten geben – Sozialisten oder Prohibitionisten –, nur damit er kein Rotlichtbetrüger wird."

„Es gibt kein Verbotsticket", sagte ich. „Der sozialistische Kandidat heißt Lipsky."

„In Ordnung", sagte Benson, „wir werden Lipsky wählen."

Maynard flog in die Luft. Helfen Sie mit, einen Sozialisten zu wählen! Er glaubte nicht an politische Attentate.

„Oh, Teufel!" Benson schnappte. „Möchten Sie lieber einen dieser Kadettenpolitiker im Amt sehen als einen ehrlichen Arbeiter? Ich weiß nicht, wer dieser Mann Lipsky ist, als wäre er kein Dummkopf, der Visionen sieht. Aber die Sozialisten nominieren niemals Gauner. Was wir wollen, ist ein... ehrlicher Mann."

Maynard glaubte jedoch nicht an die Gemeinschaft der Ehefrauen und hielt es für notwendig, die Heiligkeit des Zuhauses zu schützen – selbst um den Preis der Prostitution. Und so hat er uns verlassen.

Ich wünschte, ich könnte mich an die Hälfte dessen erinnern, was Benson über Maynard gesagt hatte, nachdem er uns verlassen hatte. Ich habe selten etwas Belebenderes als Benson Mad gesehen. Aber er ließ sich von seiner Empörung nicht vom Geschäft abhalten. Es war schon fast Morgen, aber er machte sich sofort an die Arbeit. Er schrieb an Lipsky und versprach, ihn zu unterstützen, und begann dann, Cartoons und Plakate zu zeichnen.

Eines war ein Bild von Root, wie er ein Mädchen in „Salonkleidung" an „The Old Man" verkaufte. Noch eine Lektüre:

„Stimmen Sie für Lipsky

 wenn du eine Tochter hast!

Wenn Sie demokratisch wählen, Sie

 Stimmen Sie für die ROTEN LICHTER!

Wenn Sie Republikaner wählen, Sie

 Stimmen Sie für die CADETS!

WÄHLEN SIE DAS SOZIALISTISCHE TICKET, und Sie

 WÄHLEN SIE FÜR ANSTAND!"

Aber das Beste war eine Serie:

„FRAGEN SIE ROOT

 Wo war er am Abend des 3. September?"

„FRAGEN SIE ROOT

 was hatte er mit dem alten Mann zu tun?

„FRAGEN SIE ROOT

wie viel hat er bekommen?"

Nachdem wir den Brief an Lipsky geschickt und die Kopie an die Druckerei geschickt hatten, kamen wir kurz vor Sonnenaufgang an.

Einige Stunden später wurden wir durch die Ankunft eines sozialistischen Komitees geweckt. Da war Dowd, ein schottischer Zimmermann; Kaufmann, ein Brauereifahrer, und Lipsky, der Kandidat. Er war ein russischer Jude und war im alten Land Professor gewesen. Er konnte nur sehr wenig Englisch, hatte aber eine lange Zeit im Exil in den sibirischen Gefängnisminen verbracht.

Die Sozialisten hatten keine Ahnung, dass sie die Wahl gewinnen würden. Die Kampagne war für sie nur eine Demonstration, vor ein paar Monaten, als sie bei ihren Seifenkistentreffen ein größeres Publikum hatten. Sie waren uns gegenüber misstrauisch.

Diese Beratung ist eine der lächerlichsten meiner Erinnerungen. Benson, der in einem Sessel im blauen Seidenpyjama saß und Zigaretten rauchte, erläuterte den Plan auf seine leidenschaftliche, profane, pyrotechnische Art – von der sie vieles nicht verstehen konnten. Kaufmann musste es für Lipsky ins Deutsche übersetzen. Und als wir Deutsch sprachen, konnte Dowd es nicht verstehen.

„Aber", sagte Herr Lipsky, als ihm die Plakate übersetzt worden waren, „da steht nichts über unsere Prinzipien. Es gibt kein Wort über den Mehrwert. Wir bekämpfen nicht die rote Laterne, sondern den Kapitalismus ."

„Die Leute", tobte Benson – „die Leute mit Stimmen kennen den Mehrwert aus dem Binominalsatz nicht. Vielleicht werden sie für ihre Töchter stimmen – sie können sie sehen. Aber sie werden sich nicht für ihre Ur-Ur-Tochter begeistern …" Enkelkinder."

Unter den Ausschussmitgliedern kam es zu einem Streit. Der Schotte war zu schlau, um Partei zu ergreifen; er wollte die Angelegenheit an die örtliche Gemeinde weiterleiten, die erst zwei Tage vor der Wahl zusammentreten sollte.

„Aber", sagte der Brauereimann, „ Wir brauchen etwas. " gongrete .

Lipsky warf ihm vor, ein „Reformer" zu sein.

Nach einer Stunde Streit wurde entschieden, dass sie uns nicht davon abhalten konnten, Root anzugreifen. Aber wir sollten die Plakate hochhalten, auf denen wir zur Stimmabgabe für Lipsky aufforderten. Er würde nicht zulassen, dass sein Name ohne Zustimmung der Ortsgemeinde verwendet wird.

Als sie die Treppe hinuntergingen, hörte ich Kaufmann protestieren: „Aber, Genossen – ich bin eine. " echt Revolutionär !"

Also führte Benson die Kampagne ohne fremde Hilfe durch. Die Wirkung seiner Plakate war elektrisierend. Am nächsten Tag brachte er noch mehr heraus :

„FRAGEN SIE DEN ALTEN MANN."

Natürlich bestritten beide. Da die Plakate jedoch keine konkreten Vorwürfe erhoben, wussten sie nicht, was sie dementieren sollten. Ihr Output war widersprüchlich. Im Laufe des Nachmittags sorgte Benson mit einer Serie erneut für Aufsehen:

„WENN ROOT ES NICHT SAGT, FRAGEN SIE ‚PIGGY' BREEN."

Breen war verärgert und sagte, es sei alles eine Lüge, dass die Rotlichtangelegenheit bei dem Treffen in Billy Bryans Saloon nicht besprochen worden sei. Sowohl Root als auch der alte Mann hatten das Treffen bestritten. Also ließ Benson sie auf der Flucht sein. Je mehr sie erklärten, desto mehr verwirrten sie die Dinge. Der Kadett, dem ich unsere Informationen aufgezwungen hatte, hielt aus Angst vor dem Zorn des alten Mannes natürlich den Mund. Wir haben ihn nicht verraten. Daher konnten sie Bensons Wissensquelle nicht erraten und hätten alles gegeben, um zu erfahren, wie viel er wusste.

Der sozialistische Ortsteil wäre wegen der Affäre beinahe zerbrochen. Einige waren absolut dagegen, Hilfe von einem „bürgerlichen Philanthropen" wie Benson anzunehmen. Lipsky befand sich in einer äußerst peinlichen Lage. Plötzlich bestanden gute Chancen auf seine Wahl. Die Bevölkerung des Bezirks war sichtlich begeistert von dem Thema. Sie waren bereit, für jeden zu stimmen , der einen wirksamen Krieg gegen die Kadetten versprach. Es muss eine schreckliche Versuchung für ihn gewesen sein. Aber er stand fest zu seinen Prinzipien. Er wollte nicht aufgrund einer zufälligen Reformfrage gewählt werden. Wenn die Menschen in der Nachbarschaft für die marxistische Ökonomie eintreten würden, würde er sie gerne vertreten. Aber er würde nichts mit Demagogie zu tun haben.

Andererseits war ein junger jüdischer Anwalt namens Klein der sozialistische Kandidat für das Amt des Stadtrats, und er sah eine Chance, gewählt zu werden, mit dem Ruf „Nieder mit der roten Ampel". Er war bereit, die Zögernden in Stücke zu reißen. Er hatte das Gefühl, dass die soziale Revolution und die universelle Brüderlichkeit nur auf seine Amtsübernahme warteten.

Schließlich einigte man sich darauf, eine Massenversammlung im Palace Lyceum in der Grand Street einzuberufen und Klein und Benson über die

Rotlichtfrage und Lipsky über Wirtschaftsfragen zu sprechen. Wir haben das Plakat „Vote the Socialist Ticket" herausgebracht.

Benson gehörte zu den Spitzenreitern des Werbeberufs und stürzte sich zweifellos kopfüber in diesen Job.

„Ich habe etwa vierzehn Millionen Menschen davon überzeugt, aristokratische Hosenträger des Prinzen von Wales zu kaufen", sagte er. „Ich verstehe nicht, warum ich nicht ein paar Tausend davon überzeugen kann, einmal in ihrem Leben richtig zu wählen."

Er hat wirklich Wunder dabei vollbracht.

In der Nacht vor der Wahl war das Palace Lyceum bis zum Dach voll. Und das trotz der organisierten Bemühungen der starken Männer der Maschine. Aber das Treffen verlief kläglich im Sande. Benson war zwischen diesen beiden Rednern hilflos.

Kleins Diskurs bestand darin, zu sagen, was er tun würde, wenn er gewählt würde – unter anderem, soweit ich mich erinnere, würde er die Eisenbahnen verstaatlichen und den Krieg abschaffen.

Benson war kein großer Redner. Soweit ich weiß, war es sein einziger Versuch. Sein Erfolg in der Werbung beruhte jedoch auf seinem Wissen über die Menschen und ihre Denkweise. Sie interessierten sich nicht für Klein oder die Verstaatlichung der Eisenbahnen. Das Einzige, was sie bewegte, war der Verkauf ihrer Töchter. Benson kam direkt auf den Punkt, erinnerte sie mit ein paar Worten daran und erzählte dann die Geschichte von Roots Verrat, indem er unsere Fakten und Vermutungen zusammenfügte. „Es ist kein rechtlicher Beweis", sagte er, „Sie können es für seinen Wert halten. Es liegt an Ihnen – morgen in den Wahlkabinen."

„Zum Teufel mit Root!" schrie jemand.

„Es gibt nur einen Kandidaten, der besser ist als Root", rief Benson zurück, „Lipsky!"

Als sie mit dem Jubeln fertig waren, gab er ihnen den Text eines Liedes, das er zu „Marching through Georgia" geschrieben hatte. Er hatte die Männer trainiert Chor des Arbeiters Studentenverein , es zu singen. Es verbreitete sich wie ein Lauffeuer. Ich bin mir sicher, dass Lipsky mit überwältigender Mehrheit gewählt worden wäre, wenn die Versammlung damals abgebrochen worden wäre und sie mit diesem Lied hätten marschieren können. Aber Lipsky sprach.

„Der Sozialismus ruht auf einer fast wirtschaftlichen grundlage ....

Zwanzig Minuten lang hielt er in tödlichen deutschen Sätzen einen Vortrag über die ökonomische Interpretation der Geschichte. Dann analysierte er zwanzig Minuten lang den Kapitalismus. Dann trank er ein Glas Wasser und startete neu. Er bezog sich auf Kleins Rede und wies darauf hin, dass die Wahl eines oder hundert Beamter den Sozialismus nicht herbeiführen könne; Die einzige Hoffnung lag in einer geduldigen, umfassenden und universellen Organisation der Arbeiterklasse. Dann erörterte er ausführlich den Unterschied zwischen Reform und Revolution und wie dieses Rotlichtgeschäft nur ein Nebenprodukt der großen Ungerechtigkeit der Ausbeutung durch Mehrwert war.

Nachdem er etwas mehr als eine Stunde geredet hatte, sagte er: „Zuletzt." Er begann mit einer Geschichte der Internationalen Sozialistischen Partei von ihren bescheidenen Anfängen in der Kommunistischen Liga von Marx bis zu ihren heutigen gigantischen Ausmaßen.

Er redete immer weiter . Viele standen auf und gingen – er bemerkte es nicht. Jemand in der Galerie schrie:

„Käse es! Hör auf damit! Wir wollen Benson!"

Er ging weiter durch den Tumult und entmutigte schließlich die Störenfriede. Der jüngste Internationale Sozialistische Kongress hatte die folgenden neun Probleme erörtert: (1) Die Agrarfrage, (2) Das Verhältnis der politischen Partei zu den Gewerkschaften ... Es war hoffnungslos. Das Publikum schmolz dahin. Und sie sangen nicht, als sie gingen.

Endlich war er durch. Ich erinnere mich an die plötzliche Transformation. Der starre, verbissene Ausdruck verließ sein Gesicht, als er von seinen Notizen aufblickte. Sein Rücken richtete sich auf, seine Augen blitzten – ein Licht kam in sie, das irgendwie erklärte, wie dieser staubtrockene Wirtschaftsprofessor plötzlich sein Klassenzimmer verlassen hatte und seinen schwachen Fehdehandschuh nach dem Zaren von ganz Russland warf . Es war die Hoffnung, die ihn all die anstrengenden Jahre im arktischen Sibirien getragen hatte.

„Arbeiter aller Länder – vereinigt euch!" Er rief es dem fast leeren Haus zu – seine Arme weit ausgebreitet in seiner einzigen Geste – „Du hast nichts zu verlieren außer deinen Ketten! Du hast eine Welt zu gewinnen!"

Es gab einen mutigen Anfeuerungsversuch der wenigen verbliebenen ergebenen Sozialisten. Der Jubel verließ ihn so plötzlich, wie er gekommen war, und er setzte sich, ein müder, erschöpfter alter Mann. Klein stürzte sich mit Tränen in den Augen auf ihn. „Du hast alles verdorben!" er jammerte. Der alte Mann richtete sich noch einmal auf.

„Ich habe meine Pflicht getan", sagte er feierlich.

Als am nächsten Abend die Ergebnisse eintrafen, war die Stimmenzahl der Sozialisten von 250 auf 1.800 gestiegen. Root hatte nur 1.000. O'Brien, der

Maschinenkandidat, gewann mit 2.500. Im letzten Moment hatte der alte Mann, als er sah, dass Root hoffnungslos geschlagen war, von seiner Abmachung zurückgetreten und die Nachricht geschickt, dass er O'Brien wählen sollte.

„Das Witzige an den Sozialisten ist", sagte Benson zu mir, „dass sie absolut recht haben. Nehmen Sie Lipsky. Er ist ein toller Politiker, aber ein ziemlich guter Philosoph. War es nicht der alte Mark Aurelius, der die Welt wollte?" von Philosophen regiert – keine schlechte Idee – nur ist es undurchführbar. Sie haben Recht, wenn sie uns Reformer verdächtigen. Neun von zehn der Siedlungsleute sind genau wie Maynard – Aufgebende, wenn es um das Thema geht. Sie möchten die Arbeiterklasse anheben Klasse, aber sie wollen nicht mit ihnen verwechselt werden. Und schließlich ist dieses Rotlichtgeschäft nur ein Symptom. Sie und ich und Lipsky können es uns leisten, darüber philosophisch zu sein – wir haben keine Töchter. Aber die Väter, die Ich lebe in diesem schmutzigen Viertel – sie verlangen Brot – und keinen Stein der Weisen. Wie dem auch sei, wir haben Root in Ordnung gebracht, und das ist es, was wir uns vorgenommen haben."

„Es hat mich viel Geld gekostet", sagte er später. „Und ich wollte gerade jetzt nicht pleite gehen. In Chicago gibt es eine Menge Betrüger mit einer gefälschten Schuhcreme, die ich verkaufen soll. Damit wird ein Schuh in zwei Monaten ruiniert. Sie bieten mir jede Menge Geld." Ich hasse es, dorthin zu gehen – aber ich schätze, ich werde es tun müssen.

Er setzte sich an seinen Schreibtisch und begann, seine Rechnungen und sein Sparbuch zu studieren.

„Wie würde ‚shin-ide' als Schuhputzer für Penner abschneiden?" sagte er und blickte plötzlich auf. „„Shin-ide. Es bringt Heiligenscheine auf deine Schuhe.""

Unser plötzlicher Einstieg in die Politik, zumindest Bensons – mein kleiner Anteil daran wurde nie bekannt – erregte in der Zeitung große Beachtung. Sicherlich erkannte Root, woher seine Probleme kamen, und er machte sich mit ganzem Herzen daran, uns Unbehagen zu bereiten.

Ein paar Morgen nach der Wahl kam Rev. Mr. Dawn, der Schulleiter, in unser Zimmer, die Hände voller Zeitungen und Briefe – das „Corpus Delicti".

Ich wünschte, ich könnte Dawn mehr Raum geben. Er war ein durch und durch guter Mann. Und obwohl wir ihn damals hart beurteilt haben, halte ich ihn für einen bewundernswerten Mann. Zumindest habe ich das Gefühl, dass ich so über ihn denken sollte, aber ein Teil der alten Verachtung haftet ihm noch immer in Erinnerung.

Mit ganzer Seele war er der Siedlungsbewegung verbunden. Der Sozialismus war für ihn abstoßend, weil er auf der Existenz von Klassengrenzen bestand. Er war aus England nach Amerika gekommen, weil ihm die dort so eng ausgeprägten Klassenunterschiede zuwider waren. Er hoffte, dass es in unserer jungen Republik eine Entwicklung in die entgegengesetzte Richtung geben werde. Seine Hoffnung machte ihn blind.

Und trotz seiner lautstark beteuerten Demokratie war er in seinen Vorstellungen von Sozialdiensten im Wesentlichen aristokratisch. Die Lösung unserer offenkundigen Übel erwartete er in den guten Absichten der „besser erzogenen Menschen". Ihre liebevolle Güte sollte den Niedrigen Trost und Trost bringen. Sein Glaube an die Siedlungsbewegung war real und groß, was ihn natürlich gegenüber allen Fragen, die ihren guten Ruf betrafen, sehr konservativ machte.

„Sie scheinen Herrn Root ernsthaft beleidigt zu haben", begann er.

„Das sagst du nicht!" Benson antwortete. Er rasierte sich.

Dawn konnte Bensons Art von Humor nicht verstehen.

„Ich fürchte, das haben Sie", sagte er.

Benson hat sich verletzt.

„Ich kann mich nicht erinnern, ihn jemals schlimmer als einen Kadetten genannt zu haben", sagte er freundlich.

„Oh, ich sehe, du machst Witze."

„Nein. Ich habe ihn so genannt."

„Es tut mir leid, dass Sie das sagen. Es tut mir leid, dass Sie den Bericht bestätigt haben, dass Sie eine maßlose Sprache verwendet haben. Ich habe Mr. Root noch nie getroffen. Aber er hat viele Freunde unter …"

"Die besten Leute?" Benson unterbrach ihn.

„Das wollte ich gerade zu unseren Unterstützern sagen. Es ist äußerst bedauerlich, dass Ihr unkluger Angriff auf ihn viele von ihnen verärgern könnte. Es scheint auch, dass Sie den Namen der Siedlung in den Sumpf des Sozialismus hineingezogen haben. Das muss ich gestehen Ich weiß es kaum – tatsächlich bin ich ratlos …"

„Sie brauchen sich darüber keine Sorgen zu machen. Whitman und ich werden gehen. Alles, was Sie tun müssen, ist, die Augen zu verdrehen, wenn wir erwähnt werden, und zu sagen: ‚Ja. Es war sehr bedauerlich – aber natürlich haben sie die Siedlung sofort verlassen.' !' Laden Sie Root ein paar Mal zum Abendessen ein. Gehen Sie mit ihm die Stanton Street auf und ab

– Arm in Arm. Es wird umfallen – es wird alles mit den „besten Leuten" in Einklang bringen!"

„Es tut mir leid, Sie so bitter sprechen zu hören", sagte Dawn, „aber ehrlich gesagt halte ich es für das klügste, dass Sie Ihre Verbindung zu uns abbrechen. Wenn das Wohlergehen der gesamten Siedlungsbewegung auf dem Spiel steht, kann ich meine persönlichen Gefühle nicht zulassen." um meine ... zu blenden

„Oh, entschuldigen Sie sich nicht. Es gibt kein persönliches Unmut."

Und so verließen wir die Siedlung.

Buch V

ICH

Benson und ich richteten im obersten Stockwerk eines alten Herrenhauses in der Eldridge Street eine Hauswirtschaft ein. Es war einmal, dass es sich eines schönen Rasens vor ihm und von Obstgärten und Gärten auf allen Seiten rühmte. Aber es war in den Slums versunken. Sie traten durch die Haustür auf den belebten Bürgersteig, und dicht davor wuchernde stumpfsinnige Mietskasernen hatten ihm all seinen früheren Glanz geraubt. Zwei Mansardenschlafzimmer im Vorderteil haben wir zu einem großen Arbeitszimmer zusammengefügt. Wir stellten einen offenen Kamin auf und bauten einige Sofas in die Wände und vor die Fenster. Überall standen Bücherregale, einige tolle Stühle und ein runder Tisch zum Schreiben und zum Essen. Von den Zimmern im hinteren Teil richteten wir zwei als Schlafräume ein, verwandelten eines in eine Küche und ein viertes in ein geräumiges Bad. Mit seiner üblichen Vorliebe für das Unpassende gab Norman dem Establishment den Spitznamen „The Tipi".

Bei meiner Arbeit in den Gräbern war es mir einmal gelungen, die Unschuld eines alten Garibaldianers klar zu beweisen, der wegen Mordes angeklagt wurde. Er hatte das Gefühl, dass er mir sein Leben verdankte, und wurde so mein hingebungsvoller Sklave. Sein Name war Guiseppe und er hatte auf zwei Kontinenten für die Freiheit gekämpft. Es war schwer zu sagen, was malerischer war: seine struppige Mähne aus weißem Haar oder seine Sprache – ein Gulasch aus Wörtern, die in vielen Ländern aufgegriffen wurden. In seinem enttäuschten, besiegten Körper nährte er noch immer die glühende Flamme des Idealismus. Der Geist von Mazzinis „Jungem Italien", der Traum von der „Weltrepublik" lebte weiter, trotz aller Ernüchterungen, die ihm das Alter in Armut und Exil beschert hatte.

Im Deutsch-Französischen Krieg hatte er während seines Wahlkampfs in den Vogesen für den Großen Befreier gekocht. Wir haben ihn in der Küche des Tipis installiert. Sein besonderer Stolz war ein Pfeffer-Knoblauch-Eintopf, den Garibaldi gelobt hatte. Dieses Gericht drohte unser Tod zu sein. Es war der Trumpf, den er im Zweifel immer anführte.

II

Während meiner Zeit in der Siedlung erhielt ich regelmäßig zwei Briefe pro Monat von Ann. Sie waren nie sentimental. Sie befassten sich mit Tatsachen. Normans Onkel und Tante hatten sich für ihre Ambitionen interessiert und ihr viel Zeit zum Lernen gegeben. Ihre Arbeit in Pasteurs Labor bestand zunächst darin, Bouillon für die Bakterienkultur zu kochen. Es erschien mir nicht sehr interessant, aber es faszinierte sie. Sie schickte mir sogar die

Quittung und detaillierte Anweisungen zur Verwendung. Nach einer Weile war sie zum Mikroskop befördert worden und forschte ursprünglich. Sie erregte bald Pasteurs Aufmerksamkeit und er bot ihr eine Stelle als seine persönliche Assistentin an. Ihre Arbeitgeber waren sehr stolz auf ihren Erfolg und entließen sie, nachdem sie eine andere Krankenschwester gefunden hatten. Sie war begeistert von dieser Veränderung. Sie könne mehr lernen, schrieb sie, indem sie den Meister beobachtete, als durch jede Menge Originalarbeit.

Es gehörte zu ihrem Charakter, dass mir ihre Briefe kein Bild von Paris vermittelten. Sie hatte kein Interesse an unbelebten Dingen, keinen „geografischen Sinn". Ich kannte die Namen und Eigenheiten der meisten Laborassistenten, sie gab mir keine Ahnung von Les Invalides, in deren Nähe sie wohnte. Es ging viel um das innere Bewusstsein eines deutschen Mädchens, bei dem sie wohnte, aber ich wusste nicht, ob sich das Labor in einem Geschäfts- oder Wohnviertel der Stadt befand. Sie schrieb einmal über eine Fahrt flussabwärts nach St. Cloud, und alles, was sie für wert hielt, aufgezeichnet zu werden, war das amüsant-idiotische Gespräch eines amerikanischen Flitterwochenpaares, das vor ihr saß und nicht den Verdacht hatte, dass sie Englisch verstand.

Obwohl sie so viel über Menschen schrieb, kamen mir die Charaktere, die sie beschrieb, nie menschlich vor. Sie verstand die interpretative Kraft eines Hintergrunds nicht. Ihre Einstellung war äußerst individualistisch. Auguste Compte schrieb irgendwo, dass in uns viel mehr von der toten Vergangenheit steckt als von der gegenwärtigen Generation. Ich würde noch weiter gehen und sagen, dass in uns viel mehr von der heutigen Generation steckt als in uns selbst. Wenn wir den Einfluss unserer Häuser, unserer Freunde, der zeitgenössischen Bücher, die wir lesen, unserer tausendundeinen gesellschaftlichen Verpflichtungen abstreifen würden, wäre von uns nur noch sehr wenig übrig. Ann trieb diesen Stripping-Prozess so weit, dass selbst Pasteur, für den sie die wärmste Bewunderung hegte, mir wie ein toter Mechanismus vorkam.

Sie erwähnte nie unsere persönlichen Beziehungen und sprach nie von einer Rückkehr nach Amerika. Und ich habe diese Themen in meinen Antworten vermieden. Ich hatte Angst vor ihnen.

Ich habe oft und fast immer mit Leidenschaft an sie gedacht. Ich habe von ihr geträumt. Irgendwo in meinem Gehirn verankerte sich das ganz klare Gefühl, dass solche Emotionen nicht ohne Liebe existieren sollten. Ich war nicht in Ann verliebt. Ihre Briefe interessierten mich selten. Es war eine Aufgabe, sie zu beantworten. Unsere Kontakte zum Leben waren völlig anders.

Ich hielt mich an die „Formen" der Keuschheit. Es gibt diejenigen, die glauben, dass die Bewahrung von Formen eine gewisse Tugend hat. Ich habe mich noch nie so gefühlt. Es bedurfte keiner großen Anstrengung, diese Lebensweise beizubehalten. Ich habe die Prostitution ständig aus der Sicht der Gräber beobachtet. Und bei jedem, der diese Frauen wie ich in ihrem äußersten Elend und ihrer Erniedrigung sah, konnten sie nichts als Mitleid erregen. Es gibt keinen Teil des gesamten Kriminalitätsproblems, der so abscheulich ist. Obwohl ich mich von dem, was man „Laster" nennt, zurückhielt, war mein Geisteszustand damals nicht angenehm – und ich glaube, er war nicht gesund. Es war für mich kein besonderer Trost, zu erfahren, dass auch andere Männer, die wie ich in äußerer Reinheit lebten, von erotischen Träumen gequält wurden.

Kurz nachdem wir ins Tipi eingezogen waren, kam ein Brief von Ann, der umfangreicher als gewöhnlich war. Die ersten Seiten waren eine Erklärung neuer Pläne. Ein amerikanischer Arzt, der mit Pasteur zusammengearbeitet hatte, kehrte zurück, um in diesem Land ein bakteriologisches Labor einzurichten. Er hatte ihr ein gutes Gehalt angeboten, wenn sie ihn als seine Chefassistentin begleiten würde. Das Labor sollte in Cromley , einem Vorort von Jersey, dreißig Minuten von der Stadt entfernt gebaut werden. Sobald es fertig war , kam sie. Es wäre eine interessante und verantwortungsvolle Arbeit, und sie könnte ihrer gebrechlichen Mutter ein Zuhause bieten.

Der Rest, Seiten um Seiten, war ein Liebesbrief. Jede Nacht, so schrieb sie, seien diese Jahre der Trennung von Träumen von mir erfüllt gewesen. Wie immer stellte sie ihre Arbeit über ihre Liebe. Die Bakteriologie war die große Tatsache ihres Lebens. Sie hielt es für einen Verrat an der Realität, wenn Menschen, wie so oft, ihr Augenmaß verlieren und zulassen, dass die Liebe den Platz wichtigerer Dinge einnimmt. Aber jetzt, da ihre Arbeit sie zu ihrer Liebe führte, freute sie sich auf ein erfüllteres Leben – ein Leben voller Schmuck.

Der Brief löste große Unruhe aus. Ihr leidenschaftlicher Anruf bei mir fand sicherlich ein Echo. Ich habe viel Schlaf verloren – gequält, berauscht von den Bildern, die ihre Worte hervorriefen. Jahre zuvor hatte mich eine immense Einsamkeit in ihre Arme getrieben. Dies war nicht mehr der Fall. Mein Leben war erfüllt, fast überfüllt mit Arbeit und Freunden. Aber die Anziehungskraft zu ihr schien jetzt noch unwiderstehlicher als zuvor.

Die Ehe schien mir die einzig würdige Lösung zu sein. Aber noch klarer als in der Zeit im Krankenhaus wusste ich, dass ich sie nicht heiraten wollte. Das lag vermutlich vor allem daran, dass ich sie nicht liebte. Das lag zum Teil daran, dass mir die Freiheit meines Junggesellen gefiel, das Kommen und Gehen ohne Rücksicht auf irgendjemanden. Es lag zum Teil an meiner tiefen

Verbundenheit mit Norman. Ich hatte das Gefühl, dass er sich nicht um Ann kümmern würde. Jedenfalls würde es unseren Haushalt im Tipi zerstören.

Schließlich kam ein Brief mit dem Datum ihrer Ankunft. Es fiel mit einer langjährigen Verpflichtung zusammen, die ich eingegangen war, um an einer westlichen Hochschule Vorlesungen über Kriminologie zu halten. Ich verspürte ein völlig feiges Gefühl der Erleichterung, als mir klar wurde, dass das Treffen und die Anpassung verschoben wurden. Aber ich dachte an wenig anderes. Als ich von meinen Vorlesungen auf der langen Reise über den halben Kontinent zurückkam und wusste, dass Ann mich in der Stadt erwartete und dass ich die Dinge nicht länger aufschieben konnte, kam ich zu einer Entscheidung. Ich würde sie so schnell wie möglich sehen – es erschien mir einfacher, sie zu sehen als zu schreiben – und ihr sagen, dass ich unsere Intimität nicht wieder aufnehmen wollte. Ich könnte vielleicht nicht erklären, warum ich mit ihr Schluss machen wollte, aber ich konnte es zumindest deutlich machen, dass ich es wollte.

Als ich zurückkam, fand ich im Tipi einen Brief vor, der auf mich wartete. Es enthielt ihre Telefonnummer und eine Frage, wann ich zum Abendessen vorbeikommen könne. Ich rief sie sofort an. Ich würde noch am selben Tag kommen. Der Zug fährt nach Cromley schien pervers langsam. Ich konnte es kaum erwarten, damit fertig zu sein und ungestört zu meiner Arbeit zurückkehren zu können. Vom Bahnhof bis zu ihrem Haus war es nur ein kurzer Fußweg. Die Reihe der Lebkuchenhäuser entlang ihrer Straße ist einer der festen Bestandteile meiner Erinnerungen.

Ann öffnete mir die Tür. Sie hielt mich eine Minute lang auf Armeslänge hin.

"Schuss!" Sie sagte: „Du bist alt geworden.“ Dann gab sie mir plötzlich einen Kuss. „Komm. Du musst Mutter kennenlernen.“

Im kleinen Salon begrüßte mich Frau Barton herzlich. Sie war eine große, kantige Frau aus Neuengland mit ausgetrocknetem Körper, aber ihre Augen waren noch jung. Ich habe in Cape Cod viele Frauen wie sie gesehen. Aber ihre Anwesenheit verwirrte mich so sehr, als wäre sie eine bedrohliche Art von Ogerin gewesen. Ich konnte diese Angelegenheit nicht mit Ann vor ihrer Mutter klären. Und ein Instinkt warnte mich, dass ich mich sofort in mein Thema stürzen musste, wenn ich es überhaupt tun wollte.

„Das Abendessen ist fertig“, sagte Ann inmitten meiner Verlegenheit.

„Das ist mein kleiner Enkel, William“, sagte Mrs. Barton über einen dreijährigen, blondhaarigen Jungen, der ihren Rock packte.

Ann holte ihn ab.

„Kannst du nicht wie ein Gentleman die Hand schütteln, Billy Boy?“ Sie fragte. „Nein? Nun, das musst du nicht.“

Sie schwang ihn in einen Hochstuhl gegenüber von mir. Noch nie in meinem Leben war ich so verlegen. Es war alles ganz anders, als ich es vorhergesehen hatte. Ich glaube, ich hatte einige Heldentaten erwartet. Es war völlig alltäglich. Es war schwer zu bedenken, dass es um eine große moralische Frage ging. Offensichtlich nahm Mrs. Barton mein Maß. Und „Billy Boy" starrte mich aus seinen großen, albernen, blauen Augen über den Tisch hinweg an.

Ann war die Rednerin und erzählte uns von den Wundern ihres neuen Labors und etwas über die Persönlichkeit ihres Chefs. Sie sah jünger aus als bei ihrem Weggang. Sie war deutlich voller geworden und ihr Gesicht hatte den altmodischen, schmalen Ausdruck verloren, an den ich mich erinnerte. Sie verfügte über die Sicherheit in Gestik und Ton, die nur diejenigen haben, die den Job gefunden haben, für den sie geeignet sind. Vor allem schien sie glücklich, zufrieden und fröhlich zu sein. Jeder Blick, den ich ihr zuwarf, verriet mir, dass es schwieriger sein würde, meinen Vorsatz einzuhalten, als ich gedacht hatte. Es war unmöglich, „Billy Boy" anzusehen, er hätte die Sphinx aus dem Gesicht gestarrt. Deshalb widmete ich Mrs. Barton die meiste Aufmerksamkeit.

Als das Abendessen vorbei war, gingen wir zum Kaffeetrinken in den Salon. Ein paar Minuten später brachte Mrs. Barton den Jungen ins Bett. Kaum hatte sich die Tür hinter ihnen geschlossen, als Ann ihre Arme um mich legte. Es herrschte eine gebrochene Wortflut . Ich kann mich nicht erinnern, was sie gesagt hat. Aber irgendwie schien es, als würde ich es selbst sagen, so wunderbar drückten ihre Worte meine eigenen Sehnsüchte aus. Ein großes Glück war über mich gekommen. Vielleicht war diese Leidenschaft nicht richtig, vielleicht war sie weder moralisch noch weise, aber sie war überwiegend ein Teil von mir. Es wäre völlige Selbstverleugnung gewesen, es zu leugnen.

Am Morgen bat ich Ann erneut, mich zu heiraten. Es war mein letzter Graben.

„Nicht", sagte sie, „Sprich nicht von Heirat, Liebste. Warum? Warum willst du unsere Liebe vor Gericht bringen? Ein für alle Mal – lasst uns das klären und Schluss damit machen."

Es war ihr alles sehr klar. Liebesversprechen waren zwecklos. Sie hatte schon einmal geliebt und geglaubt, es würde ewig dauern. Sie war froh, dass es keine Versprechungen gegeben hatte.

„Ich bin jetzt älter – es ist nicht so wahrscheinlich, dass ich mich verändere –, aber warum sollte ich mich deswegen an den Anwalt wenden? Warum willst du mich heiraten? Liegt das nicht zum Teil daran, dass manche Menschen – vielleicht deine eigene Familie – über eine freie Liebe schockiert wären." Nun, habe ich nicht das Recht, an mein Volk zu denken? Meine Schwester, die tot ist, Billys Mutter – sie hielt es nicht für nötig, einen Ehering zu haben und so. Mein Volk würde betrübt sein, wenn ich es bekäme verheiratet. Sie würden denken, ich hätte mich angepasst – wäre zu meinen Prinzipien zurückgekehrt. Es würde der Mutter das Herz brechen. Es würde wie eine Ablehnung ihrer Lebensweise wirken. Und sie ist die beste Mutter, die jemals jemand hatte. Selbst wenn ich es nicht täte Glaube an die freie Liebe, ich würde niemals ihretwegen heiraten.

Ungeachtet dessen, was Ann mir erzählt hatte, war es mir ausgesprochen peinlich, ihre Mutter beim Frühstück zu treffen. Aber als wir auftauchten, küsste mich Mrs. Barton. Ihre Hände auf meinen Schultern, sie suchte mit ihren Augen mein Gesicht.

„Ann liebt dich sehr, mein Junge", sagte sie. „Sei gut zu ihr."

Das Frühstück war eine weitaus angenehmere Mahlzeit als das Abendessen. Selbst Billy Boys Blick war nicht ganz so feindselig.

Doch als ich mit dem Frühzug in die Stadt fuhr, kamen meine Skrupel zurück. Natürlich hatte ich sehr wenig Respekt vor der „Heiligkeit" einer formellen Ehe. Ich hatte in den Gräbern zu viel davon gesehen. Sicherlich ist keine noch so große gesetzliche oder religiöse Zeremonie eine Garantie für Glückseligkeit oder auch nur für guten Anstand. Die kleineren Ehescheitersachen werden von den zivilrechtlichen Scheidungsgerichten behandelt. Die häuslichen Schwierigkeiten, die vor den Strafgerichten ausgetragen werden, zeigen sehr deutlich, dass es im kirchlichen Ritual keinen Zauber gibt, der aus einem Unmenschen einen guten Ehemann machen könnte. Zehn Eheringe werden eine alkoholkranke Frau nicht in eine gute Mutter verwandeln. Und dann war ich immer wieder Zeuge von „Zwangsheiraten". Dies war die billige und einfache Lösung in Fällen von Verführung und Vergewaltigung zweiten Grades. Unsere Gesetzgeber haben als Schutzalter das Alter von 18 Jahren festgelegt. Die Verführung eines Mädchens unter diesem willkürlichen Alter ist Vergewaltigung. Die meisten unserer Großmütter waren früher verheiratet. Aber das Gesetz ist zu majestätisch, um solche Details zu berücksichtigen. Es geht um allgemeine Grundsätze. Wenn es missachtet wurde, muss Gerechtigkeit geschehen, auch wenn der Himmel einstürzt. Allerdings ist es eine teure Angelegenheit, einen Mann ins Gefängnis zu schicken. Also wird ihm die Alternative angeboten, das Mädchen zu heiraten. Die Gerechtigkeit achtet weder auf die Moral noch auf das Glück der beiden jungen Menschen, die in Schwierigkeiten geraten sind, und kümmert sich überhaupt nicht um die nächste Generation. Schicken Sie das schuldige Paar zum Altar. Ihre Sünden sind ihnen vergeben. Die Konventionen wurden bestätigt. Der Moloch ist besänftigt. Nein. Ich war von der Tugend einer „legalen" Ehe sehr wenig beeindruckt.

Aber ich hatte ein starkes, wenn auch eher unbestimmtes Ideal einer „wahren" Ehe, einer echten Paarung, einer engen Partnerschaft , einer Interessengemeinschaft und eines kameradschaftlichen Wachstums, geheiligt durch eine gemeinsame Leidenschaft. In meiner Beziehung zu Ann sah ich dafür keine Chance.

Als ich an diesem Tag bei den Gräbern war, versuchte ich, das Problem zu vergessen, und es gelang mir weitgehend. Doch zurück im Tipi, beim Abendessen mit Norman, packte es mich erneut. Sogar Guiseppe bemerkte meine Beschäftigung und ging auf Zehenspitzen umher.

"Was isst dich?" fragte Norman, während wir unseren Kaffee tranken. „Kann ich irgendwie helfen?"

„Eine Frau", sagte ich.

„Das lässt mich raus." Und nach einer Weile murmelte er „Hölle."

„Was denken Sie", fragte ich – plötzlich entschlossen, eine externe Meinung einzuholen – „über das Recht eines Menschen, mit einer Frau außerhalb der Ehe intim zu sein?"

„Ich denke überhaupt nicht darüber nach", schnappte er. „Heutzutage nicht. Es gab eine Zeit, in der ich an nicht viel anderes gedacht habe. Es hat mir nichts gebracht. Die Zeiten sind schlecht – aus den Fugen. Alles, was wir tun, ist aus den Fugen geraten – unweigerlich. Neunzig Prozent von uns wollen das Richtige zu tun, und wie es so ist, bringen neunundneunzig Prozent von uns die Dinge durcheinander. Ich halte nicht viel von der Ehe. Ich habe es einmal versucht – als ich geschieden war."

Das war mir neu.

„Ich rede nicht gern darüber. Jetzt hat es keinen Zweck. Es war eine miserable Angelegenheit. Ich habe versucht, anständig zu sein – habe alles getan, was ich konnte, um es richtig zu machen. Aber ich schätze, das Mädchen hat mehr gelitten als ich – und das ist so Einer der Gründe, warum ich Gott hasse. Manche Menschen stürzen ins Glück – aber für mich scheint es Glück zu sein – pures Glück."

Ich kann mich an den Abendabend nicht im Detail erinnern. Norman war ungewöhnlich zurückhaltend. Nur durch Fragen konnte ich ihn herauslocken.

„Was denkst du über freie Liebe?" Ich fragte.

„Es ist ein Widerspruch in sich. An der Liebe ist nichts umsonst. Es geht darum, sich selbst in den engsten Knoten zu binden. Ein Mann wird sich nicht nur für die Frau, die er liebt, die Finger abreißen – er lässt sich auch die Haare so schneiden, wie sie." mag. Ein verliebter Mensch will nicht frei sein.

Die Hölle ist, wenn die Sklaverei weitergeht, nachdem die Liebe tot ist. Versuchen Sie nicht, die Liebe zu befreien – was nötig ist, ist die Emanzipation der Liebelosen."

Wir schwiegen eine Weile und waren sehr betrübt darüber, dass wir keinen festen Ankerplatz finden konnten. Ich wollte gerade noch eine andere Frage stellen, als er erneut in seinen eigenen Gedankengang verfiel.

„Die Abschaffung der Ehe reicht nicht aus. Diese Anarchisten sind naiv. Sie wollen die Dinge einfach machen – sagen wir, freie Liebe würde die Sache vereinfachen. Aber jeder Fortschritt – jede Evolution – geht in Richtung komplexerer Formen. Unsere Gehirne sind besser als Affengehirne, weil Sie sind komplexer. Dieses Gerede vom „einfachen Leben" ist eine heftige Reaktion. Ich möchte nicht, dass Gesetze abgeschafft, sondern auf den neuesten Stand gebracht werden. Zivilisation bedeutet eine immer größere Komplexität der Lebensformen. Und wir versuchen, sie dadurch zu regieren Römisches Recht und ein Sammelsurium mittelalterlichen Gewohnheitsrechts . Nicht weniger Gesetze – sondern moderne Gesetze."

Eine Weile dachte er über diese Idee nach, dann beendete er die Diskussion abrupt.

„Warum schieben Sie mir Ihr Problem vor? Was die Lösung der Mann-Frau-Frage angeht, war mein Leben ein kläglicher Fehlschlag. Ganz gleich, was Sie tun, ob Sie aufgeben oder weitermachen – es sei denn, Sie haben verdammt viel Glück –, Sie Ich wünschte, du wärst ein Eunuch, bevor du fertig bist.

Deshalb bekam ich in dieser Angelegenheit wenig Hilfe von ihm. Ich habe es nie wirklich geklärt. Es hat sich mehr oder weniger von selbst erledigt. Es waren Kräfte am Werk, die stärker waren als meine Skrupel. Manchmal kam es mir furchtbar falsch vor und ich beschloss, nicht nach Cromley zurückzukehren . Aber im Laufe der Tage begann ich immer mehr an Ann zu denken. Früher oder später rief ich an. Ich habe nicht ohne viele Kämpfe kapituliert. Aber nach und nach wurde sie zu einer akzeptierten Tatsache in meinem Leben und mit den Jahren zu einer zunehmend geschätzten Tatsache. Ich bin nicht stolz auf die moralischen Unentschlossenheiten, überhaupt nicht stolz auf meine Zufriedenheit mit dem, was nicht perfekt schien. Aber so war es.

Nichts in meinem Leben schien mir von so ungewissem ethischem Wert zu sein. Natürlich war es ein Verstoß gegen unsere traditionelle Moral, aber es gibt nur sehr wenige, die die Konventionen blind als immer verbindlich akzeptieren. Ich kann es nicht ohne weiteres als einfach richtig oder falsch abtun; Mein eigenes Urteil in dieser Angelegenheit schwankte fast mit der Regelmäßigkeit eines Pendels hin und her.

Zuerst kam es mir unfair vor, so viel mehr zu nehmen, als ich geben konnte. Aber ich denke, es bringt wenig, wenn man versucht, die Liebe wie eine Ware zu behandeln, sie abzumessen und abzuwägen. Sicherlich wäre Ann froh gewesen, wenn ich sie noch mehr geliebt hätte. Aber sie betrachtete das als ein Werk des Schicksals, das kein noch so großer Wunsch von uns beiden ändern konnte. Sie wäre weggelaufen, wenn unsere Intimität begonnen hätte, ihre Arbeit zu beeinträchtigen. Sie widmete sich ihrem Fachgebiet mit einer Hingabe, die ich noch nie zuvor gesehen habe . Einmal fragte ich sie, ob sie keinen Kinderwunsch hätte.

„ Natürlich habe ich das", sagte sie, „aber manchmal wollte ich den Mond in meinen Haaren tragen. Ich würde gerne leben, bis ich den Siegeszug der Medizin erleben könnte. Ich möchte ein Sargträger sein." bei der Beerdigung des letzten bösartigen Keims. Ich hätte gerne eine Yacht. Ich bin nur ein einziges Mal segeln gegangen – und es war ganz wunderbar. Aber ich möchte nichts davon auf die gleiche Weise, wie ich arbeiten möchte."

Sie war nicht ganz zufrieden. Wer ist? Man hatte ihr Verachtung für die billige Ansehenswürdigkeit beigebracht, die wir gegen eine geringe Gebühr von einem Friedensrichter hätten erlangen können. Ich denke, dass unsere Beziehung ihr genauso viel Freude bereitet hat wie den meisten Frauen ihr Privatleben. Ich kann mir nicht vorstellen, dass es ihr noch mehr Freude macht, Knöpfe an meine Kleidung zu nähen oder meine Hose zu stopfen. Zweifellos gab es einsame Abende, an denen sie sich wünschte, das Schicksal hätte ihr ein normaleres Leben und einen Ehemann geschenkt, der regelmäßig nach Hause kam. Obwohl sie sich nie beschwerte, wusste ich, dass es ihr wehtat, wenn mich die Hektik anderer – für mich wichtigerer – Angelegenheiten in der Stadt hielt, während sie mich erwartete. Aber sie wäre noch unglücklicher gewesen, wenn sie in einen Mann verliebt gewesen wäre, der sich auch nur im Geringsten in ihre Freiheit eingemischt hätte. Es erscheint mir jetzt nicht mehr so unfair wie am Anfang. Keiner von uns bekam alles, wovon wir träumen konnten. Aber keiner von uns war mehr bereit, auf das halbe Brot zu verzichten.

Und „halber Laib" scheint für meinen Anteil eine sehr unpassende Bezeichnung zu sein. Ich versuche, darüber zu „streiten" – ich ärgere mich ziemlich über Dinge, die ich weder schwarz noch weiß nennen kann. Aber vieles davon war völlig unbestreitbar. Wenn wir, wie manche sagen, das Leben nach der Freude beurteilen, die es uns bereitet, war Ann zweifellos das Größte und Beste in meinem Leben. Ich erinnere mich an einen Sonntag im Spätherbst , als wir mit dem ersten Morgengrauen unterwegs waren; Den ganzen Tag lang stapften wir durch die Berge von Jersey. Die Herbstfärbung der Ahornhaine war unbeschreiblich prachtvoll. Gerade bei Sonnenuntergang, der ganze westliche Himmel leuchtete in Rot und hundert Schattierungen von heißem Orange – sogar noch strahlender als die vom

Frost zerfressenen Blätter gewesen waren –, erreichten wir einen kleinen Bahnhof und kehrten nach Cromley und dem prasselnden Holzfeuer und nach Neuengland zurück Abendessen, das Mutter Barton für uns vorbereitet hatte. Mir würde jeder leid tun, für den ein solcher Tag nicht herrlich wäre. Aber für mich, der sechs lange Tage in der Woche in den brodelnden Slums und im noch düstereren Schatten der Gräber lebte, waren solche Ausflüge eine Erneuerung des Lebens, eine Wiedergeburt.

Und neben der offensichtlichen Freude an diesen Feiertagen vermittelte mir Ann ein Gefühl von geistigem und körperlichem Wohlbefinden und Gesundheit, das ich noch nie zuvor gekannt hatte. Durch sie hatte ich das Leben sicherer im Griff, meine Sicht war klarer, mein Energievorrat war besser angepasst und sparsamer genutzt. Ich glaube, dass ein Mann, der sagt, er könne nicht im Zölibat leben, lügt. Aber ich glaube mit gleichem Nachdruck, dass die Umstände, die es für einen Mann oder eine Frau sinnvoll machen, ihr Leben alleine zu verbringen, äußerst selten sind. Die Stunden, die ich in Cromley verbrachte , waren Erholung im tiefsten Sinne des Wortes.

Die Fahrten mit dem Frühzug in die Stadt sind für mich eine besondere Erinnerung an den Rest meines Lebens. Ich schien zu diesen Zeiten besser gelaunt zu sein als sonst. Als ich aus dem süßen Trost ihres Zuhauses in die Stadt zu meiner schwierigen Aufgabe in den Gräbern raste, fand ich Inspiration und Hoffnung für meinen Alltag. Es gab ein ganz besonderes Gefühl, das ich noch nie zuvor erlebt hatte, als ich mich an Bord der Fähre wiederfand, mich über die vordere Reling beugte und den Wolkenkratzern zusah, wie sie sich durch den Morgennebel emporkämpften. Vielleicht kennen wir alle eine solch aufregende Umgebung, die uns über das Leben, die Arbeit und den Sinn freuen lässt. Während ich vorne auf dem Oberdeck stehe, meine Lungen voll von der süßen Salzluft des Hafens, erinnert mich eine törichte Assoziation immer an die Zeilen aus der Rede von Wilhelm Tell und bringt mich dazu, laut zu schreien: „Ihr Felsen und Klippen, ich bin bei euch." Noch einmal."

Keiner der offensichtlichen Einwände gegen eine solch unregelmäßige Beziehung scheint mir angesichts des wirklichen Nutzens, den sie mir gebracht hat, viel Gewicht zu haben . Und doch – ich kann es nicht ohne Einschränkungen akzeptieren, genauso wenig wie ich es verurteilen kann. Ich habe das Gefühl, dass seine Unbefriedigung auf seinen fragmentarischen Charakter zurückzuführen ist. Ich kann Ann in ihrer Theorie, Arbeit und Liebe getrennt zu halten, nicht zustimmen. Ein Mann, der seine Religion von seinem Geschäft trennt, muss feststellen, dass beide leiden. Ich denke, die gleiche Regel gilt für unser Problem. Ich habe mich in keiner Weise auf Anns Arbeit eingelassen, und sie auch nicht auf meine. Sie gab mir neue Energie dafür, erholte mich von der Müdigkeit, war aber nie ein Teil davon.

Ich denke, dass die Tatsache, dass ich beim Schreiben über mein Leben einen Abschnitt auf sie und einen anderen auf meine Arbeit richten kann und sehr selten beide im selben Absatz erwähne, die schärfste Kritik ist, die man an unserer Beziehung vorbringen kann.

III

Benson überredete einen befreundeten Redakteur, einige der Vorträge über Kriminologie, die ich im Westen gehalten hatte, als Artikel zu veröffentlichen. Ein Richter am Obersten Gerichtshof versuchte, auf meine Kritik am Justizsystem zu antworten und leugnete leichtfertig einige offensichtliche Tatsachen. Die Zeitungen machten aus unserer Kontroverse eine neuntägige Sensation. Ein Effekt der Diskussion bestand darin, dass die Prisoner's Aid Society zu der Erkenntnis gelangte, dass etwas getan werden sollte. Um sich dieser Verantwortung zu entledigen, schlugen sie vor, mich als Sekretärin anstelle eines älteren Herrn einzustellen, der diese Position seit über zwanzig Jahren unentgeltlich – und schläfrig – innehatte. Das Angebot gefiel mir zunächst nicht . Meine Arbeit in den Gräbern hat mein ganzes Interesse geweckt. Bis Baldwin kam, sah ich keine Chance auf einen echten Dienst in der Gesellschaft.

Er war stellvertretender Leiter der staatlichen Industrieschule – einer Art Zwischengefängnis für jene Straftäter, die zu jung für staatliche Gefängnisse und zu alt für das Zufluchtshaus waren. Er hatte als „Schrauber" in Sing Sing angefangen , war in das Landeskrankenhaus für Geisteskranke und von dort in die Industrieschule verlegt worden, wo er sich bis zu seiner damaligen Position hochgearbeitet hatte. Die Details der institutionellen Verwaltung schienen ihm wirklich zu gefallen; Er kannte Sträflinge und war von der Möglichkeit, jugendliche Straftäter zu reformieren, begeistert.

Er sah meinen Namen in den Zeitungen als jemand, der sich für Kriminologie interessierte, und schrieb mir über seine Begeisterung. Nachdem mehrere Briefe ausgetauscht worden waren , kam er in die Stadt, damit wir die Sache besprechen konnten. Wir haben ihn im Tipi untergebracht. Er war fast fünfundvierzig, aber er war der jüngste Mann in diesem Alter, den ich je gekannt habe. Benson und ich gingen sein Projekt im Detail durch. Drei ganze Tage lang sprachen wir über nichts anderes. Obwohl sich meine Arbeit hauptsächlich mit Angeklagten befasste, die auf ihren Prozess warteten, wurde ich immer wieder mit den Schrecken unserer Sträflingsgefängnisse konfrontiert. Die unbeschreibliche Dummheit, kleine Jungen so zu behandeln, wie wir alte Straftäter misshandeln, schien mir immer die Krönung unserer Zivilisation zu sein.

Es ist heute schwer vorstellbar, wie revolutionär Baldwins Plan für eine Besserungsanstalt damals klang. Es waren nur die schwachsten und schüchternsten Experimente in solchen Angelegenheiten versucht worden.

Wir befanden uns noch in jenen dunklen Zeiten, als Waisen und mittellose Kinder ins Gefängnis geschickt wurden.

Der Schwachpunkt seines Vorschlags war – wie bei fast jeder Reform – der Aufwand. Der Staat zahlte für den Unterhalt seiner Sträflinge etwa zehn Cent pro Tag, der Pro-Kopf-Betrag für die Besserungsanstalt betrug drei- bis viermal so viel. Baldwin hatte diese Kritik vorhergesehen und unzählige Zahlen gesammelt, um zu beweisen, dass es sich nur um eine scheinbare Extravaganz handelte. Einer der größten Kostenfaktoren für Straftaten sind die Kosten für „Gewohnheitstraftäter". Baldwin kannte die Lebensgeschichte eines Mannes, der seine zwölfte Haftstrafe im Staatsgefängnis verbüßte, und er hatte herausgefunden, wie viel die verschiedenen Verbrechen, Verhaftungen, Prozesse und Inhaftierungen dieses Mannes die Gemeinschaft gekostet hatten und wie viel billiger es gewesen wäre gab genug aus, um ihn zu reformieren, als er jung war. Es war ein beeindruckendes Dokument. Anhand einer Reihe solcher Tabellen lieferte er eine schlüssige Argumentation. Die höheren Kosten der Besserungsanstalt wären eine echte Wirtschaft, wenn er ein Drittel der Jungen retten könnte. Er glaubte, dass zwei Drittel reformiert werden könnten. Mit Hilfe eines Verfassungsanwalts hatte er seine Ideen in einem Gesetzentwurf konkretisiert, den er hoffentlich in die Legislative einbringen wollte.

Wie gesagt, Norman und ich haben uns drei Tage lang intensiv mit dem Projekt beschäftigt. Baldwin hatte in solchen Angelegenheiten viel praktische Erfahrung und hatte seinen Fall vortrefflich vorbereitet. Für uns schien das Vorhaben machbar – und das hat sich inzwischen auch bewiesen. Wir waren alle naiv genug, um zu glauben, dass ein guter Plan, sobald er den Menschen erklärt wurde, sofort akzeptiert werden würde.

Ich ging zum Exekutivkomitee der Prisoner's Aid Society und bot an, das Sekretariatsamt zu übernehmen, wenn sie Baldwins Gesetzentwurf unterstützen würden. Sie konnten in ihren Büchern über die europäische Strafjustiz keinen Präzedenzfall für eine solche Maßnahme finden, und ich bezweifle, dass ich sie im Alleingang hätte auf die Linie bringen können. Aber Benson gehörte zu ihrem Vorstand und sie verließen sich darauf, dass er ihr Jahresdefizit ausgleichen würde. Er konnte schlagkräftigere Argumente vorbringen als ich.

Zu diesem Zeitpunkt war ich zu einer Art etablierter Institution in den Gräbern geworden. Mit Ausnahme von O'Neil hatte ich das Vertrauen der Richter gewonnen. Sie waren in gewisser Weise gutmeinende Männer, und sie mochten es genauso wenig, kleine Jungen der Seuche des Staatsgefängnisses auszusetzen, wie Sie oder ich es tun würden. Ich besorgte mir ihre Unterschriften für einen Brief, in dem sie die reformatorische Idee befürworteten, und arrangierte über sie mit dem Bezirksstaatsanwalt die Beurlaubungen, die ich brauchte.

Ich bin sehr wenig begeistert davon, diese Kampagne für eine Besserungsanstalt aufzuzeichnen. Es war so traurig, entmutigend, so unendlich irritierend – es zog sich so viel länger hin, als wir erwartet hatten. Aber es ist nicht nur für meine eigene Geschichte wichtig, es hat nicht nur meine Denkweise beeinflusst; es hat auch eine umfassendere und zwingendere Bedeutung. Es gab kaum einen meiner Freunde, die Menschen meiner Generation, die versuchten, diese Welt zu einem lebenswerteren Ort zu machen, der nicht schon einmal in einen ähnlichen Kampf verwickelt war. Eines hatten wir alle gemeinsam erlebt: die Reise nach Albany, um unsere Gesetzgeber zu überreden, etwas zu tun, an dessen Wert und Weisheit kein vernünftiger Mensch zweifeln konnte. Eine neue Apostelgeschichte könnte über die endlose Abfolge von Delegationen geschrieben werden, die sich auf dem Weg in die Hauptstadt in der Grand Central Station versammelten und voller Begeisterung für eine Reform waren – ein neues Gesetz für Mietshäuser, eine angemessene Regelung der Kinderarbeit, einiges mehr Schutz vor den schreienden Übeln der betrügerischen Einwanderungsbanken oder der bösartigen Arbeitsagenturen und so weiter. Es würde ein dickes Buch erfordern, alle guten Zwecke aufzulisten, die solche Pilgerreisen inspiriert haben. Und der Eifer, mit dem sich die Delegationen nach Albany aufmachten, wurde nur noch von der schwarzen Entmutigung übertroffen , die sie ein paar Tage später mitbrachten.

Nach einiger Mühe fanden wir einen Abgeordneten, der sich bereit erklärte, unseren Gesetzentwurf vorzulegen. Es wurde sofort in eine Schublade gesteckt. Dann machten wir Werbung. Ich habe Artikel in Zeitschriften und Zeitungen geschrieben. Benson und Baldwin machten sich auf den Weg und verbreiteten eine Broschüre. Sie waren eine starke Kombination, da erstere über Werbekenntnisse und letztere mit dem Thema vertraut waren. Ich habe den Stumpf genommen.

Ich nehme an, jeder, der ähnliche Arbeiten durchgeführt hat, hat die gleiche Entdeckung gemacht. Mit einem Appell an die Vernunft können Sie Ihren Standpunkt beim normalen Publikum nicht durchsetzen. Zuerst habe ich mein Thema ernst genommen – mit düsterer Wirkung. Aber Norman kam zu einem meiner Treffen in New York City und beschimpfte mich rundheraus als Idioten, als es vorbei war. Ich befolgte seinen Rat und reiste auf und ab und quer durch den Staat, um Geschichten zu erzählen, die mir „zu Herzen gingen“. Geschichten über die weißhaarige Mutter, deren einziger Sohn wegen einer geringfügigen Straftat nach Sing Sing geschickt und von bösen Kollegen völlig korrumpiert wurde; über den Waisenjungen, der seiner hungernden Schwester einen Laib Brot stahl. Wie ich diese beiden hasse! Einmal in meinen Träumen habe ich mit großer Freude diese

„weißhaarige Mutter" ermordet. Aber ich konnte mich immer darauf verlassen, dass sie mir die Tränen in die Augen trieben. Wenn ich versuchte, meinem Publikum unser konstruktives Ideal zu vermitteln, was wir mit dem Wort „reformatorisch" meinten, verlor ich die Kontrolle über es. Sie verlangten Nervenkitzel. Nun ja – ich habe ihnen Nervenkitzel geboten. Es war die einzige Möglichkeit, aber ich fühlte mich dabei wie ein Betrüger, wie ein Scharlatan, der blaue Pillen verkauft.

Bis Ende des Jahres hatten wir genug öffentliches Interesse geweckt, um eine Diskussion des Gesetzentwurfs im Plenum der Legislative zu erzwingen. In der ersten Lesung wurde es an den Senatsausschuss für Staatsgefängnisse verwiesen. Nach mehreren Wochen der Spannung gab der Ausschuss einen Termin für eine öffentliche Anhörung bekannt. Ich erinnere mich, dass wir damals dachten, das bedeute den Sieg. Endlich sollten wir Gelegenheit haben , unseren Fall ernsthaften Männern vorzustellen. Baldwin, Benson und ich haben in der vergangenen Woche unsere Briefings vorbereitet. Am Tag der Anhörung versammelten wir unsere Streitkräfte in der Lobby eines Hotels in Albany. Da war Allen, der Präsident der Prisoner's Aid Society; Van Kirk, ein Vizepräsident der State Bar Association und wir drei. Es wurde vereinbart, dass Baldwin und ich zuerst sprechen sollten, er sollte sich um die finanzielle Seite des Projekts kümmern und ich um seine umfassenderen menschlichen Phasen. Allen und Van Kirk sollten die Unterstützung der von ihnen vertretenen Organisationen hinzufügen. Ich erinnere mich, wie perfekt unser Fall für uns aussah, wie völlig unmöglich es schien, den Ausschuss nicht zu überzeugen.

Der Raum im alten Staatshaus, in dem die Anhörung stattfand, war ein schmuddeliger Ort. Es und die Anwesenden hatten etwas von einem Gericht. Was uns lebenswichtig erschien, war für sie triste Routine. Als wir ankamen, hörte das Komitee einer Abordnung von Idioten aus Sing Sing zu , die eine Überarbeitung der Urlaubsregeln forderten. Der Anblick der drei Ausschussmitglieder kühlte meine Begeisterung ab. Der Vorsitzende, Burton, war ein Anwalt aus dem Upstate, der das Erscheinungsbild eines Landwirts beeinflusste, um seinen Wählern zu gefallen. Die anderen beiden, Clark und Reedy, waren New Yorker, einer ein Republikaner, der andere ein Demokrat, beide fett und schläfrig. Endlich beendeten die Schrauben ihr Flehen. Burton klopfte mit seinem Hammer.

„Was ist das nächste Geschäft?" fragte er müde.

„Anhörung zum Gesetzentwurf zur Einrichtung einer Besserungsanstalt für jugendliche Straftäter", sagte der Gerichtsschreiber gedehnt.

„Unterstützt der Kommissar für Staatsgefängnisse diesen Gesetzentwurf?" fragte Clark.

„Nein" – der Kommissar war sofort auf den Beinen. Die Satzung der Prisoner's Aid Society gab ihr die Befugnis, die Strafanstalten des Staates zu inspizieren, ihre Konten zu prüfen und so weiter. Es war allen Kommissaren ein Dorn im Auge und man konnte sich immer darauf verlassen, dass sie sich jedem Vorschlag der Gesellschaft widersetzten .

„Nun. Was nützt es dann, auf die Sache einzugehen?" fragte Reedy. „Es ist nicht unsere Sitte, den Kommissar niederzuwerfen."

„Da es im Kalender steht, müssen wir es uns anhören", urteilte Burton.

„Wie kam es in den Kalender?" Clark knurrte.

„Ich hatte den Eindruck, dass der Kommissar einverstanden war", entschuldigte sich der Angestellte.

„Nun, ich möchte wissen, woher du diesen Eindruck hast", beharrte Clark schlecht gelaunt.

„Nicht von mir", sagte der Kommissar.

Burton klopfte mit seinem Hammer.

„Ordnung, meine Herren", sagte er. „Wir verschwenden Zeit. Wir werden jeden hören, der sich für den Gesetzentwurf aussprechen möchte."

Baldwin stand auf und öffnete seine Notizen.

„Ich habe eine wichtige geschäftliche Angelegenheit, um die ich mich kümmern möchte", sagte Reedy. „Darf ich entschuldigt werden?"

„Warte mal", protestierte Clark, „ich bin an der Reihe, früher auszusteigen."

„Ich kann euch beide nicht entschuldigen", schnappte Burton. „Dies ist das letzte Geschäft im Kalender. Es wird uns nicht lange aufhalten. Fahren Sie fort. Wie ist Ihr Name? Baldwin? Fahren Sie fort."

Die beiden anderen Senatoren blickten mürrisch drein wie Kinder, die nach der Schule zu Hause festgehalten werden. Plötzlich begann Reedy zu grinsen. Er lehnte sich in seinem Stuhl zurück, damit er Clarks Aufmerksamkeit hinter den Schultern des Vorsitzenden erregen konnte, der gerade einen Brief schrieb. Er hielt ihm eine Münze hin. "Ungerade oder gerade?" er flüsterte. Clark brauchte einen Moment, um zu verstehen, dann entspannte sich sein finsterer Blick. „Sogar", flüsterte er zurück. Reedy blickte auf die Münze und sein Gesicht verfinsterte sich.

„Ich habe nichts dagegen, Senator Clark zu entschuldigen", sagte er und unterbrach Baldwin mitten im Satz.

Burton blickte überrascht von seinem Brief auf. Clark lachte hörbar, als er den Raum verließ. Reedy sackte mürrisch in seinem Stuhl zusammen.

„Fahren Sie fort", sagte Burton und wandte sich wieder seinem Brief zu. Baldwin machte seine Sache trotz seiner Leichtfertigkeit bewundernswert, aber niemand hörte zu. Gerade als er schließen wollte, unterbrach ihn Burton erneut.

„Sie hatten fünfzehn Minuten Zeit. Ich werde der anderen Seite zehn Minuten geben und vertagen."

Van Kirk versuchte, mit ihm zu streiten, aber Burton ignorierte seine Existenz. „Herr Kommissar", sagte er und wandte sich noch einmal seinem Brief zu. Es war eine Erleichterung für mich, dass er mich unterbrochen hat. Ich war zu wütend, um zusammenhängend zu sprechen. Der vom Erfolg überzeugte Kommissar nahm die Angelegenheit leichtfertig auf.

„Herr Vorsitzender, Senatoren. Das Department of State Prisons ist gegen diesen Gesetzentwurf mit der Begründung, es sei ein visionärer Unsinn. Das ganze Gerede über eine Besserungsanstalt wurde von diesem Mr. Baldwin, einem Mitarbeiter meiner Abteilung, ins Leben gerufen, der ist unzufrieden, weil wir seine Fähigkeiten nicht ausreichend anerkannt haben. Ich verstehe, dass er zum Direktor der staatlichen Industrieschule ernannt werden möchte, in der er jetzt in einer untergeordneten Position beschäftigt ist. Er hat sich die Unterstützung des zweifellos aufrichtigen, aber visionären Menschen gesichert Theoretiker der Prisoner's Aid Society. Soweit ich weiß, gibt es keine anderen Befürworter dieses Gesetzentwurfs. Ich könnte eine so große Verwendung des Volksgeldes nicht empfehlen, um den Ehrgeiz von Herrn Baldwin zu befriedigen – oder um den Herren des Prisoner's zu gefallen Hilfsverein!"

Er hatte seinen Sitz kaum wiedererlangt, als Burtons Hammer fiel.

„Vertagt."

Balduin gehörte zu den Standhaften , die die Bedeutung von Entmutigung nicht kannten. Und Benson war so wütend, dass er sich mit doppeltem Eifer in den Kampf stürzte. Zwischen ihnen trugen sie mich mit.

Wir fingen wieder ganz unten an und versuchten, eine wirksame Forderung der Wähler an die Gesetzgeber zu richten. Ich ging noch einmal durch den Staat, blieb aber an jedem Ort länger, bis ich ein ständiges Komitee gebildet hatte. Die Arbeit in diesem Jahr überzeugte mich davon, dass ich meinen Lebensunterhalt als Buchagentin oder dadurch hätte verdienen können, dass ich Bauern dazu brachte, Blitzableiter zu kaufen.

Ich erinnere mich besonders an New Lemberg, eine verschlafene Stadt an einem der kleineren Seen. Ich war Gast des bischöflichen Geistlichen und übernachtete im Pfarrhaus. Ich brauchte drei Tage, um ihn zu landen, und schließlich gab er vor lauter Langeweile auf. Er war bereitwillig genug gewesen, mich nach dem Morgengebet kommen und zu seiner Gemeinde sprechen zu lassen, und hatte für Sonntagnachmittag eine Konferenz der Geistlichen und führenden Bürger in seinem Salon einberufen. Aber als ich ihn bat, als Vorsitzender des Bezirksausschusses zu fungieren, hielt er sich zurück. Sein Leben war bereits ausgefüllt mit seiner Pfarrarbeit, er liebte die freie Natur und Bücher. Sein Hobby war die Übersetzung von Horaz. Ich bat ihn, einen Teil dieser Erholung für eine Sache aufzugeben, die ihm nie nahe gekommen war. Er tat mir leid, aber ich brauchte ihn, um dem Komitee den „Ton", den modischen Stempel, zu geben. Am Montagnachmittag – ich hatte ihn den ganzen Morgen belästigt – schlug er vor, mir Golf beizubringen. Eine allgemeine Diskussion über Literatur führte uns bis zum dritten Loch und er war zufrieden. Aber als er sich auf den nächsten Abschlag vorbereitete, begann ich wieder mit ihm. Er zog seinen Schlag fürchterlich zurück und setzte sich in ein Haustier. Ich erinnere mich an diese Links als den schönsten Ort im ganzen Staat. Es gab sanft hügeliges Ackerland, Wälder und Felder in sattem Brokat aus Braun und Grün und unter uns der See. Hier und da färbte eine flüchtige Brise die Oberfläche dunkler blau.

„Ich bin so beschäftigt, wie es ist", flehte der Rektor, „das kann ich nicht ertragen. Wirklich – wissen Sie, meine ganze Zeit ist schon in Anspruch genommen. Ich komme nicht mehr als einmal in der Woche so raus." Du musst – das ist wirklich zu viel von mir verlangt – ich werde alt."

Es war sein letzter Widerstandsschub. Ich hielt verzweifelt durch und nach ein paar Minuten gab er nach. Er war eine wertvolle Anschaffung, niemand hat in einem unserer Ausschüsse härter gearbeitet als er. Aber irgendwie schämte ich mich für meine Eroberung. Ich bin sicher, er schaudert, wann immer er an mich denkt. Sollte er mich auch jetzt noch auf der Straße treffen, würde ich damit rechnen, dass er wegläuft.

Nach einem soliden Jahr dieser Arbeit – ich stöhne immer noch, wenn ich daran zurückdenke – hatten wir in fast jedem Versammlungsbezirk Ausschüsse. Sie appellierten an die verschiedenen Kandidaten und sicherten sich deren Zusagen, den Gesetzentwurf zu unterstützen. Wir verteilten riesige Petitionen und schickten beeindruckende Unterschriftenlisten an die erfolgreichen Kandidaten. Wir hatten auch die Frauenclubs zum Handeln angeregt. Die Zeitungen kommentierten die „Petition der Hunderttausend Mütter" ausführlich. Als die neue Legislative zusammentrat, hatten wir die Unterschriften von über zwei Dritteln der Abgeordneten und eine gute Mehrheit der Senatoren, die sich verpflichteten, für das Reformatorium zu stimmen.

Stattdessen konzentrierten sie sich auf die Routinearbeiten ihres Berufs und wählten kurz vor der Vertagung eine gemeinsame Kommission, bestehend aus drei Mitgliedern aus jedem Haus, um die Angelegenheit zu prüfen.

Ich bin mir ziemlich sicher, und nachdem ich so viel durch den Staat gereist bin, konnte ich wissen, dass, wenn wir ein Referendum hätten durchführen können, achtzig Prozent der Stimmen für unseren Gesetzentwurf gewesen wären. Fünfzehn der zwanzig Prozent der feindseligen Stimmen wären aus den unwissendsten und heruntergekommensten Bezirken der Großstädte gekommen. Ich bezweifle, dass jemals eine Maßnahme mit der sichereren Zustimmung der Wählerschaft vor den Landtag gebracht wurde. Demokratie ist ein sehr schönes Gefühl für den 4. Juli. Aber mit „praktischer Politik" hatte das damals noch nichts zu tun.

Die neue Kommission nahm ihre Arbeit erst sechs Monate lang auf. Da die Mitglieder für jede Sitzung zehn Dollar pro Tag erhielten, saßen sie mehrere Wochen lang ein oder zwei Stunden am Tag. Aber endlich hatten wir die Gelegenheit, unseren Fall ausführlich und ernsthaft vorzutragen. Der Widerstand gegen den Gesetzentwurf basierte auf der Aussage eines halben Dutzend Wärter, die vom Ministerium für Staatsgefängnisse in den Zeugenstand bestellt worden waren. Sie hatten nichts zu bieten als Vorurteile und Unwissenheit. Van Kirk, dessen Kampfgeist durch die Brüskierung, die er vom Senatsausschuss erhalten hatte, geweckt worden war, fungierte als unser Anwalt und tat dies geschickt. Benson übernahm die Pressekampagne und die Zeitungen waren voller positiver Kommentare. Ich bin mir sicher, dass jeder Kommissar von der Weisheit unseres Projekts überzeugt war, als sie sich nach Anhörung unserer Argumente vertagten.

Aber unsere Gegner waren bessere Politiker als wir. Wir lassen unseren Fall auf den Beweisen beruhen. Welche Drähte die Gefängnisse des US-Außenministeriums während der Pause gezogen haben, weiß ich nicht. Doch als die Kommission erneut zusammentrat, legte ein Unterausschuss einen Ersatzgesetzentwurf vor, der ohne Diskussion angenommen und dem Gesetzgeber einstimmig empfohlen wurde. Es war eine Farce für Baldwins Plan. Die Altersgrenze wurde angehoben, um Männer ab 30 Jahren aufzunehmen. Anstatt sich an Ersttäter zu richten, sieht der neue Gesetzentwurf Personen vor, die „zum ersten Mal wegen einer Straftat verurteilt wurden" – was einer breiten Schicht Tür und Tor öffnet, die durch ein Leben voller Kleinkriminalität fast hoffnungslos abgehärtet sind. Der ursprüngliche Plan der Hütten wurde durch gewöhnliche Zelleneinschließung ersetzt. Es war überhaupt nicht das, wofür wir gekämpft hatten.

Sobald ich den neuen Gesetzentwurf gelesen hatte, ging ich zur Prisoner's Aid Society und flehte sie an, ihn zurückzuweisen, sich für das ursprüngliche

Projekt einzusetzen oder nichts. Aber erstens waren sie in der Angelegenheit nicht ausreichend informiert, um den Unterschied zwischen den beiden Gesetzentwürfen zu erkennen, und zweitens hatten sie die vier Jahre ungewohnter Aktivität überfordert. Sie wollten sich ausruhen. Seitdem rühmen sie sich ihrer Unternehmungslust bei der Errichtung dieser verstümmelten Besserungsanstalt.

Ich hätte es voller Abscheu aufgegeben, wenn ich Baldwin nicht persönlich treu gewesen wäre. Er hatte das Gefühl, dass die Besserungsanstalt, selbst in ihrem entmannten Zustand, ein öffnender Keil war und dass er als Superintendent nach und nach in der Lage sein könnte, die gesetzgebende Körperschaft davon zu überzeugen, die Charta wieder in seinen ursprünglichen Entwurf umzuwandeln. Sicherlich hat er die Position verdient, denn ohne seine beharrlichen Bemühungen wäre die Institution überhaupt nicht gegründet worden. Norman und ich kämpften erneut, um Druck auf den Gouverneur auszuüben, damit er Baldwin ernenne. Wir bekamen keine Hilfe von der Prisoner's Aid Society; es war hoffnungslos eingeschlafen. Einige unserer Kreisausschüsse wurden wieder ins Leben gerufen und verteilten Petitionen. Mein Rektor in New Lemberg war der aktivste. Ich glaube, er hatte Angst, ich würde ihn wieder besuchen. Aber die Öffentlichkeit war des Themas überdrüssig. Der Gouverneur ernannte einen politischen Freund.

Ich trat aus der Prisoner's Aid Society aus und widmete mich wieder meiner Arbeit in den Gräbern. Ich hatte das Gefühl, dass ich vier Jahre verschwendet hatte.

IV

Zu Beginn dieser Kampagne für die Besserungsanstalt wurde unser friedliches Leben im Tipi durch die Ankunft von Nina erschüttert.

Norman und ich kamen vom jährlichen Ball des Arbeiters nach Hause Studentenverein . Es war kurz vor ein Uhr Sonntagmorgen, als wir in die Bowery einbogen. An der Ecke Stanton Street hielt uns ein Mädchen an.

„Hallo Jungs. Seid ihr nicht einsam?"

Über ihnen flackerte und dampfte ein Lichtbogen. Ich werde den harten Blick auf ihrem Gesicht nie vergessen. Es war ein norditalienisches Gesicht, wunderbar wie eine Bellini-Madonna. Aber darauf war ein grässliches Grinsen gemalt. Vor allem sah sie zu jung aus.

„Haben Sie keine Angst, dass die Gerry Society Sie erwischt?" fragte Norman gutmütig.

In den üblen Worten, mit denen sie ihm antwortete, lag eine elementare Tragödie. Doch mit einem plötzlichen Stimmungswechsel – so unerwartet wie ihr Aussehen, so verwirrend wie ihre Gotteslästerung – warf sie ihre Arme um seinen Hals und küsste ihn.

Der Ausdruck des Entsetzens in Normans Gesicht veränderte sich langsam zu einem anderen Ausdruck. Es war nicht ganz unverständlich. In ihrer jugendlichen Bösartigkeit lag etwas Exotisches – etwas Verlockendes für überzivilisierte Nerven. Baudelaire hätte sie als „ *Fleur de Mal* " empfunden. Er hätte ihr unvergängliche Verse geschrieben. Norman war in solchen Angelegenheiten streng zu sich selbst. Er hatte sich gegen die üblichen Reize des Lasters gewappnet. Es war die Neuheit des Angriffs, die seine Rüstung durchdrang. Er zog ihre Hände auseinander, stieß sie von sich weg und sah sie mit angespanntem und starrem Gesicht an. Eine nach Süden gerichtete Hochebene rauschte an uns vorbei. Mit einem scharfen Atemzug drehte er sich zu mir um.

„Ich hätte fast Lust, sie nach Hause zu bringen."

„Es wäre eine tolle Belohnung für sie", sagte ich, „im Vergleich dazu, wie sie die Nacht verbringen würde, wenn du es nicht tust. Ich nehme an, dass du es bist oder ein betrunkener Seemann."

„Wirst du mit mir nach Hause kommen?" fragte er mit plötzlicher Entschlossenheit.

„Sicher. Du siehst nicht wie ein Geizhals aus."

Also machten wir uns Arm in Arm auf den Weg entlang der Bowery. Zuerst schwiegen wir alle . Da sie jedoch darauf bedacht war, ihre Kunden zu unterhalten, hob sie plötzlich ihre Füße vom Boden, hing an unseren Ellbogen und schwang ihre schmutzigen kleinen roten Pantoffeln vor uns in die Luft.

„Mensch!" Sie sagte, als wir unser Gleichgewicht wiedererlangt hatten: „ Ihr seid ernste Jungs."

„Du stehst im Einklang mit den besten Traditionen der Philosophie, Junge", gab Norman zu. „Es hat keinen Sinn, traurig zu sündigen. Wir könnten genauso gut lachen."

Der Rest unseres Heimwegs war ein lautes Gerangel. Ein schrecklicher Albtraum für mich – aus den vagen Eindrücken erinnere ich mich am deutlichsten an das gefällige Grinsen des Polizisten auf der Strecke; der seinen Stock herumwirbelte, als wir vorbeikamen.

Guiseppe war sprachlos über die Hinzufügung unserer Nummer. Norman sagte ihm knapp, er solle ein drittes Gedeck für unser Abendessen aufstellen.

Nachdem wir am Tisch Platz genommen hatten, ließ sich Nina – wie wir herausfanden, dass sie hieß – durch nichts von ihrem Geschäft abhalten.

Norman aß wenig. Ich hatte keinen Appetit. Also hat sie für uns alle ihre Pflicht getan. Norman machte ein paar Bemerkungen zum Ball, aber er beobachtete sie immer. Ich reagierte nicht und das Gespräch verstummte.

Als Nina mit dem letzten Essbaren Platz gemacht hatte, öffneten sich die Schleusentore und sie begann zu reden und zu spielen. Sie besaß eine ungeheure animalische Lebhaftigkeit, die nicht nur ihre Zunge, sondern ihren ganzen Körper in Bewegung hielt. Sie war voller Spaß und Humor, der uns beiden völlig fremd war. Wir waren ziemlich ernste, düstere Männer. Ihre Liebe zum Pferdespiel war ein Novum.

Es ist schwer, ihren Vortrag zu charakterisieren. Vieles davon war völlig undruckbar. Es gab Worte, Worte – Worte! Aber irgendwie schien sie an all dem unschuldig zu sein, völlig unwissend über eine bessere Art der Unterhaltung, eine bessere Lebensform. In diesen wenigen Minuten wuchs meine Wertschätzung für sie enorm. Ich habe selten einer verdorbeneren Sprache zugehört, und dennoch schien eine Art innewohnende Tugend – das Licht der unbefleckten Jugend – durch.

Ich verließ sie so schnell wie möglich und ging in mein Zimmer. Ich kam im Flur an Guiseppe vorbei , er murmelte seltsame Flüche vor sich hin: „ *Dios* " – „ *Corpo de Bacco* " – „ *Sapristi* " – „ *Nom de nom* ". Ich wiederholte stillschweigend seine mehrsprachige Obszönität. Meine Leidenschaften waren nicht geweckt und als ich es kaltblütig betrachtete, konnte ich es nur missbilligen. Norman folgte mir in mein Zimmer. Das Gespräch begann nicht leicht. Aber als ich endlich meine Pfeife aus dem Mund nahm, unterbrach er mich.

„Oh, sag es nicht. Was nützt das? Ich sage es selbst. Ich wünschte, ich hätte lange Ohren, um zu winken, damit ich schreien könnte. Es gibt nur eine Sache zu besprechen. Diese Ausgrabungen gehören genauso dir wie meinen. Wenn Sie möchten, bringe ich sie in ein Hotel.

„Hier oder anderswo. Welchen Unterschied macht der Ort?" Ich knurrte. „Ich habe kein geografisches Interesse an dem Fall."

Er steckte die Hände tief in die Taschen, ging eine Minute auf und ab, drehte sich dann mit einem abrupten „Gute Nacht" um und ging hinaus. Es war eine unruhige Nacht für mich. Die brutale Stärke der sexuellen Anziehungskraft war ihm noch nie so bösartig vorgekommen. Dass ich in Nina etwas Liebenswertes entdeckte, machte es nur noch schlimmer.

Ich stand früh auf, und obwohl es Sonntag war und ich keine Arbeit bei Hofe hatte, frühstückte ich hastig, in der Hoffnung, noch vor ihrem Erscheinen rauszukommen. Aber Norman hat mich gerade aufgefangen, als ich gehen wollte.

„Komm her", sagte er mit den Fingern auf den Lippen.

Er führte mich auf Zehenspitzen den Flur entlang. Durch seine offene Tür konnte ich sie schlafen sehen. Über dem Laken waren die Locken ihres schwarzen Haares und ein weißer Arm zu sehen. In der Nähe des Ellenbogens befand sich ein hässlicher, halb verheilter Bluterguss. Der aufgemalte Blick war aus ihrem Gesicht verschwunden. Ein Lächeln kam und ging – flackerte – auf ihren Lippen, ein wundervolles Lächeln friedlichen Glücks.

„Bin ich sauber verrückt?" Norman flüsterte heftig: „Oder ist sie schön?"

Wir gingen auf Zehenspitzen zurück zur Bibliothek.

„Kannst du sie eine Weile im Auge behalten?" er sagte. „Ich musste Guiseppe dazu bringen , ihre Kleidung wegzuwerfen – sie war zu schmutzig. Ich muss ihr neue besorgen. Es wird nicht lange dauern."

Aber er blieb an der Tür stehen und kam zurück.

„Es ist die Art, wie sie im Schlaf lächelt, Arnold, die mich erwischt." Er zögerte einen Moment und versuchte, Worte zu finden, die zu seinen Gedanken passten. Er, der normalerweise so leichtfertig war, musste jetzt suchen. „Weißt du, man sagt, Träume seien nur eine Wiederholung von Wacherlebnissen. Aber – nun ja – es ist nicht die Art von Lächeln, die man von ihr erwarten würde. Gott! Ich würde gerne wissen, wovon sie träumt! Es Ich fühle mich fast religiös. Erinnert mich an „Intimations of Immortality!"

Dann gab er den Versuch auf, es auszusprechen, und eilte hinaus, um die Kleidung zu kaufen. Ich legte meine Notizbücher bereit und versuchte zu arbeiten. Eine halbe Stunde später erschien sie mit schläfrigen Augen in der Tür und trug Normans Pyjama.

„Wo ist er hin?" sie gähnte.

„Er musste für ein paar Minuten ausgehen." – Ich sagte ihr nicht warum, da ich dachte, dass es ihm Spaß machen würde, sie mit dem neuen Outfit zu überraschen. „Er wird bald zurück sein. Wenn du klingelst, bringt Guiseppe dir etwas Frühstück."

„Wo ist die Glocke?" fragte sie und blickte auf den Tisch.

„Es ist an der Wand. Drücke den Knopf."

„Oh, es ist ein Türöffner." Es endete mit einem Gähnen.

„Wenn Sie Ihr Gesicht waschen, wachen Sie möglicherweise so weit auf, dass Sie hungrig sind."

„Ach! Fahr zur Hölle."

Sie zeigte mir eine lange Nase und ging. Offensichtlich hatte sie den Traum völlig vergessen, der ihr ein Lächeln auf die Lippen gezaubert und Norman beunruhigt hatte. Als Guiseppe ihr Frühstück brachte, kam sie zurück und setzte sich. Sie hatte keine Begrüßung für mich parat, und da mir nichts einfiel, was es wert wäre, gesagt zu werden, schrieb ich weiter. Als es nichts mehr zu essen gab , begann sie in schnellem Italienisch mit Guiseppe zu reden . Nach einer Weile drehte er sich zu mir um.

„Es ist sehr traurig, Herr Arnold. Sie kommt aus demselben Bezirk in der Lombardei, in dem ich geboren wurde.“

Meine Nerven waren blank. Ich grunzte, dass ich nicht sah, wieso es dadurch noch trauriger wurde. Er wunderte sich über meinen Tonfall und war, glaube ich, kurz davor, mich daran zu erinnern, dass der Große Befreier ebenfalls in diesem Viertel geboren worden sei. Aber er überlegte es sich anders und ging verärgert in die Küche.

Nina wanderte im Raum umher und begutachtete den Nippes mit scheinbar dummem Interesse. Nachdem sie ihre Inspektion beendet hatte, nahm sie sich eine Zigarette und setzte sich im Schneidersitz auf den Diwan. Aus dem Augenwinkel konnte ich sehen, dass sie genau ihren Pyjama betrachtete. Sie streichelte sanft den weichen Stoff, der über das Knie gespannt war. Die Quasten an der Gürtelschnur fesselten ihre Aufmerksamkeit mehrere Minuten lang.

„Sag mal“, brach es plötzlich aus ihr hervor. „Der alte Mann sagt, er hätte meine Kleidung verbrannt. Ist das eine Lüge?“

„Nein. Sie sind verbrannt. Dein Freund dachte, sie wären zu schmutzig, um sie zu tragen.“

„Was ist das für ein Spiel?“ forderte sie, nachdem sie eine Rauchwolke ausgeblasen hatte. „Dieser Anzug hier ist in Ordnung – er ist aus echter Seide, schätze ich. Aber – sagen wir mal – ich mag keine Salonkleidung. Sehen Sie? Ich lasse mich nicht gefallen …“

Ich unterbrach sie, da ich sofort sah, was in ihr vorging. „Salonkleidung“ ist ein altes Sprichwort – es wurde zweifellos von einem Kumpel aus dem alten Ninive erfunden. Die Besitzer „unordentlicher Häuser“ halten ihre Mädchen oft in Knechtschaft, indem sie ihnen jegliche anständige Kleidung vorenthalten. Das „Salon“-Kostüm ist eines, in dem sich keine Frau auf die Straße trauen würde. Sie sind wirksamere Mittel zur Bewachung von Sklaven als Ketten. Ich versuchte Nina zu beruhigen, indem ich ihr erzählte, warum Norman ausgegangen war.

"Ehrlich?" Sie fragte. „Er lässt mich gehen? Ich würde die Hölle loslassen – früher, als in einem Haus zu sein. Es ist der Bürgersteig für mich – jedes Mal.

Er sollte besser keine ausgefallenen Spiele mit mir ausprobieren. Ich würde auf jeden Fall die Hölle los machen!"

„Warten Sie ab", sagte ich. „Er ist auf dem Platz."

Ich begann wieder zu schreiben, sie zündete sich eine weitere Zigarette an und rauchte eine Weile schweigend. Doch plötzlich kam sie herüber und setzte sich auf den Tisch.

„Sag mal. Er wird mir außer der Kleidung auch etwas Geld geben, nicht wahr?"

„Das musst du mit ihm vereinbaren."

„Bis zehn Uhr muss ich zwei Dollar haben."

„Möchtest du nicht lieber ein paar gute Klamotten haben als zwei Dollar?"

„Nein. Echtes Geld."

Ich lehnte mich in meinem Stuhl zurück und musterte sie von oben bis unten. Endlich wagte ich, was mir durch den Kopf ging.

„Ich nehme an, dass Frauenkleidung Ihrem Mann nicht stehen würde. Aber würden ihm ein paar rote Krawatten nicht genauso gut gefallen wie Geld?"

„Sagen Sie" – ihre Augen verengten sich bedrohlich – „Sie sind ein kluger Kerl, nicht wahr ? Denken Sie, Sie wissen alles?"

„Nun", sagte ich, „ich kenne einige."

Ich schlug die Klappe meines Mantels zurück und zeigte ihr die Dienstmarke eines Bezirksdetektivs. Sie pfiff überrascht, schien aber nicht bestürzt zu sein. Tatsächlich wurde sie plötzlich freundlich. Alles an ihren jüngsten Erlebnissen, das Bad, Normans Haltung ihr gegenüber, die Mahlzeiten, die Zimmer, war seltsam und verwirrend gewesen. Aber ein Polizist! Das gehörte zum Bekanntenkreis. Sie kannte Dutzende davon.

„Mensch! Ich hätte nie gedacht, dass du ein Polizist bist. Mann in Zivil?"

Ich nickte zustimmend und fragte sie dann.

„Für wen bist du da?"

Einen Moment lang schien sie darüber nachzudenken, ob es ratsam sei, zu antworten. Aber welchen Sinn hatte es, Dinge vor einem „Polizisten" verbergen zu wollen? Was ich nicht wusste, konnte ich leicht herausfinden. *Der Kampfname* ihres Kadetten war „Blackie". Sie sprach von ihm ohne Begeisterung, ohne ausgeprägte Abscheu – so wie wir über die unvermeidlichen Unannehmlichkeiten des Lebens sprechen, etwa die schlechte Luft in der U-Bahn oder das Trinkgeldsystem. Mit ein paar Fragen erfuhr ich ihre Geschichte – eine ganz andere als die, die sie Norman erzählt hatte.

Seit sie nach Amerika gekommen waren, hatte ihre Mutter mit einem kleinen Obstgeschäft und der Vermietung von Zimmern hinter dem Laden an Pensionsgäste für sich und ihre Tochter den kümmerlichen Lebensunterhalt bestritten. Einer dieser Männer hatte Nina mit dem Versprechen verführt, sie zur Marionettenshow mitzunehmen. Dies geschah – „Oh, vor sehr langer Zeit" – zu einem zu fernen Zeitpunkt, als dass man sich definitiv daran erinnern könnte. Sie sprach mit unflätiger Bitterkeit über diesen Mann. Es lag nicht an dem Bösen, das er ihr angetan hatte, sondern daran, dass er sie nicht zur Show mitgenommen hatte. „Männer betrügen uns immer", sagte sie. „Es spielt keine Rolle, wie schlau du bist, sie sind dir zuvorgekommen." Sie hatte ihr Gedächtnis nicht mit einer genauen Aufzeichnung ihrer kindlichen Liebschaften belastet. Sie hatten kein Vergnügen gehabt – für eine Eistüte, ein paar Pennys, die Chance, zu einer Show zu gehen. Sie war eine Anhängerin des Bowery-Dramas. „From Rags to Riches" war ihr Favorit. „Das", sagte sie, „war etwas Großartiges!"

Die erste Person, die auch nur annähernd mit ihr geschlafen hatte, war dieser Kadett „Blackie". Sie hatte ihre Mutter ohne Reue verlassen, um bei ihm zu leben. Auch das sei „etwas Großartiges" gewesen – zunächst. Soweit sie sich erinnern konnte, dauerte es ungefähr einen Monat, bis er sie auf die Straße fuhr, um für ihn zu „drängen". War er gut zu ihr, fragte ich. Sie zuckte mit den Schultern. War er kein Mann? Dann zeigte sie ihre erste Begeisterung. Er hatte eine große Anziehungskraft, er war ein Freund des „Old Man on Fourteenth Street". Sie hat „Blackie" diesen aufrichtigen Tribut gezollt, die Polizei hat sie nie belästigt. Aber er hatte ein Temperament. „Es ist sicher die Hölle, wenn er verrückt ist." Sie krempelte den Ärmel ihres Pyjamas hoch und zeigte mir den blauen Fleck an ihrem Arm. Es war ein Kick gewesen. Wozu? Sie hatte es vergessen.

Dann kam Benson herein, die Arme voller Bündel. Ich nehme nicht an, dass er mehr als fünfzehn Dollar ausgegeben hatte – in dieser Gegend ist alles billig. Aber es war eine imposante Auswahl. Ohne eine ausführliche schriftliche Anleitung hätte ich keine so vollständige Aussteuer kaufen können.

Nina vergaß ihre Sorgen augenblicklich, sie machten ihr nie lange Sorgen. Sie zerriss die Bündel und verstreute die Kleidungsstücke überall. Guiseppe kam mit einer Besorgung herein, aber ein Blick auf die weiblichen Frivolitäten, die auf unseren ehemals ruhigen Junggesellenstühlen verstreut waren, machte ihn fertig. Mit einem wilden garibaldischen Fluch eilte er zurück in seine Küche.

Es lag nicht in Ninas Natur, zuzulassen, dass irgendetwas zwischen sie und ihr unmittelbares Verlangen gerät. Die Dinge, die man einmal gesehen hatte, mussten anprobiert werden.

„Komm, komm", protestierte Norman. „Du solltest dich besser im anderen Zimmer umziehen."

Nina schien von seinen Skrupeln überrascht zu sein, doch sie sammelte die Kleidungsstücke ein und folgte ihm fügsam den Flur entlang. Freudenschreie drangen durch die offene Tür und hallten in meinen Ohren wider – beunruhigend. Es kam mir vor , als hörte ich die Knochen eines grässlichen *Makkabertanzes* hinter ihrer Heiterkeit rasseln. Aber als ob sie meine Trübsinnigkeit vertreiben wollte, stürmte sie bald ins Zimmer, vollbestiefelt und mit Sporen versehen. Sie war sehr hübsch. Und wie sie lachte! Sie schien eine Art sorglose und sehr junge Bacchantin zu sein – die Tochter einer Göttin der Fröhlichkeit. Sie sprang auf den Tisch und tanzte eine milde Mischung aus Fandango und Cancan, indem sie einen Varieté-Künstler nachahmte. Und während sie tanzte, sang sie – ein anzügliches Kneipenlied. Aber die Worte bedeuteten ihr nichts, sie suchte lediglich nach einem Ventil für ihre Hochgefühle und drückte ihre kindliche Freude über ihre neuen Besitztümer aus.

Die Glocke unserer benachbarten Kirche begann die volle Stunde zu schlagen. Nina setzte den in der Luft stehenden Fuß ab und lauschte in angespannter Haltung.

„Mensch!" sagte sie und sprang auf den Boden. "Es ist zehn Uhr."

Einen Moment lang stand sie unschlüssig da, dann ging sie mit verhärtetem Gesicht auf Norman zu.

„ Gib mir zwei Dollar."

Die plötzliche Forderung traf ihn wie ein Schlag.

„Willst du nicht bei uns zum Mittagessen bleiben?" fragte er lahm.

„Nein. Ich muss los – jetzt! Ich will zwei Dollar."

Solches Feilschen ist für mich unerträglich, ich flüchtete in mein Zimmer. Ein paar Minuten später kam Norman an meine Tür.

„Was kann ich dagegen tun, Arnold?"

„ Oh, zahle ihr ihren Lohn und lass sie gehen", sagte ich, „was gibt es sonst noch zu tun?"

„Mein Gott", fluchte er und stampfte in mein Zimmer. Sein Gesicht war weiß, seine Lippe blutete ein wenig an der Stelle, an der er darauf gebissen hatte. „Irgendwie kann ich das nicht! Was für miese Kreaturen wir alle sind!

Natürlich habe ich alles darüber gewusst – aber wir müssen es anfassen – um es zu begreifen … Warum habe ich sie jemals in mein Leben kommen lassen? Ich Ich kann sie nicht dorthin zurückschicken. Sie ist so ein Kind. Und – mein Gott! – diese verdammten, betrunkenen Bowery-Matrosen!"

„Schau mal, Norman, du machst die Sache nur noch schlimmer für sie. Sie wird eine Tracht Prügel bekommen, wenn sie nicht das Geld hat, das sie ihrem Kadetten geben kann. Er ist …"

"Kadett?" Norman unterbrach mich, als hätte er das Wort noch nie zuvor gehört. Er warf sich auf mein Bett. Ich hatte ihn noch nie so bewegt gesehen.

„Gibt es keinen Ausweg?" er stöhnte.

Ich hasse es, mich auf absolute Verzweiflung zu berufen, aber ich sehe keinen Ausweg. Also habe ich versucht, vernünftig zu reden.

„Nimm es nicht so hart. Sie ist dazu erzogen. Es ist nicht halb so schlimm für sie, wie du denkst tun. Er ist ihr Mann – der Dreh- und Angelpunkt ihrer Existenz." Und ich erzählte ihm, was sie über Blackie gesagt hatte. „Er schlägt sie nicht so oft, wie er könnte. Sie fühlt sich ziemlich glücklich, weil es ihm nicht schlechter geht. Es gibt keinen Ausweg. Sie nennen es den ältesten Beruf. Ihre schweren Zeiten haben noch nicht begonnen – sie schon jung. Sie lebt im Fett des einzigen Landes, das sie jemals kannte. Es ist nicht gerade ein Zuckerschlecken – aber sie hat noch nie ein weicheres Land kennengelernt .

„Du bist ein Sophist!" schrie er und sprang auf. „Lügen. Verdammte Lügen! Sie hat etwas Besseres gewusst. Mein Gott – du solltest sie lächeln sehen, wenn sie schläft! Ich kann die Prostitution nicht stoppen, aber ich kann sie vor dem Schlimmsten bewahren. Sie ist zu jung für diese Bowery-Höhlen." . Ich werde sie nicht zu diesem verdammten Zuhälter zurückgehen lassen.

„Geh langsam", sagte ich. „Was haben Sie als Gegenleistung zu bieten – für diesen Kadetten? Ich sage Ihnen, er ist der große Faktor in ihrem Leben. Sind Sie bereit, die Zeit und Mühe auf sich zu nehmen, um seinen Platz einzunehmen? Geld reicht nicht aus. Sie kann' Ich zähle nicht über fünfzig. Wie willst du sie amüsieren? Sie ist an Aufregung gewöhnt, an das Straßenleben, den Trubel in der Bowery. Du wirst ihr einen vergoldeten Käfig anbieten, eine gepolsterte Zelle. Das wird nicht funktionieren. Und Angenommen, es gelingt Ihnen, sie auf den Geschmack eines schöneren Lebens zu bringen – was dann? Wenn Sie es geschafft haben, wird ihr das alte Leben nur noch schwerer fallen. Was soll aus ihr werden, wenn Sie müde sind?"

„Sie sind der Anwalt des Teufels", sagte er vehement.

„Vielleicht. Aber sind Sie ein Gott? Es würde die ganze Zeit eines ziemlich lebhaften Gottes in Anspruch nehmen, um der Dame zu helfen – wirklich zu helfen."

„Wir werden sehen, was ein Mann kann", sagte er und stapfte zurück in die Bibliothek. Ein paar Minuten später rief er mich an.

„Das ist mir ein Rätsel", sagte er. „Es sieht nach Angst aus. Sie scheint mich und den Ort zu mögen. Ich denke, sie würde bleiben, wenn sie keine Angst vor ihrer alten Bande hätte. Versuchen Sie, sie zu beruhigen."

„Nina", fragte ich, „bist du in Blackie verliebt?"

Sie schien nicht sicher zu sein, was der Begriff bedeutete.

„Er ist nicht so schlimm."

„Nun, wenn er tot wäre", versuchte ich es noch einmal, „würden Sie dann hier bei Mr. Benson bleiben?"

„Sicher", sagte sie. "Sicher!"

„Du hast Angst vor Blackie?"

Sie nickte.

„Na ja. Kopf hoch. Er kann dir hier nichts tun."

„Er würde mich kneifen lassen", beharrte sie hartnäckig. „Er hat es mit der Polizei zu tun. Er würde mich auf jeden Fall auf die Insel schicken, wenn ich versuchen würde, ihn abzuschütteln."

„Sehen Sie mal", wieder zeigte ich meine Dienstmarke, „es ist Gold. Das heißt, ich bin genauso gut wie ein Kapitän. Ich habe zehnmal mehr Anziehungskraft als Blackie. Wenn er schwul wird, sperre ich ihn ein." Ich stecke ihm eine Waffe in die Tasche und schicke ihn flussaufwärts, um versteckte Waffen zu holen. Du brauchst keine Angst vor ihm zu haben."

„Mensch", sagte sie, „ich würde gerne bleiben. Aber er würde mich sicher kriegen. Er ist ein schlechter Kerl."

„Er wird tot sein", sagte ich. „Wenn er irgendetwas mit einem Freund von mir anfängt."

Ich redete noch ein paar Minuten, aber erst als ich ihr ein Paar Handschellen zeigte, die ich aus Neugier in meinem Zimmer aufbewahrte, glaubte sie wirklich, dass sie in Sicherheit war, und begann wieder zu lächeln.

Nachdem ich die Familie gegründet hatte, dachte ich mir einen Vorwand aus, um auszugehen. Ich kam spät abends zurück und fand Benson allein vor dem Feuer sitzend.

„Sie schläft", sagte er.

„Muss eine Menge Aufregung gehabt haben", antwortete ich, „zu dieser Stunde schläfrig zu sein."

Nachdem ich den ganzen Tag im Freien verbracht hatte und in der freien Natur herumgestapft war, hatte sich mein Gehirn ein wenig geklärt. Das Ding hatte seine verzerrten Proportionen verloren und war scharf geworden. Ich konnte nicht verstehen, wieso mir die Angelegenheit so bedeutsam vorgekommen war. Ich wusste sehr gut, dass solche Dinge ständig auf allen Seiten passierten. Norman tat mir leid. Er würde es ernst nehmen und das bedeutete meiner Meinung nach Tage voller Stress und Traurigkeit. Meine Arbeit in den Gräbern hatte mir deutlicher als ihm bewusst gemacht, dass die Chancen groß waren, dass er dem Mädchen helfen würde. Wie viele vergebliche Anstrengungen hatte ich zunächst unternommen, um einigen dieser unglücklichen Frauen zu helfen! Ich hatte es geschlagen aufgegeben. Selbst wenn die Mächte der Dunkelheit sie endlich zurückziehen würden, würde es für sie zumindest eine kleine Oase des Trostes und der Rücksichtnahme in dem kargen Wüstenleben bedeuten, das die Götter für sie geplant hatten.

„Eines muss ich zum Wohle meiner Seele sagen", sagte Norman. „Es ist eine schwierige Angelegenheit, diese Analyse unserer Motive. Ich bin mir sicher, dass ich sie, wenn ich kann, davor bewahren möchte, eine öffentliche Prostituierte zu sein. Aber es ist genauso wahr, dass ich sie für mich haben will. Ich verachte diesen Kadetten auf jeden Fall, Blackie – aber es stimmt auch, dass ich plötzlich ganz normal und menschlich neidisch auf ihn bin. Ich möchte nicht so tun, als wäre ich nur damit beschäftigt, Gott ähnlich zu sein."

„Nun – ich glaube, ich bin ein Zyniker", sagte ich. „Aber ich erwarte von keinem von Ihnen eine wunderbare Reformation. Seien Sie nur nicht ungerecht zu ihr – erwarten Sie nicht zu viel von ihr."

Und so wurde Nina ein akzeptiertes Mitglied unseres Haushalts.

V

Norman machte sich auf jeden Fall ernsthaft daran, den Platz in Ninas Leben einzunehmen, den zuvor Blackie eingenommen hatte.

Ein paar Nächte später gesellte ich mich mitten in der Aufführung im Koster and Bials zu ihnen . Nina blickte nur lange genug von der Bühne weg, um „Hallo" zu sagen. Sie war voller Aufregung. Norman und ich saßen in der Loge und interessierten uns viel mehr für sie als für die Gemeinplätze der Bühne. Wir fühlten uns beide ziemlich unwohl an einem so sinnlosen und leichtfertigen Ort.

„Diese Erfahrung", sagte er und ich glaubte, einen entschuldigenden Tonfall in seiner Stimme zu hören, „bringt mich zu einem besseren Verständnis des Lebens der Armen. Natürlich würden sie es übel nehmen, wenn ich sage, dass Nina mir geholfen hat, sie zu verstehen." Die Armen sind die schlimmsten aller Snobs. Wir „Reformer" glauben viel mehr an die Arbeiterklasse als an sie selbst. Es ist schwer, an sie heranzukommen – wir treffen nur solche, die reden können, und die meisten von ihnen wissen es stumm. Die Kerle in meinem Studentenverein sehnen sich nach Bildung. Sie beneiden uns, die sie uns aufgezwungen hat – und posieren natürlich vor uns. An Menschen, die einen beneiden, kommt man nicht wirklich ran.

„Aber Nina hat nie gelernt – liest kaum – will nicht. So etwas ist ihr *absolutes Bonum* . Ich habe nichts gefunden, was sie glücklicher macht, als wenn ich Abendkleidung anziehe und mit ihr in ein schickes Outfit gehe–" Stadtrestaurant. Und sie kann nicht anders als zu reden. Sie hat kein Selbstbewusstsein – keine Pose. Was sie sagt, ist Realität. Es ist die Weisheit der Mietskasernen, die sie hervorplappert – die ehrwürdige Philosophie der Armen. Ich lerne viel von ihr."

„Du brauchst dich nicht bei mir zu entschuldigen", sagte ich.

„Ich habe mich nicht entschuldigt", erwiderte er. "Warum sollte ich?"

„Ich sagte, das brauchst du nicht."

„Aber Sie meinten, dass ich es tun sollte – nicht zu Ihnen, sondern zu jemandem. Zu wem? Zu Gott? Zu Mrs. Grundy? Nein – warum sollte ich mich entschuldigen?" – Er warf seinen Arm zurück, so dass seine Hand auf meiner Schulter lag , es kam unserer großen Liebe zueinander noch nie einem Ausdruck einer Liebkosung nahe – „Ich weiß, dass du damit nicht einverstanden bist, Arnold. Aber wem schade ich schließlich? Du und ich haben eine ziemlich düstere Stimmung geführt." ein Leben...."

„Das hast du", unterbrach ich. „Ich bin nicht in der Lage, irgendwelche selbstgerechten Steine zu werfen."

„Oh", sagte er. „Das meinten Sie, als Sie sagten, ich brauche mich nicht bei Ihnen zu entschuldigen."

"Das nehme ich an."

„Na, wem dann? Sag es mir ", fuhr er fort, als ich nicht sofort antwortete. „Ich bin wirklich froh, die Meinung eines desinteressierten Zuschauers zu haben. Das hilft immer. Sag es mir."

„Guter Gott", antwortete ich auf seine Herausforderung, „ich bin kein Orakel – keine allwissende Stimme des Gewissens. Aber es sieht für mich so aus, als würden sich Nina entschuldigen."

„Nina?" sagte er überrascht.

„Ja. Verstehst du nicht, was passiert? Sie verliebt sich in dich. Das Echte. Sie hat noch nie jemanden wie dich gesehen. Du bist wie der strahlend weiße Held des Bowery-Melodramas, der die verzweifelte Heldin rettet in letzter Minute – und *heiratet sie* . Natürlich wissen Sie und ich, dass die jungen Millionäre mit Tenorstimmen die verzweifelten Mädchen nicht heiraten. Aber denken Sie daran, mit welcher Art von Drogen ihr Geist erfüllt ist. Der Hochzeitsmarsch beginnt immer, kurz vor dem Vorhang fällt.

Die Slap-Stick-Komiker hatten ihren Auftritt beendet, die Lichter gingen an und zum ersten Mal fiel mir Ninas prächtiges Kleid auf. Es war wirklich ein wunderschönes Kleid. Wäre ihr Haar mit etwas mehr Geschick frisiert worden und hätte Norman nicht all seine Autorität gegen ein Übermaß an Puder und Farbe eingesetzt , sie hätte ganz wie eine Dame aus der Oberstadt ausgesehen, aus den Holland Houses oder Rector's, wie diejenigen, die hochgehen Fifth Avenue zu einem Ball oder wie diejenigen, die zum Broadway gehen und in den Theaterlobbys herumstolzieren, um die Aufmerksamkeit eines Herrn von außerhalb der Stadt auf sich zu ziehen.

Ich machte ihr ein Kompliment für ihr Aussehen und sie erzählte mir erfreut wie ein Kind, wie sie das Kleid an diesem Nachmittag in einem Second-Hand-Laden in der Sixth Avenue gekauft hatten. Das glorreichste Erlebnis ihres Lebens, bevor sie Norman traf, war eine kurze Bekanntschaft mit der Frau, die bei „Miner's" die „Bösewichtin" spielte. Sie hatten schon seit einiger Zeit Zimmer im selben Haus. Und diese Tragödie hatte Nina anvertraut, wo sie ihre Second-Hand-Kleidung gekauft hatte. Norman im Smoking und Nina im Hemdblusenkleid hatten viel Aufmerksamkeit erregt, und so war er zu dem Schluss gekommen, dass sie ein passenderes Outfit für die Abendgarderobe haben musste. Sie war vorangegangen. Und sie erzählte mir mit großer Lebhaftigkeit – und oft auch Schimpfwörtern – von den langen und komplizierten Verhandlungen, die dem endgültigen Kauf vorausgegangen waren. Die Verkäuferin hatte 27,50 Dollar verlangt und Nina hatte sich für 17,50 Dollar entschieden. In einer Phase des Streits hatte die Frau Nina beiseite geführt und sie eine kleine Idiotin genannt.

„,Er ist reich', sagt sie zu mir. ,Er wird bezahlen. Weißt du nicht genug, um ihn zu verarschen? Ich schlage dir fünfzig Cent ab, sagst du schon. Er wird es bezahlen. Und morgen kommst du Runde und ich gebe dir drei Dollar.' Was denkst du denn darüber? Sag : „Weißt du, was ich getan habe?"

Ich konnte es nicht erraten.

„Ich spucke sie an. Ich sagte ,Du …'" (Zu den anderen Beinamen gehörten „schielend" und „hakennasig".)

„Na ja – wie viel hast du zuletzt bezahlt?" Ich fragte.

„Ich denke", sagte Norman, „sie hätte es für die siebzehn bekommen können …"

„Klar, das könnte ich", unterbrach Nina. „Aber er hatte es eilig und gab dem … Dieb zwanzig. Es …"

Das Licht ging aus, der Vorhang ging auf und eine Frau, der ich nicht zugetraut hätte, dass sie freundlich zu ihren eigenen Kindern wäre, brachte eine Truppe bemitleidenswerter Hunde mit. Nina drehte sich wieder um, um die Bühne zu betrachten.

„ Sie denken also ", Norman kehrte zum vorherigen Thema zurück, „dass ich sie heiraten sollte?"

"Natürlich nicht."

„Wenn Sie irgendwelche Gründe haben, warum ich das nicht tun sollte, die nicht reiner Snobismus sind, würde ich sie gerne hören."

„Guter Gott", sagte ich. „Darüber denkst du doch nicht ernsthaft nach, oder?"

„Kaum. Aber die Idee ist mir gekommen. Warum hast du solche Angst davor?"

Es ist seltsam, was für unlogische Wesen wir sind! Bis zu diesem Moment hatte mir Nina leidgetan. Jeden Tag gefiel sie mir mehr. Und mit schmerzlichem Herzen sah ich, wie in ihr die staunende, benommene Bewunderung für ihren neuen Herrn wuchs . Liebe ist eine der ursprünglichsten Leidenschaften der Menschheit. Es ist wahrscheinlich, dass es bei primitiven Menschen stärker – größer oder verheerender – ist als bei denen von uns, die vom Elterntyp weg zivilisiert wurden. Ich wusste, dass Nina sich auf eine Weise in Norman verliebte, wie es keine Frau unserer Klasse jemals konnte. Er hatte sie in ein Feenland entführt, und ich hatte das Gefühl, dass sie nicht umhin konnte, mit der märchenhaften Auflösung zu rechnen.

Aber der Hinweis auf die Möglichkeit, dass er wirklich die Rolle des Märchenprinzen spielen könnte, brachte mich völlig aus dem Konzept. Nina wurde zu einer vernachlässigbaren Größe. Ich machte mir nur Sorgen um ihn. Es ist unnötig, die Argumente gegen eine solche Ehe zu wiederholen, die mich überschwemmten. Sie werden jedem in den Sinn kommen. Aber dagegen vorzugehen – ich kannte Norman zu gut –, das zu versuchen.

„Vielleicht wäre das die beste Lösung der Sache – für sie."

"Und für mich?" er bestand darauf.

„Nun. Du bist in einer besseren Position als ich, das zu entscheiden."

Er lachte, beugte sich vor und kniff ihr ins Ohr. Plötzlich vergaß sie die Bühne und stand auf – rücksichtslos gegenüber allen Beobachtern – kam zurück und küsste ihn.

„Nina", fragte ich, „wenn ich dir ins Ohr kneifen würde, würdest du mich dann küssen?"

„Nein", sagte sie überzeugend. „Ich würde dir eine Ohrfeige geben."

„Davon weiß ich nur eines, Arnold", sagte er, als sie zu ihrem Platz zurückgekehrt war. „Es erweckt mich wieder zum Leben. Ich glaube, ich hatte monatelang nicht wirklich gelacht. Ich hatte vergessen, dass es so etwas wie Unterhaltung auf der Welt gibt. Ich war nie besonders stark im Spielen. Eines bin ich mir sicher . " . Es gibt mir einen neuen Einblick – eine neue Sichtweise – auf viele Dinge. Nur Gott weiß, wie es ausgehen wird."

<h1 style="text-align:center">VI</h1>

Ich kann nur vermuten, wie es ausgegangen wäre, wenn Nina nicht unter Diebe geraten wäre. Das unlösbarste Geheimnis des Lebens ist die Art und Weise, wie manchmal aus den gröbsten und brutalsten Fehlern die allerhöchsten menschlichen Werte entstehen .

Obwohl ich gegenüber Nina in leichtfertigem Ton über Blackie gesprochen hatte, wusste ich, dass er Ärger verursachen könnte. Ich hatte ernsthaft mit Norman darüber gesprochen und ihm geraten, die Teile der Stadt, in denen Blackies Bande wahrscheinlich anzutreffen wäre, so weit wie möglich und insbesondere nach Einbruch der Dunkelheit zu meiden. Und gemeinsam hatten wir Nina und Guiseppe eingeschärft , dass sie niemals alleine ausgehen sollte. Da aber eine Zeit lang nichts von ihm zu hören war, machten wir uns alle weniger Sorgen.

Nina war etwa drei Wochen bei uns, als der Sturm ausbrach. Eines Nachmittags gegen fünf kam ich von der Arbeit nach Hause – und fand Chaos vor. Guiseppes Kopf war mit einem blutigen Verband umwickelt, Nina weinte wild auf dem Diwan.

Es dauerte einige Minuten, bis ich eine schlüssige Erklärung von ihnen bekommen konnte. Nach dem Mittagessen waren sie hinausgegangen, um die Rechnung des Metzgers zu bezahlen. Nina, die aus „seinem Bezirk" kam, hatte Giuseppes Herz erobert und er ermöglichte ihr das Vergnügen, als Hausfrau zu spielen. Es gefiel ihr besonders, die Rechnungen zu bezahlen, also hatte sie das Geld bei sich – etwa dreißig Dollar. An der Ecke Second Avenue und First Street waren sie von Blackies Bande umzingelt worden. Guiseppe hatte wie ein echter Garibaldianer gekämpft, bis ihm mit einem Messer der Kopf aufgeschlitzt und er von den jungen Schlägern zu Boden geworfen wurde. So schnell sie gekommen waren, rannten sie davon. Als er sich aufrichtete, war Nina nirgends zu sehen. Er hatte einen Polizisten um Hilfe gebeten, wurde aber ausgelacht. Dann war er zum Tipi gekommen, hatte weder Benson noch mich gefunden, hatte ihm den Kopf gebunden, war mit einigen Garibaldian-Kameraden auf die Suche gegangen. Das ist ungefähr drei Uhr. Kurz nach vier hatten sie sie verzweifelt schluchzend hinter einer Aschetonne in einer Gasse gefunden. Es war ihm schwergefallen, sie zur Rückkehr zu überreden. Sie hatte Angst vor Blackies Zorn – aber noch mehr Angst davor, dass Norman wegen des Geldes wütend sein würde.

Ihre Geschichte kam unterbrochen zwischen Weinanfällen heraus. Beim ersten Angriff hatten Blackie und ein anderer Kadett sie um die Ecke und einige Stufen hinauf zu einem gemieteten Zimmer gescheucht. Dort nahmen sie ihr das Geld weg und schlugen sie in aller Ruhe. Die drei, die Guiseppe misshandelt hatten, kamen kurz darauf herein und traten sie noch weiter. Daran war nichts Ungewöhnliches – es ist der altbewährte Brauch, nach dem die Kadetten ihre Mädchen in der Sklaverei halten. Ich bezweifle, dass in unserer großen Metropole jemals ein Tag vergeht, an dem sich nicht dieselbe Szene abspielt. Sie hätten sie wahrscheinlich noch schlimmer geschlagen, wenn der Geldgewinn sie nicht zu anderen Vergnügungen verführt hätte. Einer nach dem anderen schworen die fünf Männer und unterstrichen ihre Worte mit Schlägen, dass sie Blackie töten würden, wenn sie Blackie jemals wieder hinwerfen würde. Zum Abschied gaben sie ihr den Rat, dass sie mit einer neuen Tracht Prügel rechnen müsse, wenn sie bis zehn Uhr am nächsten Morgen nicht fünf Dollar verdient hätte.

Solche Geschichten waren mir schon früher bekannt, sie sind die Gemeinplätze der Polizeigerichte. Aber wie Norman am ersten Morgen gesagt hatte, müssen solche Dinge jemandem in unserer Nähe passieren, bevor wir sie bemerken. Ich nahm die Handschellen aus meinem Schreibtisch und steckte neue Patronen in meinen Revolver. Ich hatte mich noch nie zuvor in einer derartigen Stimmung auf die Suche nach einem Mann gemacht ...

Wenn ich an die Arbeit dieses Abends zurückdenke, an die Gräber und unsere Sträflingsgefängnisse und all den bitteren Horror unseres Strafvollzugs, ist das nicht länger unerklärlich. Es ist nur kristallisierte Wut. Der elektrische Stuhl ist nur ein formales Symbol des kollektiven Hasses. Ich bin überhaupt nicht stolz auf diese Menschenjagd. Ein Freund von mir war verletzt worden. „Ein Freund von mir“ – wie viele Gesetze des Menschen und der Natur wurden mit diesem Vorwort gebrochen! Die politischen Bosse kümmern sich um ihre „Freunde“. Wegen „Freundschaft“ wurden mehr korrupte Gesetze verabschiedet als wegen Bestechung. Also. Ein Freund von mir war berührt. Alles, woran ich mich gerne als zivilisierten Menschen erkenne, ist weggefallen. Plötzlich wurde ich ein Verbündeter dessen, gegen das ich kämpfte. Als ich die Treppe hinunterstürmte, mit Handschellen in der einen Tasche und einem Revolver in der anderen und Mord im Herzen, leistete ich nur meinen Beitrag zur Aufrechterhaltung des Systems, das mir – wenn nicht wütend – das verabscheuungswürdigste Element unserer Zivilisation erscheint .

Ich habe Benson die Nachricht hinterlassen, dass er zu Hause bleiben soll, wenn er nach Hause kommt, damit ich ihn telefonisch erreichen kann. Ich hatte keinen konkreten Plan, als ich das Tipi verließ – nur irgendwie würde ich Blackie „erwischen". Es dauerte ungefähr eine Stunde, bis ich ihn finden konnte. Die erste Wut meines Zorns war verflogen, sie hatte Zeit gehabt, abzukühlen und sich zu verhärten.

Ich steckte mein Abzeichen an die Außenseite meines Mantels, trat die Tür des „Tim O'Healy Social and Civic Club" auf und deckte die zwanzig jungen harten Kerle ab, die sich im Raum befanden.

„Hände hoch", befahl ich. Sie gehorchten mürrisch.

„Ich will Blackie", sagte ich, „und keine lustigen Arbeiten von euch anderen."

Einen Moment lang waren sie unentschlossen.

„Sag mal. Du machst dich verdammt lächerlich", protestierte einer von ihnen, „Blackies Präsident dieses Clubs – er steht direkt neben dem alten Mann. Du wirst sicher pleite gehen."

„Halt den Mund. Der alte Mann hat mich geschickt", log ich. „Blackie ist zu schnell geworden."

"Hölle!" ein anderer meldete sich. „Ich habe gesehen, wie der alte Mann ihm vor einer Stunde die Hand geschüttelt hat . "

„Hör auf, Junge", antwortete ich. „Du redest zu viel. Wie lange hat der alte Mann schon die Angewohnheit, Leute zu warnen, die er anprangern wird?"

Meine Lüge hat funktioniert – und Blutvergießen verhindert. Es war die alte Tragödie von Kardinal Wolsey, die noch einmal aufgeführt wurde. Keiner aus der Bande hatte wirklich Angst vor meinem Revolver. Ein Ansturm hätte mich erledigt. Aber sie hatten alle Angst vor dem Zorn des alten Mannes. Sie zogen sich von Blackie zurück.

„Das ist eine Lüge", knurrte er. „Ich und die Freunde des alten Mannes."

„Das kannst du morgen früh mit ihm besprechen. Komm schon."

Er wurde plötzlich blass, weil er meine Geschichte halb glaubte. Er war so ein schlecht aussehender, rattenäugiger Schurke, dass ich es bedauerte, dass sie sich nicht beeilt hatten – zumindest hätte ich seine Karriere stoppen können. Jetzt allein, unterwarf er sich mürrisch.

„ Was ist der Vorwurf?" fragte er und streckte seine Hände nach den Eisen aus.

„Mord im Ersten."

So wie er verwelkt ist, glaube ich, dass er einen Mord auf dem Gewissen hatte.

„Jetzt", sagte ich zu der Bande, „brauche ich keine Hilfe von euch. Ihr solltet lieber gleich mit eurem Spiel weitermachen Ich möchte mit dem alten Mann etwas falsch machen.

Aber anstatt ihn zum nahegelegenen Bahnhofsgebäude zu bringen, brachte ich ihn schnell in die Stadt zu den Gräbern. Der Sergeant an der Rezeption kannte ihn nicht, also habe ich ihn unter einem falschen Namen eingetragen. Bei einer Durchsuchung wurde ein ganzes Arsenal bei ihm entdeckt: ein Revolver mit kurzem Lauf , ein Messer und einige Schlagringe. Ich habe ihn mit allen Vorwürfen belegt, die mir einfielen – ungebührliches Verhalten, versteckte Waffen, Raub ersten Grades, schwere Körperverletzung. Nina war vielleicht zu verängstigt, um den Raub auszusagen, aber Guiseppe würde den Angriff beschwören.

Sobald ich ihn in meiner Zelle hatte, rief ich Norman an, dass alles gut liefe, und eilte in die Innenstadt zum Haus des Bezirksstaatsanwalts. Das Schicksal spielte mir in die Hände, denn zu dieser Zeit herrschte – wie üblich zwischen Wahlen – Bürgerkrieg innerhalb der Organisation. Der Bezirksstaatsanwalt war ein Maschinenmensch, aber einer der Anführer der rebellischen Fraktion. Er hörte meine Geschichte mit großer Freude, eine schwere Strafanzeige gegen einen der Leutnants des Alten Mannes war für seine Mühle eine gute Sache. Er versprach, den Fall voranzutreiben und ihn O'Neil vorzulegen, den der alte Mann nicht erreichen konnte.

Dann ging ich zum „Alten Mann". Ich habe bereits über meine Begegnungen mit ihm geschrieben. Im Allgemeinen hatte ich freundschaftliche Beziehungen zu den Maschinenpolitikern aufgebaut. Einige von ihnen, insbesondere die Juroren, mochten mich persönlich. Ryans Freundschaft war für mich, glaube ich, echt. Aber ich war mir nicht so sicher, was hinter der lockeren Vertrautheit des alten Mannes steckte . Ich konnte nicht auf seine Freundschaft zählen. Aber er war sich sicher, dass er herausfinden würde, was ich getan hatte. Und es hatte nichts damit zu tun, es jemand anderem zu sagen.

In dieser Nacht fand ich ihn im Hinterzimmer des Saloons seines Schwagers. Er sah zu mir auf, seine Augen waren normalerweise herzlich, aber entschieden feindselig.

„Sag mal, junger Mann, bist du nicht ziemlich schwul geworden?"

„Das habe ich auf jeden Fall", gab ich zu. „Und ich bin gekommen, um Ihnen zu sagen, was ich getan habe und warum ich es getan habe." Ich erzählte ihm die Geschichte von Anfang bis Ende, sogar mein Gespräch mit dem Staatsanwalt.

„Nun", sagte er, als ich fertig war, „du hast es bisher ziemlich geschickt gemacht. Aber wie willst du verhindern, dass diese Bande dich erschießt, wenn sie herausfindet, was du ihnen angetan hast?"

„Es wird ein armer Freund von Blackie sein", sagte ich, „der auf mich schießt. Ich habe zu viele Freunde auf der Richterbank. Und der Staatsanwalt würde ihm mit Sicherheit einen schmutzigen Deal machen."

Er nickte zustimmend. Seinen Erkenntnissen zufolge hat der Alte Mann fair gekämpft. Er hatte keine geringe persönliche Feindseligkeit. Er reichte mir eine Zigarre. Ich habe es im Stillen geraucht, während er überlegte.

Ich hatte ein Messer an eine verletzliche Stelle gesteckt – hatte den Apfel der Zwietracht dorthin geworfen, wo er am wahrscheinlichsten Ärger verursachen würde. Tammany Hall ist ein moderner Feudalismus. Die Fähigkeit, die eigenen Vasallen zu schützen, ist das Grundgedanke der Organisation. Der „Ward Heeler" ist ein kleiner Graf, die „Distriktführer" sind die Großherzöge. Und das Königtum dieses Reiches ist nicht erblich – es ist nicht einmal eine lebenslange Amtszeit. Ich glaube nicht, dass es jemals, schon gar nicht zu meiner Zeit, vorgekommen ist, dass ein Chef sein Amt bis zum Tod gehalten hat. Und es gab nur sehr wenige freiwillige Abdankungen.

Der alte Mann stand vor einer entschlossenen Rebellion. Blackie nicht retten zu können, wäre ein schwerer Schlag für sein Ansehen. Viele Distriktführungen sind wegen einer geringeren Angelegenheit verloren gegangen. Er wusste, dass er von der Staatsanwaltschaft keine Hilfe bekommen konnte, ohne einen demütigenden Frieden zu schließen. Ich sah für ihn nur einen Ausweg: Blackie abzulehnen. Er hätte leicht einen Vorwand finden können, um meine Lüge zu bestätigen. Ich bin mir sicher, dass ihm dieser Gedanke durch den Kopf ging und er mit dem Wort „Diskretion" überschrieben war. Aber als ich erwartete, dass er diesen einfachen Ausweg finden würde , habe ich ihn falsch eingeschätzt. Er liebte einen Kampf. Diese Fraktionskämpfe machten das Leben innerhalb der Organisation interessant und für Männer seines Schlags attraktiv. Er war nie besiegt worden. Er legte sich nicht gern vor mich, der in seinen Augen nicht einmal ein normaler Krieger war, sondern nur eine Art Bandit.

„Ich habe einen Mann runtergeschickt, um ihn zu retten", sagte er plötzlich. „Ich schätze, es wird einen Kampf geben. Meine Antwort bekommst du morgen früh. Gute Nacht."

Ich fand Norman in Berserker-Wut. Er neigte dazu, mit mir zu streiten, weil ich Blackie nicht sofort erschossen hatte. Ein Arzt hatte die klaffende Wunde in Guiseppes Kopf vernäht . Abgesehen von einigen wütenden schwarzen und blauen Flecken hatte Nina keine Verletzungen erlitten. Sobald sie sich über das verlorene Geld beruhigt hatte, war sie wieder zu Kräften gekommen.

Die Antwort des alten Mannes hätte uns überrascht – wie er es beabsichtigt hatte –, wenn ich nicht eine glückliche Feindschaft gehabt hätte. Ich vermute, dass es in den Gräbern viele Menschen gab, die mich nicht mochten, aber niemand hasste mich so herzlich wie Steger, der Vertreter der Gesellschaft zum Schutz der Kindheit. Unsere Fehde dauerte lange. Er war ein unbedeutender kleiner Mann, dem niemand jemals Beachtung schenkte. Er wurde von der Gesellschaft damit beauftragt, Anklage gegen jeden zu erheben, der wegen Verstößen gegen die Gesetze zum Schutz der Kindheit angeklagt war, und die härtesten Strafen gegen alle für schuldig befundenen Personen zu fordern. Meine Aufgabe bestand darin, das Gericht davon zu überzeugen, die Gerechtigkeit durch Gnade zu mildern. Zwangsläufig gerieten wir in Konflikt. Er würde den Richter drängen, die Höchststrafe zu verhängen, und ich würde um Nachsicht bitten. Mein persönlicher Stand war besser als seiner und ich siegte bei diesen häufigen Wettkämpfen ausnahmslos. Sein Groll gegen mich hatte mich immer zum Lächeln gebracht. Ich traf ihn, als ich das Gerichtsgebäude betrat.

„Scheint ein netter Kerl zu sein – dieser Mitbewohner von dir", höhnte er.

"Was ist los?"

„Du wirst es schnell genug wissen. Befolge meinen Rat und verschwinde. Es wird dir schwerfallen, die Mittäterschaft zu widerlegen."

Es hat gereicht, mir den Tipp zu geben. Innerhalb von fünf Minuten erfuhr ich die ganze Geschichte von einem meiner „ Kreisdetektivkollegen ", der den Durchsuchungsbefehl gesehen hatte. Blackie und der alte Mann hatten Ninas Mutter dazu gebracht, eine eidesstattliche Erklärung abzugeben, dass ihre Tochter erst siebzehn Jahre alt war. Steger hatte freudig einen Haftbefehl gegen Benson erlassen und ihn wegen Vergewaltigung zweiten Grades angeklagt – Staatsgefängnis, zehn Jahre.

In der Sprache der Gräber hatten sie „die Waren bei sich". An dieser Anklage führt kein Weg vorbei, wenn das Mädchen unter achtzehn Jahre alt ist. Die Frage, ob sie „ein zuvor keusches Leben geführt" hat oder nicht, spielt bei Vergewaltigungsfällen keine Rolle.

Es dauerte nicht lange, bis ich ein Telefon erreichte. Benson hatte das Tipi verlassen. Als der Detektiv mit dem Durchsuchungsbefehl unterwegs war, sagte ich Guiseppe , er solle Nina sofort zum Café Boulevard bringen – keine

Minute warten! Zum Glück habe ich Norman im Club erwischt, als er gerade nach seiner Post rief. Die Tatsache, dass ich „ein Verbrechen verschärfte", kam mir erst Stunden später in den Sinn.

Ich erreichte das Café und brachte Guiseppe und Nina in ein Privatzimmer, bevor Norman eintraf. Er war sicherlich in einer kriegerischen Stimmung, als er kam. Er hatte seinen Familienanwalt mitgebracht, einen aufgeblasenen alten Mann mit grauem Hammelkotelett-Schnurrbart und einer Neigung zum Schlaganfall. Seine Würde wurde traurigerweise dadurch beeinträchtigt, dass er in einen vulgären Kriminalfall hineingezogen wurde.

Norman und ich gingen mit ihm in einen anderen Raum, um dort einen Kriegsrat zu besprechen. Er sei natürlich bereit, den Anweisungen seines Mandanten Folge zu leisten, sagte er uns, aber er hielt es für seine Pflicht, darauf hinzuweisen, dass er ein älterer Mann sei als wir und über einige Kenntnisse weltlicher Angelegenheiten verfüge. Er hoffte, dass ich aufgrund meiner Vertrautheit mit den Strafgerichten eine zufriedenstellendere Lösung als die Heirat aufzeigen könnte, über die sein Mandant in edlem Don Quijote-Geist nachdachte. Wir müssen einem älteren und erfahreneren Mann erlauben, zu sagen, dass die Ehe eine ernste – wenn nicht sogar eine priesterliche Angelegenheit war. Unter den besten Umständen war es ein Glücksspiel. Und in diesem Fall wäre es gesellschaftlich so unzweckmäßig, finanziell so unverhältnismäßig und persönlich – nun ja – so beispiellos ... Er säumte und schnitt, zerzauste sein spärliches Haar und tätschelte seinen Bauch – kurzum, ich könnte keinen Vorschlag machen.

„Mach weiter und rede", knurrte Norman. „Verschwinden Sie es aus Ihrem System."

„Sie könnten vorübergehend nach Kanada ausweichen", sagte ich. „Wenn wir das Verfahren gegen Blackie einstellen, wird dieser Haftbefehl aufgehoben."

Der Anwalt nickte zustimmend.

„Bist du fertig?" fragte Norman. „Nun, dann hör mir zu. Ich werde nicht schwänzen. Ich werde diesen Schurken nicht locker lassen. Ich werde nicht ‚aufgeben'! Nicht für eine Minute! Ich bin schon auf dem Weg zum Heiratsbüro des Rathauses, wenn in den alten Gesetzesbüchern hier nicht stand, dass ich die Zustimmung von Ninas Mutter brauchte. Wenn du hilfreich sein willst – bring eine Schwiegermutter hervor. Kaufe die alte Dame, entführe sie, Knüppeln Sie sie – alles – aber bringen Sie sie in eine einwilligende Stimmung. Wenn Sie nicht helfen wollen, laufen Sie mit Gräber."

Der Anwalt versuchte etwas zu sagen, aber Norman sah mich an.

„In Ordnung", sagte ich. „Ich werde das in Ordnung bringen. Gehen Sie kein Risiko ein, indem Sie diesen privaten Raum verlassen. Sobald ich die alte Dame gefangen habe, rufe ich an. Es kann eine lange Suche sein, aber bleiben Sie ruhig."

Es war keine lange Jagd. Der alte Mann hätte nie gedacht, dass ein reicher junger Mann wie Benson den gordischen Knoten durch die Heirat mit einer Prostituierten durchschlagen würde, und hatte daher nicht die Vorsichtsmaßnahme getroffen, die Mutter zu verstecken. Ich fand sie dösend vor ihrem Obstladen. Sie hatte mehrere Monate lang nichts von Nina gehört, bis sie am Abend zuvor die eidesstattliche Erklärung über ihr Alter unterschreiben musste. Für fünfzig Dollar hätte sie der Ermordung Ninas zugestimmt, die Ehe wurde für zehn Dollar arrangiert.

Nachdem sie sich auf einem vom Anwalt verfassten juristischen Dokument einen Namen gemacht hatte, schickten wir Guiseppe nach Hause, um das Mittagessen vorzubereiten und die Polizei zu unterhalten. Er sollte ihnen nichts sagen, außer dass wir bald zurück sein würden. Norman und Nina, der Anwalt und ich, fuhren in einer geschlossenen Kutsche zum Rathaus hinunter. Es hat mich ziemlich erschreckt, wie schnell sie den Bund fürs Leben geschlossen haben. Zurück am Tipi fanden wir einen Detektiv und einen Polizisten. Es gab ein Tableau.

„Guten Tag, meine Herren", sagte Norman. „Erlauben Sie mir, Sie Mrs. Benson vorzustellen."

Er überreichte dem Detektiv die Bescheinigung.

„Jetzt", sagte er, nachdem der Mann es gelesen hatte, „verschwinden Sie. Und schauen Sie mal – Sie Polizist. Sagen Sie Ihrem Hauptmann, dass meine Frau in seinem Revier brutal angegriffen wurde. Es liegt an ihm, sie zu beschützen. Sagen Sie es ihm." Wenn ich einen Mord begehen muss, ist es seine Schuld."

Eine halbe Stunde später, während wir aßen, klingelte das Telefon. Es war der alte Mann.

„Hallo", sagte er. „Glückwünsche ihnen von mir. Sagen Sie … Sie sind mir in Topform überlegen. Schade, dass Sie nicht in der Politik sind. Ich hätte Sie gerne in meinem Stab. Und sagen Sie – Blackie ist für seine Gesundheit auf eine Eisenbahnreise gegangen." . Jetzt werden Sie doch nicht böse sein und mich die fünftausend Dollar Kaution zahlen lassen? Der Club hat einen neuen Präsidenten. Er war gerade bei mir und sagt, die Jungs seien wahnsinnig sauer über den Job, den Sie ihnen übertragen haben Ich sagte ihm, er solle den Deckel geschlossen halten. Ich sagte zu ihm: „Diese beiden jungen Herren sind meine Freunde." Das bist du, nicht wahr ?"

„Nun", sagte ich, „wenn ich habe, was ich will, höre ich auf zu kämpfen. Ich habe diesen Fall völlig vergessen. Das Einzige, was mich daran erinnern könnte, wäre der Anblick von Blackies Gesicht."

„Gut", antwortete er. „Das ist aufgeräumt. Und sagen wir mal – sie stellen morgen noch ein paar Männer in der Hafenabteilung ein – Platz für alle Ihre Freunde. Und – vergessen Sie nicht, der Braut – und dem Bräutigam – meine besten Wünsche zu übermitteln. Ich wie ein Kerl, das ist ein echter Sport."

Eine Stunde später kam ein Bote mit einem großen Strauß weißer Rosen für die Braut. Auf die Karte hatte der alte Mann geschrieben: „Viel Glück." So wurde der Frieden wiederhergestellt .

VII

Am Morgen nach der Hochzeit fand Norman mich in der Bibliothek und las, was die Zeitungen dazu zu sagen hatten. „Exzentrischer Millionär Weds Street Walker." „Um dem Staatsgefängnis zu entgehen, heiratete ein prominenter sozialistischer Führer ein kleines Mädchen, das er verführt hatte." Als mein Freund, der Beschützer der Kinder, feststellte, dass wir gegen den Haftbefehl verstoßen hatten, hatte er diese Art gewählt, um seinem Ärger Luft zu machen.

„Ich bin froh", sagte Norman, während er einen Blick auf die Schlagzeilen warf, „dass Nina keine Zeitung liest. Das könnte sie stören."

Aber er ließ mich sie laut vorlesen, während er seinen Kaffee trank. Und währenddessen vertiefte sich sein Ausdruck amüsierter Zufriedenheit.

„Gott! Das hört sich gut an", kommentierte er. „Ich wusste nie genau, wie man das macht. Ich habe viele schlaflose Nächte damit verbracht, mir eine wirkungsvolle Möglichkeit auszudenken, den ‚besten Leuten' zu sagen, sie sollen zur Hölle fahren – eine Möglichkeit, den selbstgefälligen Bürgern in die Augen zu spucken – also Sie würden es nicht für einen Scherz halten. Jedes Mal, wenn ich wütend werde – mich wirklich öffne – und der Bande erzähle, was ich von ihnen halte, wie der Gestank ihrer Heuchelei mir in die Nase sticht , stärkt das meinen Ruf als Witzbold. Ich schätze Das wird sie reparieren! Du kennst ja das mit Heine …"

Er sprang auf, holte die „Erinnerungen" aus dem Regal und las mir die Passage vor, in der Heine von seiner jungenhaften Begegnung mit „Rotem Säfchen ", der kleinen Tochter des Henkers, erzählt. Obwohl die guten Leute des Dorfes, in dem er zur Schule ging, das Amt des öffentlichen Henkers duldeten, wollten sie mit dem Beamten nichts zu tun haben. Seine Familie wurde gnadenlos ausgegrenzt . Heinrich hatte Mitleid mit der Tochter und küsste sie einmal in plötzlicher Erregung. Mit diesen Worten beendet er seinen Bericht: „Ich habe sie nicht nur aus zärtlichen Gefühlen für sie geküsst, sondern auch aus Verachtung für die Gesellschaft und all ihre dunklen Vorurteile."

„Das ist es", sagte Norman fröhlich. „Ich habe mir immer gewünscht, ich könnte die Tochter eines Henkers finden und sie irgendwo in der Öffentlichkeit küssen – der Bande mit leerem Kopf und vollem Bauch zeigen, wie sehr ich sie verachte. Nina hat es für mich getan."

Nina hatte sich an all diesen Vorgängen sehr passiv beteiligt. Sie hatte getan, was ihr gesagt wurde, und gesagt, was ihr gesagt wurde, ohne zu fragen. Wie passiv es gewesen war, war uns damals nicht bewusst. Aber als ich an diesem Nachmittag von den Gräbern zurückkam, fand ich sie in einem ernsthaften Gespräch mit Guiseppe .

„Sagen Sie", sagte sie, nachdem er gegangen war, „ich möchte mit Ihnen reden."

Doch der Anfang fiel ihr schwer.

"Was ist es?" Ich habe sie ermutigt.

„Der alte Mann, Guiseppe , ist ein Narr", platzte es aus ihr heraus. „Sagt, dein Freund hat mich geheiratet."

„Nun. Das ist nicht dumm. Er hat dich geheiratet."

„Ach, verdammt! Lüg mich nicht an. Gute Männer wie er heiraten keine Mädchen, die sie auf der Straße aufreißen."

„Nicht sehr oft", gab ich zu. „Aber Benson hat dich auf jeden Fall geheiratet."

Sie seufzte tief, als gäbe es in einer Welt der Männer keine Hoffnung, die Wahrheit herauszufinden.

„Sie müssen denken, ich bin einfach", beharrte sie. „Er wird mich nie heiraten. Natürlich ist es egal, wie arm du bist. Manchmal heiraten reiche Männer aus der Innenstadt Fabrikmädchen, wie in „Vom Tellerwäscher zum Millionär" – aber keine Mädchen wie mich. Keine Mädchen, die es einmal waren schlecht."

Ich habe versucht, die alte Aussage, dass es nie zu spät ist, etwas zu ändern, in die Umgangssprache der Bowery zu übersetzen. Und dann fragte ich sie: „Bist du nicht mit ihm ins Rathaus gegangen?"

„Weiß ich das nicht? Habe ich nicht gesehen, wie Leute geheiratet haben?" sie erwiderte halb entmutigt, halb wütend. „Weiß ich nicht, dass man ein weißes Kleid und einen Priester haben muss? Was ist das Spiel?"

Ich habe mein Bestes getan, um zu erklären, dass wir in Amerika standesamtliche Trauungen haben, die genauso bindend sind wie die in einer Kirche. Aber alles, was ich von ihr bekommen konnte, war das widerstrebende Eingeständnis, dass es zwei Arten der Ehe geben könnte – eine halbwegs freundliche Ehe im Rathaus und eine wirklich freundliche Ehe mit einem Priester. Sie bestand darauf, dass es eine Sünde sei, Kinder ohne weißes Kleid und Ring zu haben.

Als Norman hereinkam, nahm ich ihn mit in mein Zimmer, schloss die Tür und erzählte ihm davon. Er rollte auf dem Bett herum und schlug mit den Absätzen in die Luft.

"Denk daran!" er heulte. „Ich – mit Orangenblüten geschmückt! Ich – gehe zum Priester! Arnold, hol deine weißen Handschuhe raus – poliere deinen Seidenhut – du musst mich damit durchbringen.“

Er rannte los, um Ninas Kleid zu bestellen. Aber er sagte ihr nichts davon und verpflichtete mich zur Verschwiegenheit. Es war eine völlige Überraschung für sie, als es kam.

Ich habe in meinem ganzen Leben noch nie etwas so Wundervolles gesehen wie ihr Gesicht, als sie das Paket öffnete – das allmähliche Verschwinden des Zweifels, das allmähliche Erwachen der Gewissheit – und dann die Art, wie sie mit vor Freude großen Augen zu Norman ging , und warf sich schluchzend in seine Arme. Ich musste in mein Zimmer gehen, um meine Tränen zu verbergen.

Ein paar Minuten später kam Norman herein – auch seine Stimme war steif und heiser.

„Was zum Teufel ist Ihrer Meinung nach das Neueste?“ er hat gefragt. „Sie ist mit Guiseppe zum Beichtstuhl gegangen ! Sie sagt, es wäre eine Sünde, ohne ihn zu heiraten. Mein Gott! Mein Gott!“

Ich war der „trauzeuge“ und Guiseppe verschenkte sie in der Krypta der Jesuitenkirche. Wir kamen nach Hause, zogen uns an – alle vier – und gingen zum Abendessen zu Delmonico.

Wir sorgten für Aufsehen, als wir uns zwischen den Tischen hindurch zu unserem Platz schlängelten. Guiseppe sah in seiner Abendgarderobe und mit all seinen Wahlkampfmedaillen wie der alleredelste Mann aus. Nina war wunderbar. Normalerweise war sie unbeschreiblich fröhlich, wenn man sie in ein Restaurant führte, aber an diesem Abend war sie sehr ernst und ein wenig blass. Natürlich erkannten einige Leute Norman und es begann heftig zu klatschen. Aber Nina war sich dessen nicht bewusst. Ihre Feierlichkeit ging noch tiefer. Als die Cocktails gebracht wurden, lehnte sie ihren ab.

"Warum nicht?" fragte Norman.

Eine leichte Röte begann in ihren Wangen, kämpfte sich zu ihren Schläfen und hinunter in ihren Hals.

"Was ist los?" er hat gefragt.

„Ich bin jetzt verheiratet", stammelte sie. „Gute Frauen trinken keine Cocktails."

Wir schauten uns beide um und sahen, dass Ninas Aussage, wenn sie hörbar gewesen wäre, einen Protest ausgelöst hätte:

„Warum – da drüben ist Mrs. Blythe", sagte Norman. „Sie hat eine Kirche gebaut. Sie trinkt einen Cocktail – sie ist furchtbar gut."

„Nein, ist sie nicht ", beharrte Nina hartnäckig. „Sie hat sich selbst gemalt. Sie ist ein sportliches Mädchen."

Norman sah sehr ernst aus. Es dauerte mehrere Sekunden, bis er sprach.

„Alles klar, kleine Frau. Ich werde dich nie mehr bitten, noch mehr Cocktails zu trinken."

Das Problem, was wir mit Ninas Mutter machen sollten, beunruhigte uns eine Zeit lang, aber es löste sich mit schwindelerregender Einfachheit von selbst. Sie sagte Norman, dass sie mit fünfhundert Dollar Kapital einen größeren Obstladen kaufen und bequem leben könne. Er untersuchte die Angelegenheit sorgfältig und gab ihr das Geld, da es sich für ihn um ein vernünftiges Geschäftsangebot handelte. Das war das letzte Mal, dass wir sie sahen. Gerüchte aus der Nachbarschaft besagten, dass einer ihrer Untermieter, angelockt von dieser prächtigen Mitgift, sie geheiratet hatte und mit ihnen nach Italien zurückgekehrt sei. Ich konnte den Namen des Mannes nicht herausfinden. Und wir haben nie wieder von ihr gehört.

Es war eine Freude, Nina in den Wochen und Monaten nach ihrer Hochzeit zu beobachten. Norman gegenüber hatte ich immer eine gewisse Ungeduld. Es kam mir so vor, als ob er nicht erkannte, was in ihr vorging, wie ihre Seele unter den Strapazen und Belastungen ihrer neuen Umgebung zur Schönheit geformt wurde.

In den damaligen wissenschaftlichen Kreisen gab es viele Diskussionen über den relativen Einfluss von Vererbung und Umwelt auf die Charakterbildung. Die meisten Experten neigten zu der Überzeugung, dass das angeborene Element, die Fähigkeiten und Neigungen, mit denen wir geboren werden, der größte Teil von uns ist. Nina zu beobachten, hat mich von diesem Fehler abgehalten. Möglicherweise war sie ungewöhnlich plastisch und besonders anpassungsfähig. Aber die Veränderung war erstaunlich. Sie hörte nicht nur auf zu fluchen, lernte den Umgang mit einer Gabel wie wir und wusch sich ohne Aufforderung das Gesicht. Es ging viel tiefer.

Ich dachte, dass Norman nur wenig über die Veränderung berichtete. Viele Monate lang war mir nicht klar, dass ich ihm gegenüber ungerecht war. Aber eines Tages ging ich zum Bahnhof, um ihn zu einer Reise in den Westen zu verabschieden. Kurz bevor der Zug losfuhr, ergriff er meinen Arm.

„Wir – Nina erwartet ein Baby.“

Er stieg in den Zug und winkte mir zu. Die Nachricht bedeutete, dass er keine Angst vor Ninas Vererbung hatte. Dass er es mir erst gesagt hatte, als keine Gelegenheit mehr bestand, darüber zu sprechen, löste in mir plötzlich einen Anflug von Eifersucht aus. Ohne dass ich es bemerkte, war ein neues Element in das Leben meines Freundes gekommen, das zu heilig war, als dass er mit mir darüber hätte sprechen können. Dadurch fühlte ich mich eine Zeit lang sehr einsam .

In den Monaten, die ihr noch blieben, ging Nina im Tipi umher und sang. Das Staunen wuchs in ihren Augen, ebenso wie die Gewissheit über ihre hohe Berufung. Für mich – einen Außenstehenden – war der Anblick ihres Glücks in den letzten Wochen vor der Geburt des Babys etwas Unangenehmes. Ich fühlte mich wie ein Eindringling, wie ein Schänder eines großen Mysteriums. Aber Norman flehte mich an, nicht zu gehen.

Buch VI

ICH

Natürlich war Ann sehr an Ninas Abenteuer interessiert. Von Anfang an war sie sicher, dass es gut ausgehen würde. Obwohl sie die Hülle ignorierte, wie sie es immer tat, kam ihr der Kern der Sache überhaupt nicht fremd vor. Sie ging viel weiter als der Professor in „Sartor Resartus ", der an Menschen ohne Kleidung dachte. Sie hat ihnen auch ihre Berufung entzogen. Für sie gab es keine Kategorien wie „Straßenbahnschaffner", „Schauspielerinnen", „Bankpräsidenten", „Näherinnen". Sie sah nur Männer und Frauen. Die Art und Weise, wie sie ihren Lebensunterhalt verdienten, war ihr ebenso unwichtig wie die *Art* ihrer Kleidung. Es kam nicht darauf an, was die Leute taten, sondern auf die Art und Weise, wie sie es taten. Ein Mann, der den Beruf des Kochs gewählt hatte und leidenschaftlich kochte, widmete seine ganze Energie Suppen und *Soufflés* und hatte für sie einen höheren Stellenwert als ein lustloser, oberflächlicher Dichter. Die tatkräftige Ausführung jeder Arbeit würde sie in ihren Augen heiligen. Natürlich wusste sie, dass die Arbeit im Streichholzhandel oder mit Bleiweiß einen Menschen vergiftet, dass manche der „staubigen Berufe" die Lunge ruinieren. Aber es wäre schwer gewesen, sie dazu zu bringen, zuzugeben, dass eine angenehme, anregende Arbeit einen Menschen moralischer machen könnte oder dass ein abscheulicher Job einen Mann verdammen kann. Ninas Erfolg in ihrer neuen Rolle schien Ann ausschließlich von der Intensität abzuhängen, mit der sie sich dieser Aufgabe widmete. Es spielte überhaupt keine Rolle, ob sie zuvor eine Straßenwanderin oder eine Königin gewesen war. Diesen Standpunkt – der sich völlig von meinem unterschied – fand ich bei den Menschen, die ich in Cromley traf, sehr verbreitet .

Früher oder später lernte ich die meisten führenden Anarchisten dieses Landes und viele aus dem Ausland kennen. Sie waren sicher, dass die Bartons sie willkommen heißen würden , dass sie eine Mahlzeit bekommen würden und dass im Haus ein Bett oder Sofa frei sein würde. Sie waren eine interessante und in vielerlei Hinsicht attraktive Gruppe. Wie Ann interessierten sie sich wenig für die äußeren Zufälle im Leben eines Menschen, dafür aber sehr intensiv für ein eher unbestimmtes Innenleben. Sie waren natürlich vehement gegen die Polizei. Aber ich wurde ohne Frage angenommen. Ich erinnere mich, wie der alte Herr Most einmal sagte und mit seinem langen, hageren Zeigefinger auf meinen Ausweis tippte.

„Es ist nicht das, was einen Polizisten ausmacht. Es ist nicht das Symbol, gegen das wir kämpfen, sondern die Geisteshaltung."

Die Anarchisten fangen an, in unserer Fiktion den Platz einzunehmen, den früher die Zigeuner einnahmen. Ein halbes Dutzend Romane der letzten Jahre hatten solche Typen als Helden. Es ist schwer, dem romantischen Charme einer Person zu widerstehen, die völlig ungebunden ist. Der Vagabund, der in einem Land konventioneller Wohnhäuser unter dem Sternenhimmel schläft, zieht uns in seinen Bann. Diese Anarchisten sind intellektuelle Nomaden. Damit sie die Freiheit haben, nach Lust und Laune im Reich des Denkens umherzuwandern, nach Lust und Laune durch die angenehmen Täler der Poesie zu schlendern, zuweilen die großen weißen Gipfel der Träume zu erklimmen, damit sie in den Wintertagen dies tun können Während sie nach Süden wandern, um ihren Freund, die Sonne, zu treffen, haben sie den unbeholfeneren Hindernissen unserer traditionellen Vorstellungen abgeschworen. So wie die Beduoinen und Landstreicher den „Cit" verachten, der durch seine geschäftlichen Verpflichtungen, durch die Sorgen seiner Familie und seines Landes und Besitzes zu Hause gehalten wird, so blicken diese Anarchisten auf uns herab, die in der Welt des Denkens festgehalten werden .

Ich erinnere mich an einen jungen russischen Exilanten, der in der Manier von Macaulays Essays so fehlerlos Englisch sprach, dass es seltsam wirkte, und der sagte, er sei „ein Zyniker des Materials". Es schien mir ein wunderbar passender Ausdruck zu sein, um ihre Denkweise von der Üblicheren abzugrenzen. Von all den „ Küchenseiten des Lebens" – den Mahlzeiten, die wir essen, der Kleidung, die wir tragen, den Betten, in denen wir schlafen, Bankbüchern und Eigentumsurkunden, von wohlverdienten Rechten und etablierten Institutionen, vom Applaus und der Zustimmung der Menge – die am meisten von uns, die wir für wichtig halten, waren sie zynisch. Ich muss zum Beispiel einen gewissen unvernünftigen Respekt vor sauberer Wäsche zugeben. Es fällt mir selbst angesichts der visuellen Demonstration schwer, es von klarem, klarem Denken zu trennen. Aber diese Gruppe, die sich bei Mrs. Barton versammelte, war in dieser Angelegenheit sicherlich gleichgültig. Anns bakteriologische Ausbildung hatte sie zu einer glühenden Verfechterin der Sauberkeit gemacht. „Keime", würde sie sagen, „sind nur Dreck." Doch nicht selten hatten einige der Gäste offensichtlich keine Angst vor Mikroben. Einige der schmutzigsten von ihnen waren die saubersten und geradlinigsten Denker.

Ich habe noch nie eine andere Gruppe von Menschen getroffen, die so einfühlsam verstanden hat, wie ich über das Leben denke. Auf die eine oder andere Weise hatten sie das Leben so gesehen wie ich – so wie ich glaube, dass es jeder sehen würde, der die Energie hat, sich nicht zu verhärten, wenn er lange in den Gräbern arbeiten würde. Versuch es selber. Gehen Sie in die Gräber – es gibt eines in jeder Stadt – wenn Sie Gerechtigkeit und Aufrichtigkeit in Ihrem Wesen lieben, werden Sie in heftiger Revolte gegen die selbstgefällige Selbstgefälligkeit unserer Gesellschaftsmaschinerie herauskommen. Sie werden Anarchisten finden, mit denen es sich angenehm unterhalten lässt.

Aber als sie versuchten, mich zu bekehren, war mir kalt. Ich könnte sie in ihrer Kritik und Verachtung für die Dinge, wie sie sind, voll und ganz unterstützen. Vieles von dem, was sie sagten und schrieben, kam mir wie Plattitüden vor – ich hatte es auch selbst genau gesehen. Ich kannte die Dinge, deren sich unsere Zivilisation rühmen kann, ihre Universitäten und Kultur, ihre Musik und Malerei, die Triumphe ihrer Wissenschaften, ihre wunderbare Unterwerfung der Natur, ihre Telegraphen und transkontinentalen Züge, und all dies schien für das Schreckliche eine sehr geringe Gegenleistung zu sein Preis, den wir zahlen. Ich lebte jahrelang in den Slums. Ich kannte auch die Sollseite des Hauptbuchs – die von Tuberkulose befallenen Mietskasernen, die Ausbeutungsbetriebe, die Kinder, die nie erwachsen werden, die Armut, die Kriminalität. Die Zeit, die sie damit verbrachten, mich davon zu überzeugen, dass die Gesellschaft bankrott sei, war verschwendet. Und der Traum vom Kommunismus, den sie stattdessen anboten, war verlockend. Ich verstehe nicht, wie irgendjemand Einwände gegen die Ideale des Anarchismus erheben kann, es sei denn, er gehört zu der Geistesrichtung, die die Art von Arrangements genießt, die wir jetzt haben – wo man stehlen und morden kann und trotzdem respektabel ist. Natürlich würde es einem Schurken in einer kommunistischen Gesellschaft ziemlich schlecht gehen. Aber mit welchen Mitteln sie ihren Traum verwirklichen wollten – nun ja – das war eine andere Sache.

Es ist möglich, an alle Wunder Jesu zu glauben – von seiner Geburt bis zu seiner Auferstehung –, aber dazu braucht es „Glauben". Man kann glauben, dass wir viel besser wären, als wir sind, wenn wir alle durch ein Wunder befreit würden. Die Anarchisten sind der Ansicht, dass unsere Laster aus unserer vielfältigen Sklaverei resultieren. Das ist ihr Credo. Aber es braucht auch „Glauben". Ich konnte seit meinem sechzehnten Lebensjahr nichts mehr auf diese Weise glauben.

Aber ich war durchaus bereit, ihnen zuzustimmen, dass viele Arbeiten wie meine erbärmlich sinnlos waren.

II

Es gab zwei Vorfälle in meiner Arbeit, die in meinem Gedächtnis große Ausmaße annahmen. Sie ereigneten sich nahe beieinander, als ich etwa sieben Jahre in den Gräbern war.

Als ich eines Tages durch einen Korridor des Gefängnisses an den Zellen vorbeiging, wurde meine Aufmerksamkeit auf einen alten Mann gelenkt. Er saß auf einem niedrigen Hocker nahe der Gittertür und drückte sein Gesicht gegen die Gitterstäbe. Darauf stand entsetzliche, bittere Verzweiflung.

"Was ist falsch?" Ich fragte.

Er starrte mich mürrisch an. Es dauerte einige Zeit, bis er antwortete.

„Sie haben mich falsch verstanden", sagte er.

Das Datum an der Tür seiner Zelle gab Aufschluss über den Vorfall. Sein Name war Jerry Barnes. Er wurde vor drei Wochen ohne Kaution verhaftet, hatte sich am Tag zuvor des Einbruchs dritten Grades schuldig bekannt und wartete auf sein Urteil vor Richter Ryan.

„Wofür haben Sie sich schuldig bekannt?" Ich fragte: „Wenn sie dich falsch verstanden hätten?"

„ Was nützt das? Du wirst mir nicht glauben."

Mit ein wenig Drängen kam seine Geschichte in Eile. Er war ein Oldtimer, hatte drei Dinge im Staatsgefängnis getan, kam aber vier Jahre zuvor wieder frei und beschloss, „es in Ordnung zu bringen". Er wollte „draußen" sterben. Er übte keinen Beruf aus, verdiente aber seinen kärglichen Lebensunterhalt damit, Stroh in Matratzen zu stopfen. In der Hochsaison verdiente er bis zu einen Dollar pro Tag. Manchmal nur zwanzig Cent. Und manchmal gab es überhaupt keine Arbeit. Er schlief in einer Zehn-Cent-Unterkunft, aß zehn Cent Mahlzeiten – vierzig Cent pro Tag und zwanzig Cent pro Woche für Tabak. Der Rest ging an die Bowery Savings Bank. Er wollte genug haben, damit er nicht auf dem Potters' Field begraben würde. Es war ein karges Leben gewesen. Aber die Angst vor dem Gefängnis – die Angst, die nur ein alter Hase kennt, der draußen sterben möchte – hatte ihn daran festgehalten.

Als er eines Abends von der Arbeit nach Hause kam, blieb er stehen, um ein Feuer zu beobachten. Als sich die Menge auflöste, sah er auf dem Bürgersteig mehrere Tüten Tabak und einige Schachteln Zigaretten. Er hob sie auf und wurde fast sofort von zwei Detectives geschnappt.

Während die Menge das Feuer beobachtete, war jemand in ein Tabakgeschäft eingebrochen und hatte es geplündert. Die Ermittler führten Jerry zum Zentralbüro, identifizierten ihn anhand der Bertillon-Akten und klagten ihn wegen Einbruchs zweiten Grades an, wofür die Höchststrafe zehn Jahre beträgt.

Jerry sagte, er wisse nichts von dem Einbruch. Als er vor Gericht gestellt wurde, hatte ihm der Bezirksstaatsanwalt gesagt, dass er, wenn er sich bereit erklären würde, sich des Einbruchs dritten Grades schuldig zu bekennen, für den die Höchststrafe nur fünf Jahre beträgt, beim Richter intervenieren und eine milde Strafe fordern würde.

Angesichts seiner früheren Vorstrafen und der Tatsache, dass ein Teil des Erlöses aus dem Einbruch bei ihm gefunden worden war, hatte Jerry keine Chance gehabt, seine Unschuld zu beweisen. Er hatte keine Freunde. Er glaubte nicht, dass ein armer Mann vor Gericht eine Chance hätte. Deshalb hatte er sich in der Hoffnung auf eine kurze Strafe schuldig bekannt.

Seine Geschichte schien wahr zu sein, aber ich gab mir große Mühe, sie zu überprüfen.

Die Polizei ging davon aus, dass Jerry einer von drei oder vier Tätern des Einbruchs war. Einhundert Dollar Bargeld und doppelt so viel Aktien waren mitgenommen worden. Sie hatten keine Beweise gegen Jerry außer den in seinen Taschen gefundenen Tabakpackungen und seiner Akte.

Herr Kaufman, sein Arbeitgeber, lobte ihn. Jerry war ein regelmäßiger Bewerber und ein bevorzugter Mitarbeiter. Wenn es überhaupt Arbeit gab, wurde sie ihm gegeben. Und manchmal war er in der Nebensaison aus Wohltätigkeitsgründen angestellt worden. Kaufman sagte, er würde gerne vor Gericht kommen und Jerrys regelmäßige Gewohnheiten in den letzten drei Jahren bezeugen. Auch der Hausverwalter der Unterkunft war bereit, in seinem Namen zu erscheinen. Jerry hatte sich den Ruf seiner Ruhe und Nüchternheit erworben. Er hatte sich sehr zurückgehalten und ganz bestimmt nicht mit Berufsverbrechern verkehrt.

Ich brachte die ganze Geschichte zu Richter Ryan. Er vertraute in solchen Angelegenheiten immer sehr auf mein Urteilsvermögen und ich war von Jerrys Unschuld überzeugt. Ryan sagte, er würde ihm erlauben, sein Schuldbekenntnis zurückzuziehen und sich vor Gericht zu stellen. Es fiel mir schwerer, Jerry dazu zu überreden. Er neigte dazu, seine Medizin einzunehmen – geschweige denn, dass es gut genug war. Er würde vielleicht ein paar Jahre im Gefängnis verbringen und draußen sterben, aber er hatte Angst, auf lange Sicht ein Risiko einzugehen. Aber schließlich habe ich ihn dazu überredet, es zu tun.

Als der Fall endlich zur Verhandlung kam, war Ryan gerade im Urlaub, und der Fall wurde vor O'Neil verhandelt, auf den ich kaum Einfluss hatte. Herr Kaufman war durch den Tod seines Vaters aus der Stadt gerufen worden. Niemand schien für Jerry zu sprechen, außer der Hausverwalterin, die eine schlechte Leistung erbrachte und sich durch das Kreuzverhör zu sehr fürchtete. Der Bezirksstaatsanwalt legte eine Handvoll Fotos von Jerry aus der Rogues' Gallery vor. Die Polizei erweiterte ihr Gedächtnis so weit, dass sie schwor, Jerry in dem durchsuchten Gebäude gesehen zu haben. Die Jury verurteilte ihn, ohne den Raum zu verlassen, wegen Einbruchs zweiten Grades. Und der Richter gab ihm acht Jahre...

Ich schlich mich aus dem Gerichtssaal und schloss mich in meinem Büro ein. Selbst jetzt ist es nicht angenehm, darüber nachzudenken oder es aufzuschreiben ... Ich bin sicher, er war unschuldig. Wenn ich mich nicht eingemischt hätte – er hätte mich nicht darum gebeten –, wäre er glimpflich davongekommen. Und acht Jahre waren für ihn das Gleiche wie „Leben".

An den nächsten zwei Tagen, als der Dienst mich ins Gefängnis brachte, hielt ich mich so weit wie möglich von Jerrys Zelle entfernt. Was könnte ich ihm sagen?

Doch am Nachmittag des zweiten Tages traf ich ihn zufällig persönlich. Er gehörte zu einer Reihe von zehn aneinandergeketteten Männern, alt und jung, die gerade den Fluss hinaufstiegen. Er sprang so heftig auf mich zu, dass die gesamte Reihe umgehauen wurde. Seine langsamen, verzweifelten Flüche, als sie sie zum Gefängniswagen führten, verfolgen mich manchmal nachts immer noch.

Jetzt, wo Jerry tot ist – er starb im vierten Jahr –, wünsche ich mir mehr denn je, ich könnte an ein Leben nach dem Tod glauben. Ich kann mir kein anderes Leben vorstellen, in dem wir das Unrecht, das uns dadurch zugefügt wurde, nicht verstehen und vergeben würden. Und mir fällt nichts ein, was ich lieber hätte als Jerrys Vergebung.

Ungefähr zur gleichen Zeit hatte ich mit der Aufsicht über die Männer „auf Bewährung" aus der Besserungsanstalt begonnen. Es war sehr schwierig, für diese Jungen eine zufriedenstellende Beschäftigung zu finden. Ich schrieb einen Artikel, der übersetzt und in einer der jiddischen Tageszeitungen abgedruckt wurde. Ich beschrieb die Besserungsanstalt, erzählte von den Bedingungen, unter denen die Insassen auf Bewährung entlassen wurden, und von der bürgerlichen Pflicht, sie zur Wiedergutmachung zu ermutigen. Und ich appellierte an die Juden, mir zu helfen, Arbeit für die Söhne ihrer Rasse zu finden. Aufgrund dieses Artikels kamen viele Stellenangebote.

Eines Tages kam ein guter alter russischer Jude namens Lipinsky wegen dieser Angelegenheit in mein Büro. Er war Pelzhändler in der Second Avenue. Er und sein etwa neunzehnjähriger Sohn arbeiteten zusammen und er konnte einen Assistenten gebrauchen, der einen Lehrlingslohn akzeptierte und in der Familie lebte. Ich mochte den alten Mann; Er war ein robuster Typ, hatte endlose Strapazen und Rückschläge überstanden, bis er anfing, einen Überschuss zu erwirtschaften und sich in seinem Beruf Respekt zu verschaffen. Er war ehrgeizig für seinen Sohn, auf den sich alle seine Hoffnungen konzentrierten.

Es schien mir eine ungewöhnlich gute Eröffnung zu sein, ich war mir sicher, dass die häuslichen Bedingungen gut sein würden, und den ersten jüdischen Jungen, der herunterkam – sein Name war Levine – schickte ich nach

Lipinsky . Ich habe zwei- oder dreimal angerufen und alles schien gut zu laufen. Doch nach etwa drei Monaten kam der Absturz. Levine und der junge Lipinsky wurden bei einem Einbruch in ein großes Pelzlager festgenommen. In ihren Taschen hatten sie hochwertige Hermelinfelle im Wert von mehreren hundert Dollar. Der junge Lipinsky zerfiel unter dem „dritten Grad" und gestand alles. Sie waren seit mehr als einem Monat dabei. Es war eine starke Kombination gewesen – sein Wissen über Pelze und Levines Geschick im Umgang mit dem „Jimmy". In einer Wohnung in der Fifteenth Street, in der zwei Mädchen untergebracht waren, stellte die Polizei große Mengen teurer Pelze sicher.

Levine bekam sieben Jahre Staatsgefängnis, und der junge Lipinsky kam, weil er sich als Zeuge des Staates gemeldet hatte und aufgrund meines Einflusses, mit einer Haftstrafe in einer Besserungsanstalt davon.

Der alte Lipinsky war völlig ruiniert. Seine Rivalen warfen ihm Mittäterschaft vor. Die Ermittler durchsuchten sein Geschäft. Sie fanden nichts, aber es reichte aus, um seinen Kredit zu ruinieren. Er verkauft jetzt Schuhbänder in der Hester Street.

Aber größer als dieser materielle Verlust war der Schlag ins Herz – seine Hoffnung auf seinen einzigen Sohn zerbrach. Ab und zu klopft er an die Tür meines Büros, um nach Neuigkeiten über seinen Jungen zu fragen. Es sind traurige Neuigkeiten, die ich ihm mitteilen muss. Sein Sohn verbüßt nun seine zweite Haftstrafe im Staatsgefängnis, ein eingefleischter Gauner.

Der alte Lipinsky verflucht mich nicht wie Jerry – er verlässt sich darauf, dass ich seine Miete und Kohlerechnungen bezahle. Er weint.

Ich habe versucht, diese entmutigenden Vorfälle mit Vernunft zu betrachten. Ich versuchte mir einzureden, dass meine Absichten gut gewesen waren und dass Absichten wichtiger waren als Ergebnisse. Ich versuchte, mich an die vielen Familien zu erinnern, denen ich einen Segen gebracht hatte. Es geht nicht darum, damit zu prahlen oder bescheiden zu sein. Die Arbeit, die ich gewählt hatte, gab mir täglich die Möglichkeit, Menschen in größter Not zu helfen. Aber so sehr ich mich auch bemühte, die Proportionen zu wahren, die meiner Vernunft angemessen erschienen, übertönten die Flüche von Jerry und das Wehklagen des alten Lipinsky alles andere. Es hat mich besessen.

Wenn ich auf diese Jahre zurückblicke, fällt es mir schwer zu entscheiden, ob Norman das bestimmende Element in meinem Denken war oder ob wir aus unterschiedlichen Blickwinkeln und durch unterschiedliche geistige Prozesse zu denselben Schlussfolgerungen gelangt sind. Es ist sicher, dass ein Gespräch mit ihm oft dazu führte, dass meine fließenden und vagen Gefühle in die klaren Kristalle intellektueller Überzeugungen übergingen. Ein Vortrag zu diesem Thema – von Absichten und Ergebnissen – ist mir so klar in Erinnerung geblieben wie jede andere Erinnerung, die ich an ihn habe.

Es begann, glaube ich, mit einer heiteren Anstrengung von ihm, mich aus meiner tiefen Entmutigung zu befreien. Wir hatten unsere Pfeifen angezündet, Guiseppe räumte den Abendessenmüll vom Tisch. Nina teilte ihre Aufmerksamkeit zwischen einem Stapel zu stopfender Strümpfe auf ihrem Schoß und Marie, die sicher in ihrer Wiege lag und überhaupt keine Aufmerksamkeit brauchte. Nina war damals ein ständiger Faktor in all unseren Auseinandersetzungen. Sie schwieg immer. Vieles von unserem Gespräch muss weit über ihr Verständnis hinausgegangen sein, aber sie saß auf dem Diwan, die Füße unter sich, und hörte stundenlang zu. Ihre Anwesenheit trug auf subtile Weise zu unseren Diskussionen bei. Die alten Ägypter brachten zu ihren Festen ein Skelett mit, um an den Tod zu erinnern. Nina war für uns ein Symbol des Lebens – ein stiller Refrain der Wirklichkeit. Ein Wort oder ein Blick von mir an diesem Abend zeigte Norman, wie ernst es mir mit meiner Entmutigung war, und er ließ seinen leichtfertigen Ton fallen.

„Schließlich rechtfertigen Absichten nichts. Wir müssen Ergebnisse fordern. Aber welche Ergebnisse? Wenn ich sehe, dass ein Mensch, von dessen Bemühungen ich weiß, dass er gut ist, entmutigt wird, bin ich sicher, dass er nach den falschen Ergebnissen sucht. Von Natürlich ist unser unsichtbarer, unbeabsichtigter Einfluss viel größer als der Einfluss, den wir bewusst ausüben. Wir wissen nur wenig davon, den größten Teil ignorieren wir. Sie machen sich Sorgen, weil einige Ihrer gut gemeinten Bemühungen schiefgegangen sind, weil unser Kampf denn eine Besserungsanstalt endete im Sande. Diese beiden Fälle, von denen Sie sprechen – Jerry und Lipinsky –, beschäftigen Sie. Es gibt wahrscheinlich Dutzende anderer, genauso schlimmer, von denen Sie nichts wissen. Sind das solche Ergebnisse? Woran haben Sie das Recht, Ihre Arbeit zu beurteilen? Ich glaube nicht.

„Das einzig wirkliche Ergebnis menschlichen Handelns ist Wissen. Zola lässt eine Figur in „Travail" sagen, dass die Wissenschaft der einzig wahre Revolutionär sei. Und wenn Wissenschaft mehr ist als tote Labordaten, wenn es sich um lebendiges, umsetzbares menschliches Wissen handelt, ist das ein echtes Hilfsmittel Klar denkend, er hat recht.

„Das muss der Test Ihrer Aktivität sein – das Bewertungsergebnis. Was bedeutet es für die Rasse, dass Jerry mit dem Kopf gegen die Wände von Sing Sing schlägt? In der ganzen schwarzen Geschichte der Rasse, in all dem langen Aufwärtskampf.", der die meisten unserer Haare abrieb, was bedeutet eine kleine zusätzliche Ungerechtigkeit? Nichts. Es sei denn – und das ist die große Chance – es sei denn, Sie könnten der Rasse die Dummheit einer solchen Ungerechtigkeit klar machen. Wenn Sie Jerrys Tragödie in uns packen könnten wie bei Onkel Tom – nun ja – dann hätten Sie und er sich das Recht verdient, die Vorhänge Ihrer Couch um Sie zu wickeln und so.

„Das Gleiche gilt auch für gute Ergebnisse. Sie sind unbedeutend! Im Hinblick auf die Rasse spielen sie genauso wenig eine Rolle wie die halben Hundert Sklaven, denen Mrs. Stowe mit der U-Bahn zur Flucht verholfen hat. Nehmen Sie Tony – dieses Wrack, das Sie ins Trockene geschleppt haben –" Anlegen und reparieren. Es ist ihm wichtig, dass Sie zur richtigen Zeit gekommen sind. Aber was kümmert es all die anderen Einwandererboote, die auf dieser Seite der Welt einen sicheren Ankerplatz suchen? Jede Minute wird ein neuer Tony zu Wasser gelassen.

„Sieben Jahre lang waren Sie in den Gräbern – hatten Ihre Nase in der Jauchegrube. Was haben Sie gelernt – nicht nur das subjektive Aneignen von Informationen, sondern was haben Sie daraus für das Rennen gelernt? Früher oder später werden Sie anfangen zu unterrichten." . Sie können nichts dagegen tun. Es ist zu groß für Sie – es wird einen Auslass erzwingen.

„Gefängnisse sind eine Dummheit. Warum klammern wir uns an sie? Natürliche Bösartigkeit? Angeborene Grausamkeit? Das glaubst du nicht. Das ist Unwissenheit! Dichte schwarze Unwissenheit! Durchnässte Denkweisen. Du hast es gesehen, weißt du. Nun ja – das ist fußlos." – es sei denn, Sie können den Rest von uns sehen und wissen lassen. Ein einzelner Mann kann nicht viel zu diesem großen Rassengeist beitragen. Aber wenn Sie das Wenige tun können, das sehr Wenige, was Beccaria getan hat, was John Howard und Charles Reade getan haben – Ein einziger Blitz – diese kleinen Ergebnisse, über die Sie sich jetzt Sorgen machen, werden in der Bedeutungslosigkeit versinken.

„Sie werden das Problem der Kriminalität nicht lösen. Das ist zu viel zu erwarten. Was Sie über Reformen lehren – Reformen des Justizwesens, Reformen der Polizei und der Gefängnisse – wird mich nicht sonderlich interessieren. Ich weiß, dass Ihnen diese Dinge wichtig erscheinen, Aber es wird weitgehend veraltet sein, bevor es gedruckt wird. Ich werde nach Hilfe suchen, um das Problem zu verstehen. Das wird Ihr Beitrag sein – das Ergebnis Ihres Lebensunterhalts. Vielleicht ein Jugendlicher, einer der kommenden Generation Er wird Ihr Buch lesen und in die Gräber gehen, es selbst sehen und in zwei Jahren verstehen, was Sie zehn Jahre lang gelernt haben. Das ist menschlicher Fortschritt!

„Wir müssen uns mit der Idee der Evolution durchdringen. Betrachten Sie uns selbst, unser kleines Leben als winzige Schritte in diesem tiefgreifenden Prozess. Wissen ist das fortschreitende Element im Leben, so wie Nervenzellen das einzige fortschreitende Gewebe in unserem Körper sind. Wir haben gewonnen „Wir werden im Laufe der Zeit, die vor uns liegt, keine weiteren Beine entwickeln – die Veränderung wird in unserem Gehirn stattfinden."

Das Gespräch verlief in einige Nebenwege, die ich vergessen habe. Aber ich glaube, es war in derselben Nacht, als er den Grundstein für seine Philosophie legte und vor mir seine Vorstellung von dem Land darlegte, das die Rasse noch erforschen muss.

„Das Hindernis für den Fortschritt", sagte er, „ist unsere dumme Vorstellung von Endgültigkeit. Es ist lustig, wie die Menschheit immer nach einem absoluten, endgültigen Berufungsgericht gesucht hat. Der König kann nichts falsch machen. Der Papst ist unfehlbar. Gott ist allwissend."! Jetzt haben wir das Zeitalter der Vernunft. Die alten Götter wurden vom Olymp vertrieben. Und anstelle von Jehova und Zeus haben unsere Hochschulprofessoren einen Gott der Wahrheit geschaffen, des Absoluten, des Endgültigen! Früher oder später müssen wir lernen dass Fortschritt – Wachstum jeglicher Art – im genauen Gegensatz zu dieser Idee der Endgültigkeit steht.

„Ein großer Teil der wissenschaftlichen Welt und ich nehme an, neunundneunzig Prozent der sogenannten „aufgeklärten Öffentlichkeit" glauben, dass der Darwinismus das letzte Werk der Naturwissenschaften ist. Es gibt tausend Fragezeichen über die Theorie von natürliche Selektion. Nur jene Biologen, die genug Verstand haben, die Endgültigkeit von irgendetwas nicht zu akzeptieren, versuchen, diese Fragen zu beantworten.

„Der Sozialismus ist ein spektakuläres Beispiel. Was hat Karl Marx getan? Er stolperte durch das Leben, das ihm geschenkt wurde, und tat nebenbei gute und gemeine Dinge, die alles vergessen sind oder vergessen werden sollten. Das Echte, was er." Was er tat – sein Beitrag – bestand darin, die Augen offen zu halten und das Leben ohne Scheuklappen zu betrachten. Im langen Prozess des Denkens ist dies das Wichtigste, das Grundlegendste. Und was er sah, dachte er darüber nach, schwitzte darüber und betete atheistische Gebete vorbei – und dann sprach er furchtlos seine Stimme. Die Menschen um ihn herum waren hypnotisiert von dem wunderbar wachsenden Industrialismus der Zeit. Er würde alle Übel der Rasse lösen. Niemand hatte mehr Verantwortung. *Laissez faire* ! Tugend und Glück und die nächste Generation waren automatisch. Der Lobpreis der Maschine wurde zu einer Begeisterung, einem Evangelium. Marx hatte sie genauer betrachtet als die anderen, hatte durch ihre Oberfläche ein Glitzern gesehen. Und wie Kassandra schrie er seine Vorahnungen heraus, ohne sich darum zu kümmern, ob die Ob die Welt zuhörte oder nicht. „Es ist eine Täuschung", sagte er, „Ihr Industrialismus ist grundsätzlich unmoralisch." Es trägt Todeskeime in sich. Sie sind bereits am Werk. Das Ding, auf das du vertraust, ist bereits faul.' Ich kenne nichts Erstaunlicheres in der Geschichte des menschlichen Geistes als die Prophezeiungen von Marx. In einigen Details natürlich falsch. Er beanspruchte keine göttliche Inspiration. Aber diese drei Bände auf Deutsch sind großartig. Und das Geheimnis dabei ist, dass er seinen durchdringenden Blick auf das Leben um ihn herum richtete. Er schaute!

„Aber die Sozialisten von heute – folgen sie seinem Beispiel? Nein. Marx glaubte nicht an Endgültigkeiten; sie machten ihn zu einer Endgültigkeit. Er suchte nach neuem Wissen. Sie verteidigen das, was bereits alt ist, und wie alles Alte, einiges davon." ist jetzt falsch. Marx war ein Revolutionär – einer der größten. Die Marxisten sind Konservative. Denken Sie darüber nach. Kein amerikanischer Sozialist hat versucht, die Wall Street zu analysieren! Anstatt das Leben um sie herum zu hinterfragen, verbringen sie ihre Zeit damit, über seine Agrarpolitik zu streiten Theorie. Kein Land der Welt bietet so eklatante Beispiele industrieller Ungerechtigkeit wie diese Vereinigten Staaten, und die Bücher, die sie in Umlauf bringen, sind Übersetzungen aus dem Deutschen. Eines Tages werden sie aufwachen – dann werde ich mich ihnen anschließen.

„Das Problem entsteht, wenn man denkt, dass es im Leben Endgültigkeiten gibt – ultimative Wahrheiten. Wir müssen uns in den Kopf setzen, dass sich die Wahrheit selbst entwickelt."

„Mir wird immer klarer, dass der Angriffspunkt auf unseren Bildungsidealen liegen sollte. Mein Gott! Du hast das College am Ende deines ersten Studienjahres verlassen und genau drei Jahre weniger verschwendet als ich. Da bin ich mir so sicher." Das ist das eigentliche Problem: Ich verliere das Interesse an allem anderen.

„Ein Bildungssystem, das den menschlichen Geist aufweckt, anstatt ihn einzuschläfern! Bildung, die dort beginnt, wo sie sein sollte! Am Anfang! der Prozess des Sehens, des Betrachtens des Lebens mit unseren eigenen Augen – statt durch die Brille eines Professors." . Wenn wir nur den Trick der ursprünglichen Beobachtung lehren könnten!

„Das Problem ist nicht so sehr, dass wir falsch denken. Wir sehen nicht klar. Ich erinnere mich, dass unser Professor uns immer sagte, dass Logik eine Kaffeemühle sei. Wenn wir Kaffee oben hineingeben, kommt er unten heraus." Boden in einer brauchbareren Form. Aber wenn wir Schmutz hineingeben – es bleibt Schmutz, egal wie fein wir ihn mahlen. Und dann schaltete er ab, um unsere Kaffeemühlen zu trainieren – eine Menge Rigamarole über Syllogismen, die dreizehn falschen – vielleicht war es vierzehn. Aber kein einziges Wort darüber, wie man Schmutz von Kaffee unterscheidet. Es sind die ursprünglichen Annahmen, die in Frage gestellt werden müssen. Ich glaube nicht, dass Darwin ein besserer Logiker war als der heilige Augustinus. Aber er ging in die Welt hinaus und schaute. Er nutzte beobachtete Fakten für seine Kaffeemühle. Der heilige Augustinus zermahlte viele inkohärente Überzeugungen und schmutzige Annahmen. Jeder kann die Gesetze der Logik in einem dreimonatigen College-Kurs oder in ebenso vielen Wochen aus einem Lehrbuch lernen. Aber ich Ich kenne keinen Ort, an dem man überhaupt versucht, originelle Beobachtung zu lehren.

„Bildung, sagen alle, ist das Bollwerk der Demokratie. Und wir Amerikaner wollen wirklich Demokratie auf eine Weise, von der selbst der radikalste Europäer nie geträumt hätte. Dennoch sind wir mit unseren Schulen zufrieden! Niemand macht sich wirklich Sorgen, sie zu verbessern. Wir gehen davon aus, dass unser System es ist." das Beste der Welt, perfekt. Endgültig! Verdammte Endgültigkeit! Ich bin mir nicht sicher, ob unser System nicht das Schlimmste ist. Wir töten konsequent jede Originalität. In dem Moment, in dem die Kinder die Schule verlassen, beginnt der Prozess. „Das, mein Kind, ist es." „Was du glauben musst", sagst du. „Dieser Block", sagt die Kindergärtnerin, „ist rot." Natürlich sollte sie sagen: „Welche Farbe hat dieser Block?" Der Hochschulprofessor sagt zu seinem Oberseminar: „Goethe ist der größte deutsche Dichter; wenn Sie Heine bevorzugen, sind Sie ein Barbar. Miltons Epen sind der Stolz der englischen Literatur; wenn Sie L'Allegro bevorzugen , zeigen Sie Ihren Mangel an Kultur." Shelley war zweifellos ein großer Dichter, aber leider auch ein Brandstifter. Natürlich müssen Sie „Die Ode an den Westwind und die Wolken" lesen, aber ich warne Sie vor der Revolte des Islam." Vom Gymnasium bis zur Universität dreht sich alles um vorgefertigte Tabletten.

„Sehen Sie sich nur an, welche Auswirkungen diese Art von Geschäft auf unsere Politik hatte! Wir Amerikaner sind tot. Neue Ideen und Diskussionen über grundlegende politische Prinzipien entstehen überall außer hier. Ein Pariser Taxifahrer denkt mehr über die Regierungstheorie nach als unser Kongressabgeordneter." . Wir Amerikaner lehnen uns zurück – unsere Füße auf dem Tisch – stoßen unsere Brust auf und sagen: „Vollständige und absolute Freiheit für alle Zeiten wurde 1789 von den Vätern verfügt." Wie viele Männer kennen Sie, die diesen Vorschlag jemals ernsthaft in Frage gestellt haben? Wie viele Amerikaner glauben wirklich, dass es „ewiger Wachsamkeit" bedarf, um frei zu sein? Nein. Unsere Verfassung ist das herrlichste Dokument, das von Menschenhand verfasst wurde. Sie ist endgültig – sie stagniert und stinkt!

„Wenn wir unsere Bildung nicht revolutionieren, werden wir verrotten oder die Demokratie aufgeben. Es ist eine klare Entscheidung. Ein nationaler Tammany Hall und schwindelerregende römische Dekadenz oder Neoaristokratie mit eingeschränktem Wahlrecht und verrückten Experimenten in der menschlichen Viehzucht. Wenn Wir lernen nicht, wahrer zu erziehen. Wenn es uns nicht gelingt, diese Torheit der Endgültigkeit zu töten, ist es eine Wahl zwischen physiologischem Verfall und Eugenik.

„Ich steige aus allem anderen aus – ich sehe nichts anderes als Bildung. Keine persönliche Wohltätigkeit mehr, keine Schecks mehr an schäbige Wohltätigkeitsorganisationen. Alles Geld, das ich in die Hände bekommen kann, fließt in einen Treuhandfonds, um einen Bildungsaufstand zu finanzieren." Es ist die einzige Revolution, die mich interessiert.

„Ich habe versucht, darüber zu schreiben. Aber – verdammt – die Leute nehmen mich nicht ernst. Ich wusste, dass jemand kichern würde, wenn ich rede, also habe ich einen Artikel geschrieben. Ich habe einen Mann im Club getroffen, der darüber lachte – er sagte, das sei so 'clever.' Nun ja, ich habe in meinem Testament festgehalten, was ich darüber denke. Vielleicht werden sie nicht lachen, wenn sie das lesen."

Wie gesagt, ich bin mir nicht sicher, ob Norman mir meine Ideen gegeben hat oder ob er Schlussfolgerungen geäußert hat, die sich bereits in meinem Kopf gebildet haben. Zumindest verdanke ich ihm ihre konkrete Form.

Meine Arbeit in den Gräbern bekam ein neues Gesicht. Ich fing an, es als etwas zum Mitteilen zu betrachten. Ich ging mit dem Gefühl eines Schaustellers oder Führers vor. Es gab immer jemanden an meiner Seite, dem ich versuchte, hinter den Details das Wesentliche zu erklären. Die Routine, die begonnen hatte, mechanisch zu sein, wurde wiederbelebt. Ich begann über mein Buch nachzudenken. Ich wollte ein Bild der komplexen Phänomene der Kriminalität zeichnen und die tote und formale Einfachheit unseres Strafgesetzbuchs gegenüberstellen, um dessen hoffnungslose Unzulänglichkeit aufzuzeigen. Ich begann mit der Arbeit an einem Abschnitt zum Thema „Diebstahl". Aus meinen Notizen und meiner täglichen Erfahrung habe ich versucht, die Art von Menschen zu zeigen, die stehlen, die Beweggründe, die sie dazu treiben, die Mittel, die sie zu ihrem Ende entwickeln, kleine Hinterhältige, Betrüger, Bankräuber, Taschendiebe, betrügerische Bettler, säumige Kassierer. Die Realität des Diebstahls ist eine weitaus verworrenere Sache, als man aufgrund der dürftigen Paragraphen in unseren Statuten vermuten würde, die sich mit „Diebstahl" befassen. Das Buch wuchs langsam. Ich hatte keine Eile. Hin und wieder veröffentlichte ich Abschnitte in den Zeitschriften – „Geschichten echter Krimineller".

III

Als ich fast fünfunddreißig war, sah ich zum ersten Mal den Namen: Suzanne Trevier Martin – Rechtsanwältin und Rechtsberaterin. Wir hatten Gerüchte über Anwältinnen aus den Zivilgerichten gehört. Aber ich glaube, sie war die Erste, die in die Gräber eindrang. Es war Tim Leery, der Portier aus Teil I, der meine Aufmerksamkeit auf sie lenkte.

„Sagen Sie", begrüßte er mich eines Morgens gegen Mittag, „Heute ist hier ein Honoraranwalt – der nach Ihnen sucht. Und sagen Sie – sie ist ein echter Hingucker!"

Ich weiß nicht, warum ich dachte, er mache einen Witz. Ich glaube, ich teilte die Comic-Idee, dass die meisten berufstätigen Frauen Pop-Eyes und Kurzhaar hatten. Jedenfalls war es eine echte Überraschung, als ich sie sah. Leery machte sie auf mich aufmerksam.

Ja. Ich bin mir sicher, dass die Überraschung das Hauptelement des Eindrucks war, den sie auf mich machte. Alles an ihr war anders, als ich von Frauen erwartet hatte. Sie war die sachlichste Person, die ich je gesehen habe – und die schönste. Ich kann ihre Art, sich zu kleiden, nicht beschreiben, das Einzige, was mir in Erinnerung geblieben ist, ist der frische, weiße Kragen, den sie trug. Irgendwie konzentrierte sich die Aufmerksamkeit auf dieses saubere, ordentliche Stück Wäsche. Es gab keinerlei Anzeichen dafür, dass sie sich wie ein Mann nachahmte, und es gab auch keine frivolen Tweedledees oder Tweedledums . Es war alles so einfach wie dieser Kragen.

Sie hatte eine Fülle tizianroter Haare. Ein so zarter Teint, dass die Sonne ihn bereits im frühen Frühling mit Sommersprossen übersät hatte. Die Linien ihres Gesichts waren insgesamt wunderschön. Ihr Mund war fest und unbeweglich. Ihre Stimmungsschwankungen waren nur in ihren Augen zu erkennen. Sie wechselten ständig ihre Farbe, von tiefen Brauntönen zu einem leuchtenden Kastanienbraun, das fast so rot war wie ihr Haar. Die Art und Weise, wie ihr Kopf auf ihrem Nacken balancierte, löste in mir den Wunsch aus, zu jubeln. Es schien ein Sieg für das Rennen zu sein, dass sie – eine von uns – ihren Kopf so furchtlos tragen konnte.

„Hier ist eine Einführung", sagte sie.

Es war ein Brief eines jungen Anwalts. Als jüngstes Mitglied seiner Firma wurde er manchmal in die Gräber geschickt, um die Diener ihrer reichen Kunden zu verteidigen. Ich hatte ihm oft Hinweise auf die Praxis unserer Gerichte gegeben, die sich wesentlich von der der Zivilgerichte unterscheidet. Er bat um die gleichen Höflichkeiten für seine Freundin, Miss Martin.

Mit einiger Verlegenheit spürte ich die amüsierten Blicke der überfüllten Korridore.

„Das ist kein besonders bequemer Ort zum Reden", sagte ich. „Lass uns zu Philippe gehen und zu Mittag essen."

Als wir die Treppe hinuntergingen, schätzte ich sie auf etwa fünfundzwanzig ein. Ich bemerkte, dass sich die Anmut ihres Halses über ihre Wirbelsäule erstreckte. Ich habe noch nie einen geraderen Rücken gesehen. In ihrem

Gang, in ihrem Gang und in der Bewegung ihrer Schultern lag etwas definitiv Jungenhaftes. Dieser Eindruck von Knabenhaftigkeit kam immer und störte die Erkenntnis, dass sie eine schöne Frau war.

Wir fanden einen ruhigen Tisch bei Philippe und sie erklärte uns ihren Fall. Sie war Beraterin der Button-Hole Makers' Union. Sie streikten und eines der Mädchen war unter dem Vorwurf des Angriffs auf einen Privatpolizisten festgenommen worden. Die strittige Frage berief sich auf die Rechtmäßigkeit von Streikposten. Hätte das Mädchen dort, wo es stand, sein Recht gehabt, so machte sich der Wächter, der versuchte, sie zu vertreiben, der Körperverletzung schuldig. Es war ein Fall, der vor den höheren Gerichten ausgefochten werden musste. Die Gewerkschaften forderten eine endgültige Entscheidung. Frau Martin wollte die Verurteilung ihres Mandanten erreichen und dennoch Grund haben, Berufung einzulegen. Es war einfach und ich hatte ihr die nötigen Punkte gegeben, bevor wir unseren Kaffee ausgetrunken hatten.

Der allererste Anblick von ihr in den Gräbern hatte mich bewegt, wie es noch nie der erste Anblick einer anderen Frau getan hatte. Es war weniger ein Wunsch nach persönlichem Besitz als vielmehr ein vages Gefühl, dass der Mann, dem sie ihre Liebe schenkte, glücklicher sein würde als andere Männer. Während ich dasaß und mit ihr redete, ging mir im Hinterkopf ständig Fragen durch den Kopf. Sie hatte gesagt, sie sei Sozialistin. Ich sah, dass sie die furchtlose, offene Lebenseinstellung hatte, die das Markenzeichen der Revolutionäre ist. Ich fragte mich, ob sie einen Liebhaber hatte. War der Freund, der sie vorgestellt hatte, der glückliche Mann? Was waren ihre Theorien in solchen Angelegenheiten?

Aber wenn sie mich auch direkter sinnlich ansprach als andere Frauen, schien sie in noch größerem Maße die Möglichkeit zu ignorieren, dass mir solche Ideen in den Sinn kamen. Ich habe noch nie eine hässliche Frau gekannt, die weniger kokett gewesen wäre. Sie war seltsam distanziert. Sie stellte den rein geschäftlichen Aspekt unseres Treffens in den Vordergrund und schien sich nicht darüber im Klaren zu sein, dass es auch einen persönlichen Aspekt geben könnte. Die Art und Weise, wie sie es mir völlig unmöglich machte, ihr vorzuschlagen, ihr Mittagessen zu bezahlen, war typisch. Sie schüttelte mir fest und offen die Hand, wie es ein Junge einem Mann tun würde, der ihm ein wenig geholfen hatte, und schritt die Straße hinauf zu ihrem Büro. Ich war überrascht.

In den nächsten Wochen ging sie in den Gräbern ein und aus. Richter Ryan, vor dem sie ihren Fall verhandelte und der der Meinung war, dass alle Frauen heiraten und sich so schnell wie ein Mann zu Hause aufhalten sollten, sobald sie achtzehn waren, wurde wegen ihrer Invasion mächtig gereizt.

„Verflucht sei ihre Seele, Whitman", sagte er, „sie ist keine Frau – sie ist nur Gehirn und Stimme. Sie sitzt da, bevor das Gericht beginnt, und sieht aus wie eine Frau – eine gutaussehende Frau noch dazu –, dann steht sie auf." ihre Hinterbeine und Reden. Verdammt! Ich vergesse, dass sie eine Frau ist – vergesse, dass sie Röcke trägt. Und, Gott helfe mir, es gibt nicht ein Dutzend Männer im Gebäude, die sich so gut mit Jura auskennen wie sie. Sie hat das Zeug dazu . Das ist der Teufel daran. Du kannst sie nicht brüskieren. Du kannst sie nicht so behandeln, wie sie es verdient. Du willst sie unweiblich nennen und sie wird dich nicht daran erinnern lassen, dass sie eine Frau ist."

Sie hatte Ryan, der sie von der Bank aus ansah, die gleiche Zurückhaltung spüren lassen, die sie mir gegenüber am Tisch bei Philippe eingeprägt hatte. Aber wenn der Richter es für unmöglich hielt, sie zu brüskieren, war es meiner Meinung nach ebenso unmöglich, freundlich zu ihr zu sein. Wir hatten häufige Begegnungen auf den Fluren. Ich habe sie ehrlich gesucht, und sie hat es auch getan, wenn sie Informationen wollte. Ohne sie hielt ich sie für eine begehrenswerte Frau. Von Angesicht zu Angesicht zwang sie mich, sie als ernsthafte Sozialistin zu betrachten.

Abgesehen von den Einzelheiten ihres Falles hatten wir nur ein einziges Gespräch. Am zweiten Tag, als sie vor Gericht war, befragte sie mich zu meiner Politik. Ich hatte keine. "Warum nicht?" sie verlangte. Sie hatte all die engstirnigen Vorurteile, die die meisten Sozialisten gegenüber dem bloßen Reformer, dem Anhänger von Linderungsmitteln und dem Verbreiter von Salben haben. Habe ich nicht die Sinnlosigkeit einer solchen Arbeit wie meiner erkannt? Ich war mir dessen deutlicher bewusst als sie. Warum bin ich der Sache nicht auf den Grund gegangen? Warum nicht die grundlegenden Ursachen angreifen? Ich war mir nicht sicher, was sie waren. Sie war. Obwohl sie nicht so viele Tage in den Gräbern verbracht hatte wie ich, wusste sie alles darüber. Das gesamte Problem der Kriminalität entstand aus wirtschaftlicher Fehlanpassung. Der Sozialismus würde es heilen. Es war alles so schön einfach! Ich habe unaussprechliche Bewunderung für diesen Glauben. Es ist das Wunderbarste auf der Welt. Aber ich kann es nur beneiden. Ich kann nicht glauben.

Ihre Zurückhaltung nahm merklich zu, nachdem sie die Tiefe meines Unglaubens zum Ausdruck gebracht hatte. Als der Fall abgeschlossen war, suchte sie mich auf, um mir für den sehr echten Dienst zu danken, den ich geleistet hatte. Trotz meiner Absichten in dieser Angelegenheit rutschte ihre Hand schneller aus meiner heraus, als mir lieb war. Ich hoffte, sie wiederzusehen. Sie war sich nicht sicher, wie bald, wenn überhaupt, ihre Arbeit sie zu den Gräbern zurückbringen würde. Ich schlug vor, dass ich sie besuchen könnte. Sie schien wirklich überrascht zu sein.

„Warum", rief sie; „Danke. Aber Sie wissen ja, dass ich sehr beschäftigt bin. Ich habe fünf oder sechs reguläre Einsätze pro Woche – Ausschüsse und so. Und dieser Streik nimmt die verbleibende Zeit in Anspruch. Ich bin zu beschäftigt für das soziale Spiel. Es tut mir leid." . Aber wir werden uns irgendwann wieder begegnen. Auf Wiedersehen. Kein Ende verpflichtet."

Es war die Brüskierung direkt. Ihre Freundschaft galt nur denen, die das Licht sahen. Sie hatte keine Zeit für Außenseiter, für „bloße Reformer".

Sie erfüllte meine Gedanken nach ihrem Tod mehr als in den wenigen Tagen unseres Geschlechtsverkehrs. Zum ersten Mal in meinem Leben erfasste die Romantik meine Vorstellungen. Ich bin mir nicht sicher, ob es echte Liebe oder einfach nur verletzte *Liebe war* . Aber ich träumte von allen möglichen extravaganten Wegen, ihre Wertschätzung und Liebe zu gewinnen – meist auf Kosten meines Lebens. Ich war nicht annähernd so unglücklich, dass ich sterben wollte, aber ich empfand ein tiefes, wenn auch etwas trauriges Vergnügen, als ich sie mir vorstellte, wie sie an meinem Bett kniete und endlich den Fehler erkannte, den sie gemacht hatte, als sie mich brüskierte – und ihn trotz eines kargen, lieblosen Lebens immer bereute .

Die Erinnerung, die ich an sie hatte, war absolut bewundernswert – die gerade Linie ihres Rückens, die herrliche Haltung ihres Kopfes, das satte Braun ihrer Augen, ihre offene und jungenhafte Art. Aber der Stolz hielt mich davon ab, sie aufzusuchen. Ich wusste, dass das Ergebnis eine Brüskierung sein würde.

Einmal, etwa einen Monat später, kam ich an einer Straßenecke an einer Menschenmenge vorbei, die unter einem sozialistischen Banner stand. Sie stand gerade auf, um zu sprechen. Ich ging einen Block aus dem Weg, aus Angst, sie könnte mich sehen und denken, ich würde versuchen, unsere Bekanntschaft zu erneuern. Aber ich war auch beschäftigt. Zu beschäftigt, um Zeit mit einem Phantom zu verschwenden, verfiel sie nach und nach in eine immer vagere Vorstellung von „hätte sein können". Ein Jahr später stieß ich im Zusammenhang mit einem Streik in der Zeitung auf ihren Namen. Für ein oder zwei Tage flammte ihre Erinnerung wieder auf. Dieser sentimentale Krampf, von dem ich dachte, er sei der letzte von ihr. Ich war mit dem Korrekturlesen beschäftigt.

IV

Dass mein Buch bei professionellen Strafvollzugsforschern Anerkennung fand, war für mich eine Überraschung. Ich hatte es mit der Absicht geschrieben, Laien interessant zu machen. Aber eine deutsche psychologische Fachzeitschrift hat es ausführlich rezensiert. Es wurde schnell ins Französische und Italienische übersetzt. Ich wurde zum Mitherausgeber von „La revue penologique " ernannt. Zuletzt wurde die

American Prison Society auf mich aufmerksam und wählte mich als Delegierten für den Internationalen Kongress in Rom.

Europa hat mich nie angezogen, und ich bezweifle, dass ich dorthin gegangen wäre, wenn Norman und Ann nicht dazu gedrängt hätten. Ich war fünf Tage lang seekrank und den Rest der Strecke langweilte ich mich unfassbar. An dem Tag, den ich in Neapel verbrachte, regnete es so stark, dass ich keinen guten Blick auf den Vesuv hatte.

Als ich in Rom ankam, stellte ich fest, dass mein Name für das Programm des ersten Tages eingetragen war, und ich verbrachte die Zeit bis zur Eröffnung des Kongresses damit, in meinem Zimmer meinen Aufsatz zu verfassen. Ich hatte als Thema gewählt: „Die Notwendigkeit einer neuen Terminologie in der Kriminalitätsforschung." Diese Reform erscheint mir immer mehr zwingend notwendig. Der Versuch, die moderne Haltung gegenüber Kriminalität in der alten Ausdrucksweise auszudrücken, ist, als würde man neuen Wein in alte Schläuche füllen. So wie wir nicht mehr sagen, dass der Mensch „vom Teufel besessen" ist, sondern neuere Wörter wie „Paranoia", „Parese" usw. verwenden, müssen wir auf Begriffe wie „Einbruch zweiten Grades" verzichten. Es ist ein Überbleibsel der mittelalterlichen Scholastik und hat heute keine Bedeutung mehr. Es ist ein totes Konzept einer Tat und gibt keinen Bericht über den lebenden Menschen, der sie begangen haben soll. „Mord", heißt es im Code, „ist immer Mord, so wie Sauerstoff immer Sauerstoff bleibt." Aber während ein Sauerstoffatom genau wie jedes andere ist, sind keine zwei Mörder gleich. Kriminalität ist unendlich komplex. „Diebstahl" – ein fester und formaler Begriff – kann nicht die komplizierten Reaktionen auf die verschiedenen Reize der Umwelt beschreiben, die dazu führen, dass eine bestimmte Gruppe von Nervenzellen gestohlen wird. Wir müssen den abstrakten Worten der alten Gesetzesbücher den Rücken kehren und einen Wortschatz entwickeln, der die Wirklichkeit ausdrückt.

Dieser erste Tag des Kongresses schien mir die Apotheose absurder Sinnlosigkeit zu sein. Ein halbes Hundert Delegierte aus allen Teilen der Welt versammelten sich in einem der Gerichtssäle des Justizpalastes. Wir sollten ernsthafte, praktische Männer sein, die zusammenkommen, um Mittel zur Verbesserung der Methoden der Kriminalitätsbekämpfung zu entwickeln. Wir saßen anderthalb Stunden lang da und tauschten ermüdend und bombastisch internationale Grüße aus. Den Rest des Vormittags nahm die Wahl eines Vorsitzenden, von Ehrenpräsidenten und Vizepräsidenten, eines echten Sekretärs und einer Reihe von Ehrensekretären in Anspruch. Das Parlament einer Nation hätte sich in kürzerer Zeit organisieren können, und wir waren nur zusammengekommen, um Ideen auszutauschen, wir hatten keine Macht.

Als wir uns nach dem Mittagessen trafen, wurde ich aufgerufen. Es gab drei Delegierte aus England, einen aus Kanada und einen aus den Vereinigten Staaten. Der Rest verfügte nur über Fernkenntnisse der englischen Sprache. Ich habe mich selten so unbehaglich albern gefühlt wie damals, als ich dem verständnislosen Publikum meine Arbeit vorlas.

Die ersten beiden, die meine Dissertation besprachen, waren Deutsche. Keiner von beiden hatte meine Argumentation vollständig verstanden, sie griffen mich scharf an. Der dritte Redner war ein Italiener, der mir die Faust drohte. Ich habe nicht die leiseste Ahnung, wovon er sprach. Dann stand einer aus der englischen Delegation , ein Bischof, auf und sagte, dass es gut sei, in unserer Diskussion einen Hauch von Humanismus zu haben, schließlich seien alle Kriminellen Männer wie wir – oder seien es zumindest gewesen. Wie Erzbischof Somebody gesagt hatte, als er sah, wie ein Gefangener zur Hinrichtung geführt wurde: „So, aber um die Gnade Gottes will ich gehen."

Dann sagte ein Franzose mit sorgfältig gepflegtem Bart und ebenso sorgfältig gepflegtem Zynismus, ich sei ein Sentimentalist. Er sagte uns, dass er ein „Positivist" sei. Er bezog sich häufig auf Auguste Compte – einen Philosophen, den ich bis zu diesem Zeitpunkt immer sehr geschätzt hatte. Er empfand meine Sturheit als einen äußerst bedauerlichen Vorfall in einer wissenschaftlichen Versammlung. Kriminologie war überhaupt keine Wissenschaft, es sei denn, sie konnte auf eine exakte Wissenschaft wie Mineralogie oder Mathematik reduziert werden. Abschließend teilte er uns mit, dass er erfreut sei, berichten zu können, dass die sentimentalen Einwände gegen körperliche Züchtigung in Frankreich rasch aussterben und dass jede Aussicht bestehe, dass die Neunschwänzige Katze in naher Zukunft wieder in ihre Gefängnisse eingeführt werde . Was das mit meinem Thema zu tun hatte, konnte ich nicht erkennen.

Wie soll man solchen Kritikern antworten? Es lag nicht nur an der Schwierigkeit der Sprache. Irgendwie wurde ich von der Einsamkeit bedrückt. Ich war ein Barbar, ein seltsamer Mensch unter ihnen. Ihrer Meinung nach waren sie „Beamte", sie waren „Säulen der Gesellschaft" – was Norman verächtlich „die besten Leute" nannte. Es war ein dummer Fehler, der mich vor sie gebracht hatte. Sie wussten nichts über Kriminalität, außer einem Wirrwarr von Worten. Das würden sie nie tun.

Und so sagte ich – meiner Seele überdrüssig –, dass sie, soweit ich es verstanden hatte, alle gegen mich seien, außer dem Herrn aus England. Ich wollte seine Haltung so weit wie möglich zurückweisen. Ich protestierte gegen die Gotteslästerung seines Erzbischofs. Ich war kein Kirchenmann, aber ich brachte es nicht übers Herz, die Gottheit für unsere ungeheuerliche menschliche Ungerechtigkeit verantwortlich zu machen. Es tat mir leid, dass er an einen Gott glaubte, der so unmoralisch war, dass er besondere Gnadenakte ausübte, um ihn und mich aus dem Gefängnis herauszuhalten. Meiner Meinung nach wäre ein besseres Motto für die Gefängnisreform: „Wenn wir nur Glück haben, gehen wir hin."

Dies wurde von allen außer den englischen Delegierten, die verstanden hatten, was ich sagte, als geistreicher Scherz aufgefasst und wir vertagten uns zu einem Staatsempfang im Quirinal; Anschließend gab es ein Abendessen der italienischen Gefängnisgesellschaft. Der Kongress trat am nächsten Tag um zwei Uhr nachmittags erneut zusammen. Das Thema war „Gefängnisbelüftung". Ich schlich mich raus und fand den Weg zum Forum. Dort traf ich auf eine sympathische Seele – einen jugendlichen Reiseführer, der in New York Englisch gelernt hatte. Wir setzten uns auf ein Stück antikes Rom und er erzählte mir von seinen Abenteuern in der neuen Welt.

„Jemals verhaftet?" Ich fragte.

„ Twict ."

„In den Gräbern?"

„Sicher", sagte er mit einem breiten Grinsen. „Für einen Kampf."

Ich habe ihn für den Rest meines Aufenthaltes in Rom engagiert. Er führte mich zu einem kleinen Restaurant in der Nähe und nach dem Abendessen saßen wir in der obersten Galerie des Kolosseums und sprachen über den Mulberry Square. Deshalb habe ich das von der Gemeinde angebotene Abendessen verpasst.

Am nächsten Tag sollte der große Lombroso die Kopfmaße besprechen. Antonio und ich besuchten den Vatikan. Er war ein Antiklerikalist und die unanständigen Geschichten, die er mir über die toten Päpste erzählte, als er mir ihre Gräber im Petersdom zeigte, waren viel lebendiger als die singenden Phrasen aus Reiseführern, mit denen er das Wunder und die Schönheit der Päpste kommentierte der Ort. Er nahm mich mit zum Abendessen mit seiner Familie in ein Mietshausviertel von Rom. Die „Sehenswürdigkeiten", die ich sah, waren also weniger die Bilder und Ruinen als vielmehr die Seelen des unterdrückten Bauernvolkes, das gegen Kirche und Staat erbittert war. Ich habe zweifellos eine Chance verpasst, meinen mageren Vorrat an „Kultur" zu vergrößern, aber ich bereue es nicht.

Mein Kollege aus Amerika war schockiert darüber, dass ich den Kongress verlassen hatte. Er dachte, ich hätte mich über den Empfang geärgert, weil er mir meine Zeitung gegeben hatte, und sagte, es sei nicht anständig, wegzubleiben. Also ging ich am nächsten Tag hin und hörte einer Diskussion über die Zweckmäßigkeit zu, Medikamente in die Gefängnisernährung einzuführen, um unangenehme nervöse Störungen bei den Insassen zu lindern. Alle schienen für den Vorschlag zu sein, der einzige Widerstand kam aus der Erkenntnis der damit verbundenen Kosten. Der Vorsitzende äußerte die Hoffnung, dass noch ein Medikament entdeckt werden könnte, das wirksam und gleichzeitig billig sei.

Am Ende des Kongresses wurden die Delegierten als Gäste der Regierung zu einem Besuch eines Mustergefängnisses eingeladen, das kürzlich in Norditalien eröffnet wurde. Unsere Inspektion bestand aus einem eiligen Spaziergang durch die Zellenblöcke und einem Bankett in den palastartigen Gemächern des Direktors. Wir tranken mehrere Trinksprüche auf Mitglieder der königlichen Familie und dann schlug jemand dem Internationalen Gefängniskongress eine Stoßstange vor. Zufällig bemerkte ich, dass die Flasche, aus der ein Sträflingskellner mein Glas füllte, die Aufschrift „*Lacrimae Christi*" trug.

„Tränen Christi!" Ich sagte zu meinem nächsten Nachbarn. „Es wäre passender, diesen Toast aus dem Wasser zu trinken, in dem Pilatus seine Hände wusch."

Mein Nachbar war ein Franzose mit einem lauten Lachen – also musste die gedankenlose Bemerkung wiederholt werden. Der englische Delegierte nutzte die Gelegenheit, um meinen Vorwurf der Gotteslästerung zu erwidern. Es gab erhebliche wütende Kommentare. Es war ein bedauerlicher Vorfall, da er nichts Gutes gebracht hat.

Die ungarische Regierung hatte uns auch eingeladen, einige ihrer prestigeträchtigen Gefängnisse zu besuchen. Aber im Mailänder Bahnhof, wo wir auf den Zug nach Triest und Budapest warteten, hörte ich den *Chef de Gare* den Paris-Express rufen. Es überkam mich mit einem Schwall. Ich könnte eine Woche früher nach Hause kommen. Warum noch mehr Zeit mit diesen unfruchtbaren alten Herren verschwenden? Ich rannte davon und hatte gerade noch Zeit, mein Gepäck zu retten.

Als ich am frühen Morgen in Paris ankam, fuhr ich sofort zu Cook und reservierte mir die Überfahrt mit dem ersten Boot nach Hause. Als ich mich vom Schreibtisch des Dampfers abwandte, musste ich am Fenster vorbeigehen, an dem die Post verteilt wird. Ich glaube nicht, dass ich bewusst auf die Menge von Männern und Frauen blickte, die auf Briefe warteten. Tatsächlich erinnere ich mich recht gut, dass ich die Beherrschung verlor, weil ich versuchte, einen zu großen Umschlag in meine Tasche zu stecken, aber plötzlich sah ich es Suzanne Martin ist zurück. Es war unmöglich, es zu verwechseln, ebenso wenig wie den herrlichen Haarbüschel über ihrem schlanken Hals.

Ich ging weiter und wollte mich beeilen. Aber ich blieb an der Tür stehen. Ich nahm eine dieser farbenfrohen Touristenbroschüren in die Hand – ich

glaube, es war eine Werbung für eine „Tour nach Versailles in Automobilen"
– und beobachtete, wie Suzanne sich allmählich dem Fenster näherte, ihre
Handvoll Briefe holte und sich setzte Ich setzte mich in einen der Sessel, um
sie zu lesen.

Schließlich war sie damit fertig und ging zur Tür. Ich wünschte, ich hätte
nicht gewartet, aber ich schämte mich, sie sehen zu müssen, wie ich weglief.
Das kleine Buch interessierte mich sehr. Sie müsste direkt an mir
vorbeigehen, aber wenn sie es nicht genau erkennen wollte, sollte sie nicht
wissen, dass ich sie gesehen hatte.

V

„Warum – hallo – Mr. Whitman."

Erst als ich ihre Stimme hörte, wurde mir klar, wie wichtig es mir war, ob sie
sprach oder nicht. Irgendwie gelangten wir aus der Tür auf die Avenue de
l'Opera .

„In welche Richtung gehst du?" Sie fragte.

„Nirgendwo Bestimmtes. Darf ich mit dir gehen?"

Hier war ich also in Paris und ging neben Suzanne spazieren. Ich vermute,
dass es zuvor ein wunderschöner Tag gewesen war – es war Anfang Juni,
aber plötzlich war es strahlend schön. Der Tag hatte begonnen zu lachen.
Ich fand heraus, dass sie vorhatte, mehrere Wochen in Paris zu verbringen,
also log ich und sagte, ich sei auch einen Monat dort. Mit egoistischer Freude
erfuhr ich, dass Suzanne einsam war. Sie war offensichtlich froh, jemanden
zum Reden zu haben. Aus Angst, ich könnte schreien, wenn ich mich nicht
anders beschäftigte, erzählte ich einen skurrilen Bericht über den
Gefängniskongress. Dieser führte uns bis zu einer Bank im Garten der
Tuilerien. Und zufällig erfuhr sie, dass dies mein erster Besuch in Paris war
und dass ich kaum eine Stunde vor unserem Treffen angekommen war.

"Oh!" Sie sagte und sprang auf: „Dann müssen Sie als Erstes den Turm von
Notre Dame besteigen. Dort können Sie einen ersten Blick auf Paris werfen."

„ *Allons donc* ", rief ich. Ich hätte dasselbe gesagt, wenn sie die Leichenhalle
vorgeschlagen hätte.

Ich erinnere mich, dass Suzanne uns während der Fahrt verschiedene
Sehenswürdigkeiten zeigte, aber ich bezweifle, dass mein Blick über die
gnädige Hand hinausging, mit der sie zeigte. Dann bogen wir plötzlich um
eine Ecke und gelangten auf den Platz vor der Kathedrale. Der Charme der
Jugend neben mir wurde für einen Moment durch das Wunder der Antike
gebrochen. Wie lebendig scheint das alte Gebäude mit den Geistern der
längst verstorbenen Männer zu sein, die es gebaut haben! Man sagt, dass auch

der Mailänder Dom gotisch sei. Aber mein Kollege muss mir im Weg gestanden haben. Ich hatte es nicht gesehen, da ich Notre Dame zum ersten Mal sah.

„Sie können sich die Fassade später ansehen", sagte Suzanne – ihre Stimme brach den Bann. „Das Wichtigste ist, zuerst die Aussicht von oben zu bekommen."

Die gewundenen, ausgetretenen Treppen des Nordturms waren einer der Schätze meiner Erinnerung. Ein seltsamer Eindruck – das dicke Mauerwerk, unsere funkelnden kleinen Kerzen in der Dunkelheit, verirrte Hauche von Hugos Romanze und noch älteren Geschichten, die Feuchtigkeitsperlen auf den Steinen, der kühle, feuchte Atem von längst vergangener Zeit, der alles dominiert, Suzannes zwei winzige und sehr moderne hellbraune Schuhe und kleine Einblicke in ihre Strümpfe. Ich erinnere mich an den plötzlichen Glanz des ersten Balkons. Ich erhaschte einen kurzen Blick auf den Fluss und wollte anhalten. Aber Suzanne, die diese Tour „persönlich leitete", sagte, wir könnten höher klettern. Also betraten wir erneut die Dunkelheit und kamen schließlich oben an.

Ich könnte Ihnen nicht sagen, wie Paris vom Turm von Notre Dame aus aussieht. Ich erinnere mich nur daran, wie Suzanne aussah. Der steile Aufstieg hatte ihren Atem verkürzt und ihre Farbe verstärkt. Der Wind erfasste eine verirrte Haarsträhne und spielte entzückende Streiche damit. Und wie ihre Augen vor Begeisterung strahlten.

„Das ist mein Lieblingsort auf der Welt", sagte sie. „Es ist das Zentrum der Zivilisation. Von hier aus kann man den Geburtsort fast jeder Idee sehen, die der Rasse geholfen hat, die Schlachtfelder, auf denen jeder menschliche Sieg errungen wurde. Sehen Sie! Dort drüben auf dem Mont Ste. Genevieve ist Abaelard zerschmettert Mittelalter und begann die Reformation. Und dort drüben im Quartier Latin befindet sich die älteste medizinische Fakultät der Welt. In einem dieser Häuser am Hang wagten Menschen zum ersten Mal, Anatomie mit einem Messer zu studieren. Und dort – weiter westlich lebte Voltaire. In der Nähe befindet sich das Haus von Diderot, wo sich die Enzyklopädisten trafen, um den menschlichen Geist zu befreien. Und hier – auf der anderen Seite des Flusses – befindet sich das Palais Royal. Sehen Sie die grüne Baumgruppe. Unter einem von ihnen sprang Camille Desmoulins auf einen Stuhl und hielt die Rede, die zum Sturz der Bastille führte. Und da – sehen Sie die goldene Siegesstatue über den Hausdächern – das ist alles, was von der düsteren alten Festung übrig geblieben ist. Und so geht es. Alles Die Geschichte der Emanzipation des Menschen liegt Ihnen in Stein und Mörtel vor Augen.

Wie leblos es jetzt klingt, während ich die Geister ihrer Worte aufschreibe, die mein Gedächtnis verfolgen! Aber wie wunderbar lebendig klangen sie an diesem strahlenden Sommermorgen – Paris lag uns zu Füßen – wir zwei allein auf dem Dach der Welt! Schon damals wären ihre Worte wie tote Dinge erschienen, wenn sie nicht von ihrer strahlenden Schönheit, dem herrlichen Glauben und der Begeisterung in ihr erleuchtet worden wären. Diese ganze Geschichte war für sie lebendig. So waren die ersten Akte des großen Dramas des Fortschritts vergangen. Und sie betrachtete den letzten Akt – die endgültige Vollendung der universellen Brüderlichkeit – als etwas Nahestehendes im Vergleich zu den langen Jahrhunderten, seit Abaelard den Vorhang gelüftet hatte. Wir fühlen uns immer von dem angezogen, was uns fehlt, und ihr Glaube legte mir neue Fesseln auf.

Ein Schwarm deutscher Touristen überfiel uns, und um ihnen zu entkommen, gingen wir hinunter zum Mittagessen. Bei dieser zweiten Mahlzeit mit ihr erzählte sie mir etwas aus ihrem Leben. Sie war zum Glauben erzogen worden. Ihre Mutter, eine Französin, hatte einen Amerikaner geheiratet. Suzanne war in New York geboren. Aber ihre drei Onkel waren am Kommunardenaufstand von 1871 beteiligt gewesen. Einer war auf der Barrikade gestorben. Die anderen beiden waren nach Neukaledonien geschickt worden. Der Jüngere, der die Schrecken dieser Strafkolonie erlebt hatte, war nach Amerika geflohen und hatte die zerstörten Überreste seines Lebens zum Haus seiner Schwester gebracht. Er war der Mentor von Suzannes Kindheit gewesen.

Sechs Monate bevor ich sie in Paris traf, war sie wegen Überarbeitung krank geworden und zu Verwandten in Südfrankreich gekommen, um wieder zu Kräften zu kommen. Nachdem sie sich inzwischen erholt hatte, verbrachte sie den letzten Monat ihres Urlaubs mit Besichtigungen in Paris. Sie fragte mich, wo ich anhalte, was mich daran erinnerte, dass ich mir noch keinen Schlafplatz gesichert hatte. Ich gab ihr die Schuld, dass sie mich zur Kathedrale mitgenommen hatte, obwohl ich eigentlich ein Hotel hätte suchen sollen.

„Warum Geld für ein Hotel verschwenden?" Sie fragte. „Wenn man mehrere Wochen hier bleibt, ist eine *Rente* viel günstiger."

Sie erzählte mir von dem Ort, an dem sie am linken Ufer wohnte. Es gab freie Zimmer. Ich rannte los, um meine Reise abzusagen, mein Gepäck abzuholen, und bevor ich Zeit hatte, mein Glück zu realisieren, wurde ich mit ihr unter einem Dach untergebracht. Meine Erinnerung an die nächsten Tage ist ein Durcheinander von Suzanne im Musée Carnavelet , Suzanne im Luxemburg, Suzanne auf der Place de la Concorde, die darauf hinweisen, wo sie den König guillotiniert hatten, Suzanne unter der Kuppel des Invalidendoms, und Napoleon und alle seine Wege anprangerten.

Als ich eines Abends aus Versailles zurückkam, fragte ich sie, ob sie jemals daran gedacht hätte, dauerhaft in Frankreich zu leben.

„Nein“, sagte sie mit Nachdruck. „Ich liebe Frankreich, aber ich mag die Franzosen nicht. Die Männer wissen nicht, wie man eine Frau ernst nimmt. Sie reden immer von Liebe.“

„Ich beneide sie um die *Kaltblütigkeit* , mit der sie ihre Gefühle ausdrücken.“

Suzannes Augen schossen Feuer. Sie zeigte all ihre Sturmsignale und begann, diese Leichtfertigkeit anzuprangern. Diese Angewohnheit, einer Frau auf den ersten Blick zu sagen, dass einem schwindelig wird, ekelte sie an. Dieses ständige Herumreden über Sex kam mir eklig vor. „Warum können Männer und Frauen keine anständigen, unkomplizierten Freundschaften führen?“ sie verlangte. Sie mochte Männer, mochte ihre Sichtweisen, mochte ihre Gespräche und ihre Kameradschaft. Aber Franzosen konnten nicht ernsthaft nachdenken, wenn eine Frau in Sicht war. Freundschaft war mit ihnen unmöglich.

„Es ist bei jedem Mann ziemlich ungewiss, nicht wahr?“ Ich fragte.

„Nun ja. Jedenfalls sind amerikanische Männer besser. Ich hatte zu Hause ein paar entzückende männliche Freunde.“

„Und haben die Freundschaften gehalten?“ Ich bestand darauf.

„Na ja, nein.“ Sie war wunderbar ehrlich zu sich selbst. „Warum ist das so? Es war nicht meine Schuld.“

„Wahrscheinlich ist niemand schuld“, sagte ich. „Nur das düstere alte Naturgesetz. Man gibt nicht der Sonne die Schuld, dass sie aufgeht. Man kann einem Menschen nicht die Schuld dafür geben … “

„Oh, fang nicht damit an“, unterbrach sie. „Ich gebe Ihnen eine faire Warnung.“

Wir saßen betrübt auf gegenüberliegenden Sitzen, bis der Zug Paris erreichte.

„Oh, Ärger!“ sagte sie, als wir ausstiegen. „Was nützt es, Trübsal zu blasen? Lasst uns Freunde sein. Nur gute Freunde.“

Sie streckte ihre Hand so verführerisch aus, dass ich nicht anders konnte, als sie zu ergreifen.

„Ehrlicher Indianer“, sagte sie. „Kein Betrug? Kreuze dir das Herz, um zu sterben.“

So war ich einer platonischen Beziehung verpflichtet, von der ich schon auf den ersten Blick wusste, dass sie instabil war.

Am nächsten Morgen erzählte sie mir, als wollte sie die festere Grundlage unserer Freundschaft beweisen, dass sie in einigen Tagen die Ankunft zweier Kameraden, eines Herrn und einer Frau Long, die sich damals in

Deutschland aufhielten, in Paris erwarte. Sie planten eine Wanderung durch die Normandie – um die Kathedralen zu besichtigen. Würde ich mich ihnen anschließen? Wir verbrachten den Nachmittag damit, uns eine Straßenkarte von Nordwestfrankreich anzusehen und eine Reiseroute zu planen.

Und dann, zwei Tage vor unserem geplanten Start, kam ein Telegramm von den Longs. Plötzlich wurden sie nach Hause gerufen, sie fuhren direkt von Hamburg aus.

„Lass uns trotzdem gehen", sagte ich. „Wir können das Bruder-Schwester-Spiel auf die Beine stellen. Diese Franzosen wissen nicht, ob amerikanische Brüder und Schwestern gleich aussehen sollten oder nicht. Wie wichtig ist es schon, was irgendjemand denkt?"

Also. Wir hatten unsere Rucksäcke gekauft. Die Reise war geplant. Alle seine Versprechungen von Freuden und Abenteuern hatten uns beide erfasst. Sie zögerte. Ich wurde eloquent. Nach ein paar Minuten brach sie aus – offensichtlich hatte sie mir nicht zugehört.

„Würden Sie Ihr Wort halten? – Ja – ich glaube, das würden Sie. Ich gehe, wenn Sie mir versprechen, – nun ja – nicht sentimental zu werden – mich wirklich wie eine Schwester zu behandeln."

„Gibt es keine zeitliche Begrenzung für das Versprechen? Soll ich mich an eine brüderliche Rücksichtnahme binden, bis unser Tod scheidet? Ich bin mit solchen Gelübden nicht einverstanden."

„Du bist entweder dumm oder versuchst lustig zu sein", schnappte sie. „Sie schlagen vor, dass wir alleine auf Wanderschaft gehen. Sie könnten es furchtbar unangenehm machen – alles verderben. Ich werde nicht anfangen, es sei denn, Sie versprechen, es nicht zu tun. Das ist ganz einfach."

„Nun", sagte ich. „Geben und Nehmen. Ich verspreche, nicht sentimental zu werden, wenn Sie versprechen, nicht über Sozialismus zu reden. Einverstanden? Wir werden einen Vertrag ausarbeiten – einen Friedensvertrag."

Und trotz ihrer lachenden Proteste, ich sei ein Idiot, habe ich es in Form gebracht. Suzanne, Partei des ersten Teils, und Arnold, Partei des zweiten Teils, stimmen hiermit überein und verpflichten sich, während der im Folgenden beschriebenen Reise weder über Gefühle noch über Soziologie zu sprechen....

So wurde es angeordnet. Am nächsten Morgen ging es los – mit dem Zug nach St. Germain- en - Laye .

VI

Einer meiner Schätze ist eine abgenutzte Straßenkarte von Nordwestfrankreich. Von Paris aus zeichnet eine Linie unseren beabsichtigten Kurs nach, die Seine hinunter nach Rouen, quer durchs Land nach Calais. Es ist eine klare Linie. Ich hatte ein Lineal zum Arbeiten und die Karte lag auf der Marmorplatte eines Tisches im kleinen Café de la Rotonde . Ebenfalls in Paris beginnt eine weitere Linie, die den Weg zeigt, dem wir gefolgt sind. Es ist weniger klar gezeichnet und größtenteils auf einem Buch nachgezeichnet, das ich auf dem Knie balanciere. Sterne markieren die Orte, an denen wir nachts Halt gemacht haben. Von St. Germain- en - Laye aus fuhren wir zurück nach St. Denis und bogen dann tangential nach Amiens ab, einem neuen Winkel nach Rheims. Bei Moret -sur- Loing kommt es zu einem abrupten Stopp .

Ich kann keiner literarischen Form befehlen, dieser Odyssee gerecht zu werden – sie führte mich zu jenen hohen Bergen, von denen aus man das wundersame Land der Liebe sehen kann.

Was haben wir getan? Ich erinnere mich an Stunden ohne Ende, in denen wir kaum ein Wort hörten. Ich erinnere mich, wie ich mit ihr ein Rennen durch den Wald von Saint Germain lief. Ich erinnere mich an einen Mittag unter der großen Ulme im Jardin eines Dorfcafés. Es gab köstliches Omelette und *Madame la Patronne* plauderte freundlich über ihre Kinder und Hühner und die ungerechtfertigte neue Steuer auf Apfelwein. Ich erinnere mich an die Wunder dieser jahrhundertealten Fenster in Rheims und an Suzannes Rede über die Pucelle . Ich erinnere mich an den Versuch, ihr das Werfen von Steinen beizubringen, und an ihren Ärger, als ich ihr lachend sagte, sie könne es nie lernen, es wie ein Mann zu machen. Und hier und da erinnere ich mich entlang unserer Route an kleine Ecken der Elysian Fields, wo wir uns eine Weile ausruhten und uns unterhielten. Suzanne hatte festgestellt, dass ich Browning nicht wertschätzte. Unterwegs holte sie oft einen kleinen Band seiner Verse aus ihrem Rucksack und ließ mich zuhören. Das erste Gedicht, das mich bezauberte, war „Cleon". Es führte uns weit in eine Diskussion über den Sinn des Lebens, und Suzanne las „The Last Ride Together" – um Brownings Vorliebe für den Mann, der lebt, gegenüber dem Mann, der über das Leben schreibt, deutlicher zu machen. Einmal stockte ihre Stimme – ich glaube, sie erkannte, wie nahe sie dem verbotenen Thema kam –, aber sie hielt es für besser, weiterzulesen. Danach gehörte ich zu Browning.

Diese Verse schienen geschrieben, um unseren Ausflug auszudrücken. Ob sie über unseren Weg hinausschaute oder nicht, weiß ich nicht. Ich tat es nicht. Was passieren würde, wenn unsere Pilgerreise zu Ende wäre , fragte ich nicht. Die Gegenwart war zu schwindelerregend freudig, um die Zukunft in Frage zu stellen.

Schließlich kamen wir nach Moret am Rande des großen Waldes von Fontainebleau. Eigentlich hatten wir vor, weiterzufahren und in Barbizon zu schlafen, aber wir waren unterwegs herumgebummelt, und im kleinen Hotel de la Palette sagte man uns, der Weg sei zu lang für einen gemütlichen Nachmittag. Dort hielten wir also an, um ein paar Stunden im Wald zu spazieren und früh am Morgen aufzubrechen.

Sie gaben uns zwei Mansardenzimmer, denn das Hotel war voller Kunststudenten und der größte Teil war belegt. Ich erinnere mich, wie die kahlen Wände mit Skizzen und Karikaturen bedeckt waren. Auf der Tür zwischen unseren Zimmern war ein besonders bizarrer Sonnenuntergang gemalt.

Nach dem Mittagessen machten wir uns auf den Weg in den Wald. Bald erreichten wir eine Hügelkuppe mit Aussicht auf das Meer aus Baumwipfeln und den grauen Donjon-Bergfried von Moret im Norden. Suzanne warf sich, wie es ihre Gewohnheit war, mit dem Gesicht nach unten ins hohe Gras. Ich scheine keine schärfere Erinnerung an sie zu haben als in dieser Pose. Ich saß bewundernd neben ihr. Plötzlich blickte sie auf.

„Morgen Abend Barbizon", sagte sie, „übermorgen Paris und unser Ausflug ist vorbei."

Sie blickte auf eine lange Aussicht zwischen den Bäumen. Ich weiß nicht, was sie dort gesehen hat. Aber wohin ich auch schaute, ich sah eine Wolke winziger Papierfetzen, die in einen Papierkorb flatterte.

„Und dann", sagte ich, „wird ein gewisser ungerechter Friedensvertrag in Stücke gerissen."

Meine Pfeife war durchgebrannt, bevor sie wieder sprechen konnte. Ihre Worte, als sie kamen, waren für meine Träume völlig fremd.

„Warum hast du so ein Buch geschrieben?"

In ihrer Stimme lag eine ernsthafte Verurteilung. Um Zeit zu gewinnen, fragte ich.

„Gefällt es dir nicht?"

„Natürlich nicht. Das ist unaufrichtig."

Ich füllte meine Pfeife, bevor ich mich der Herausforderung stellte.

„Sie müssen Ihre Anklageschrift detaillierter formulieren. Was ist daran unaufrichtig?"

„Du weißt es genauso gut wie ich."

In keinem unserer Gespräche vermittelte sie mir einen so deutlichen Eindruck von Ernsthaftigkeit. Mit einer plötzlichen Drehung setzte sie sich auf und sah mich an.

„Das ist zynisch. Das Buch besteht aus zwei Teilen – Darstellung und Schlussfolgerungen. Die Schlussfolgerungen sind bedauernswert. Sie schlagen ein Reformprogramm im Justiz- und Strafvollzugssystem vor. Und sie sind kleinlich – wenn sie alle akzeptiert würden, gäbe es keine Lösung." das Problem der Kriminalität. Sie implizieren eines von zwei Dingen: Entweder würden diese Reformen das Problem lösen, was nicht der Fall wäre, oder dass das Problem unlösbar sei, was nicht der Fall ist.

„Zähl eins", sagte ich. „Plädoyer zurückgestellt."

„Und dann – das ist noch schlimmer – wissen Sie, dass es in unserem gegenwärtigen System keine größere Chance gibt, dass diese Reformen gewährt werden, als dass die Arithmetik so reformiert wird, dass zwei und zwei fünf entstehen."

„Zählpunkt zwei. Nicht schuldig."

„Keine Jury würde Sie davon freisprechen. Aber es gibt noch einen dritten Anklagepunkt – vielleicht den schlimmsten von allen. Das Buch ist furchtbar oberflächlich. In Ihrem Vorwort verstecken Sie die Tatsache, dass die schlimmsten Verbrechen gegen die Gesellschaft im Kodex nicht erwähnt werden. Sie weisen Sie sanft darauf hin, dass einige Wall-Street-Transaktionen Diebstahl sind, auch wenn sie nicht illegal sind. Alles versteckt in Ihrem Vorwort!"

„Das ist völlig unfair", protestierte ich. „Sie streiten mit mir über eine Definition. Mein Buch befasst sich mit den Phänomenen der Strafgerichte. Ich habe nichts mit dem zu tun, was Sie oder die Zeitungen Kriminalität nennen. Wenn ich wollte, dass meine Arbeit wissenschaftlich ist, musste ich eine klare Definition bekommen." Und ich sagte, dass Verbrechen aus Handlungen bestehen, die vom Gesetzgeber verboten sind. Ich habe darauf hingewiesen, dass es sich um eine willkürliche Auffassung handelt, die sich ständig ändert. Manche Dinge – wie zum Beispiel die Frau am Sabbat zu küssen – sind nicht mehr kriminell und manche Dinge – wie diese „Wall-Street-Transaktionen – werden morgen wahrscheinlich Verbrechen sein. Ihr dritter Anklagepunkt richtet sich nicht gegen mich, sondern gegen die ‚wissenschaftliche Methode'."

„Tommyrot!" sie erwiderte. „Sie versuchen, einer großen menschlichen Wahrheit unter einem wissenschaftlichen Vorwand zu entgehen. Sie wissen, dass neunzig Prozent des Strafrechts und neunundneunzig Prozent des Zivilrechts darauf abzielen, die Menschen dazu zu bringen, Eigentumsverhältnisse anzuerkennen, die im Grunde ungerecht sind . Wenn unsere Wirtschaftsbeziehungen richtig wären, würden neunzig Prozent der Kriminalität beseitigt. Und Gerechtigkeit – der Sozialismus – würde mehr bewirken, gesündere, edlere Persönlichkeiten hervorbringen und die anderen zehn Prozent auslöschen. Da liegt der Kern des Problems der Kriminalität und du weichst ihm aus.

„Sie haben ein Kapitel über Prostitution. Es ist großartig, das Beste, was ich je gesehen habe – in dem Sie die gegenwärtigen Zustände beschreiben. Aber die Schlussfolgerungen sind – nun ja – widerlich. Glauben Sie wirklich, dass es helfen wird, die Fingerabdrücke der armen Frauen zu nehmen? Natürlich Sie Tun Sie das nicht! Es steckt alles in der großen Ungerechtigkeit, die allem Leben zugrunde liegt. Sie kommen genau auf den Punkt – Sie sagen, dass die meiste Prostitution entsteht, weil die Töchter der Armen keine andere Alternative haben als die Ausbeutungsfabrik – und dann schließen Sie Ihre Mund wie ein Narr oder ein Feigling.

„Ihr Buch wäre vielleicht wunderbar gewesen – ein großer Beitrag. Oh, warum haben Sie das nicht getan? Es ist nur halbherzig – unaufrichtig!"

Ich kann mich nicht an meine Verteidigung erinnern. Ich versuchte ihr klarzumachen, wie wir das Problem von den gegensätzlichen Polen her angingen, wie ihr Ausgangspunkt eine ideale soziale Organisation war, während ich von der Welt, wie sie ist, ausging, wie sie in Begriffen des Absoluten sprach und dachte nur von relativen Werten, wie sie eine bleibende Wahrheit im Leben sah und ich an eine alles durchdringende Veränderung glaubte. Wir haben den ganzen Nachmittag erbittert dagegen gekämpft – mit ungeliebten Worten. Keiner überzeugte den anderen, aber ich glaube, ich überzeugte sie von meiner Aufrichtigkeit, fast davon, dass „eng" nicht das beste Wort sei, um meine Einstellung auszudrücken – dass „anders" gerechter sei . Die Sonne war bereits in den Baumwipfeln untergegangen, als sie den Streit endlich beendete.

„Wir werden nie einer Meinung sein. Unsere Standpunkte liegen meilenweit auseinander."

„Aber das", sagte ich, „muss keinen Unterschied machen, solange wir ehrlich zueinander sind – und zu uns selbst."

„Da bin ich mir nicht sicher", sagte sie. „Ich muss es mir ausdenken."

Sie streckte sich wieder im Gras aus und begann, einen Strohhalm in ein Ameisenloch zu stecken. Ich lehnte mich zurück, rauchte und segnete die Götter, die einen so perfekten Rücken geformt hatten. Dann schaute sie auf ihre Uhr und sprang auf.

„Ist dir klar, Suzanne, dass du gegen den Vertrag verstoßen hast? Du hast über Soziologie und Sozialismus geredet. Jetzt – ich bin frei …"

„Oh! Bitte nicht!“ sie unterbrach. „Nicht jetzt. Wir müssen uns zum Abendessen beeilen.“

Ich stand lachend auf und wir gingen schweigend zwischen den großen Bäumen in der hereinbrechenden Dämmerung zurück zum Hotel de la Palette. Die Fröhlichkeit dieser Truppe junger Künstler zwang uns, über triviale Dinge zu sprechen. Nach dem Abendessen standen wir einen Moment in der Tür. Hinter uns herrschte lärmende Fröhlichkeit, vor uns beleuchtete der Vollmond die grauen Mauern der Zitadelle und leuchtete verlockend auf einem ruhigen Flussufer.

„Komm“, sagte ich. „Lass uns zur Brücke hinuntergehen – das Wasser wird in diesem Licht wunderschön sein.“

Für einen Moment hielt sie sich widerstrebend zurück; dann stimmte er plötzlich zu. Doch im Dorf verschwendete sie viel Zeit damit, nach dem Haus zu suchen, in dem Napoleon nach seiner Rückkehr aus Elba geschlafen hatte. Als wir endlich die Brücke erreichten, kletterte sie auf die Brüstung. Ich lehnte mich neben ihr dagegen. Das Licht auf dem Fluss war wunderschön. Obwohl wir keinen Wind spürten, wurden die großen Wolken über uns hin und her getrieben wie steuerlose Schiffe im Sturm. Für einen Moment blieb der Mond verborgen und ließ uns in völliger Dunkelheit zurück, im nächsten Moment brach er hervor und erweckte mit seinem Glanz alle Details der malerischen alten Häuser am Flussufer zum Leben. Suzanne unternahm ein oder zwei fruchtlose Gesprächsversuche. Endlich stürzte ich mich in das eigentliche Geschäft des Augenblicks .

„Natürlich“, begann ich, „wenn Sie es wirklich wünschen, werde ich das verschieben, bis wir in Paris ankommen.“

Es war eine spürbare Anspannung ihrer Muskeln zu spüren – eine Anspannung. Aber sie sprach nicht.

Wenn ich an diesem Abend eloquent und überzeugend war, dann deshalb, weil ich nicht für mich selbst flehte, sondern für die Liebe. Manchmal wird gesagt, dass Liebe egoistisch und subjektiv sei, für mich scheint sie das Objektivste auf der Welt zu sein. Ich denke, es ist – in seiner großartigsten Form – eine völlige Hingabe an die ultimative Größe des Lebens. Ohne Liebe haben wir nichts, wofür wir kämpfen können, außer für unsere kleinen Persönlichkeiten, und es gibt keine bessere Beschäftigung, als unsere Individualität zu vergrößern. Liebe zeigt uns größere Dinge. Zumindest versuchte ich das Suzanne zu sagen. Sie hatte die Liebe als ein verstörendes Element im Leben angesehen. Ich habe versucht, es ihr als das Ziel, die Apotheose des Lebens zu zeigen.

Wenn ich jetzt daran zurückdenke, kommt es mir so vor, als hätte ich kaum an Suzanne gedacht – überhaupt nicht an mein Verlangen nach ihr. Ich habe mit etwas gesprochen, das weiter entfernt ist als sie, vielleicht mit dem Mond. Ich versuchte verzweifelt, einen Glauben zu formulieren – einem Glauben eine Stimme zu verleihen.

Und dann legte sie ihre Hand auf meine – und ich vergaß den Mond. Ich sah nur die Herrlichkeit ihres Gesichts, anders als alles, was ich jemals gesehen hatte. Es war blasser als gewöhnlich und verträumt. Es kam mir überraschend nahe vor. Als ich sie küsste, wandte sie sich nicht ab.

Plötzlich regnete es.

Ein Großteil meines Lebens hing von solch dummen, lächerlichen Zufällen ab. Es schüttete – durchnässt und kalt. Es war eine ernste Angelegenheit für uns. Wir reisten mit leichtem Gepäck, hatten nichts als unsere Rucksäcke dabei, näher als Paris, und keine Oberbekleidung außer der, die wir trugen. Obwohl wir die ganze Strecke liefen, waren wir bis auf die Haut durchnässt, bevor wir das Hotel erreichten. Der Regen hörte genauso abrupt auf, wie er begonnen hatte. Wir waren zu atemlos, um zu reden, als wir die Treppe zu unseren Dachzimmern hinaufstiegen.

Nach einer kräftigen Massage, trockener Unterwäsche und Pyjamas wickelte ich mich in eine Decke und zündete meine Pfeife an. Durch die dünne Trennwand konnte ich hören, wie Suzanne der Bonne Anweisungen gab, ihre Kleidung am Küchenfeuer zu trocknen. Dann knarrte ihr Bett. Aus dem Café unten drangen Geräusche ausgelassener Heiterkeit. Unser Gespräch war so ergebnislos verlaufen.

„Suzanne", sagte ich und klopfte an die Tür zwischen unseren Zimmern. „Darf ich reinkommen? Bitte. Es ist furchtbar wichtig."

Es kam keine Antwort und ich öffnete die Tür. Der Mond, der den Wolken entkommen war, schien durch das Mansardenfenster voll auf ihr Bett und färbte ihr Haar kräftiger rot als gewöhnlich. Ich muss ein seltsamer Anblick gewesen sein, mit dieser Decke um meine Schultern. Aber sie lächelte nicht. Ich finde kein Wort, um ihren Gesichtsausdruck zu benennen, es sei denn, Staunen genügt. Es war das erstaunte Gesicht eines Schlafwandlers zu erkennen. Instinktiv wusste ich, dass sie mich nicht abstoßen würde. In diesem Moment gehörte sie mir. Aber ich wollte nicht, was ein Mann einer Frau „nehmen" kann. Ich wollte, dass sie etwas gab.

Ich saß am Fußende des Bettes und versuchte, sie in die Stimmung zu bringen, nach der ich hungerte. Es war keine Selbstbeherrschung meinerseits. Ich war mir der Leidenschaft nicht bewusst. Was ich wollte, kam mir feiner und großartiger vor. Wenn sie mir die Hand ausgestreckt hätte, wären alle meine aufgestauten Wünsche explodiert. Wenn sie versucht hätte, mich wegzuschicken, hätte es mich möglicherweise wütend gemacht. Wenn sie gesprochen hätte – ich erinnere mich an kein Wort. Sie lag wie ein Mensch im Traum da. In ihren Augen lag ein seltsamer, benommener Ausdruck, vielleicht war es ehrfürchtige Erwartung. Ich habe es nicht so gelesen.

In der Hoffnung, sie zu wecken, küsste ich ihre Hände und ihre Stirn. Die große Locke ihres Haares bewegte sich in meinen Händen wie etwas Lebendiges. Sein Duft machte mich schwindlig. Aus Angst vor dem Rausch ging ich für einen Moment ans Fenster, blickte hinaus auf den untergehenden Mond, bis mein Kopf wieder klar war. Ich kam zurück und kniete neben ihrem Bett.

„Suzanne. Was ich will, ist nichts für die Nacht, nichts von Mondlicht und Schatten. Was ich will, muss tagsüber unter freiem Himmel – zur Mittagszeit – für alle Zeiten und alles, was danach kommt, erledigt werden. Morgen im Glanz der Sonne...."

Ich konnte nicht sagen, was in meinem Herzen war. Die letzten Strahlen des Mondes berührten das Profil ihres Gesichts so leuchtend, dass ich plötzlich beten wollte.

„Oh, Suzanne, ich wünschte, wir beide würden an einen Gott glauben. Damit ich seinen Segen für dich – für uns – beten könnte."

Dann küsste ich sie auf die Lippen und ging weg.

Die Stunden, die ich in dieser Nacht in meinem Fenster verbrachte, waren vermutlich die Stunden, die ich dem Himmel jemals am nächsten kam. Es schien, als wären meine quälenden Zweifel endlich vorbei, als hätte ich in der göttlichen Offenbarung gelesen, als wäre mir der Weg, die Wahrheit und das Licht klar aufgezeigt worden. Zum zweiten Mal in meinem Leben hatte ich die Gewissheit der Erlösung.

Gerade als der Rand der Sonne über den östlichen Hügeln aufging, hörte ich, wie sie aus dem Bett stieg, hörte das Geräusch ihrer nackten Füße, die auf die Tür zukamen. Ich sprang von meinem Platz am Fenster herunter. Mein Traum ging in Erfüllung – sie kam im Morgengrauen zu mir.

Die Tür öffnete sich kaum einen Zentimeter. Ihre Stimme schien die einer Fremden zu sein.

„Arnold. Bitte geh runter in die Küche und hol meine Klamotten."

Ich war bereit, meine Adern für sie zu öffnen, und sie bat mich, nach unten zu gehen und ihr einen Rock, eine Bluse und Schuhe zu bringen.

„Steh nicht wie ein Idiot da", sagte die seltsame Stimme. „Ich will meine Kleidung."

Nun ja – irgendwie habe ich die Kleidung gefunden und zurückgebracht. Sie nahm sie hastig durch die Tür auf, schloss sie mir vor der Nase zu – schloss sie ab. Ich glaube, das Knirschen des Riegels im Schloss war das erste, was mir deutlich auffiel. Sie hatte Angst, ich würde mich ihr aufdrängen. Wir waren völlig Fremde, sie kannte mich überhaupt nicht.

Bei einem Streikaufstand sah ich einmal, wie ein Mann mit einem Ziegelstein zwischen die Augen geschlagen wurde. Es muss ihn sofort bewusstlos gemacht haben, aber er beendete den Satz, den er rief, bückte sich, um einen Stein aufzuheben, blieb stehen, als ob ihm etwas eingefallen wäre, setzte sich benommen auf den Bordstein – es muss ein voller gewesen sein eine halbe Minute, bevor er stöhnte und bewegungslos zusammensackte.

Nachdem Suzanne den Riegel ihrer Tür durch den Traum getrieben hatte, zog ich mich an und setzte mich stumm hin, um zu warten. Ich hörte, wie sie sich in ihrem Zimmer bewegte, hörte, wie sie ihre Schuhe anzog – ich erinnere mich, dass ich dachte, dass sie heute Morgen steif sein müssten, weil sie nass gewesen waren –, dann schloss sie auf und öffnete die Tür.

„Arnold", sagte sie mit dieser eingeschränkten Stimme, die ich nicht kannte. „Ich muss weg – ich will allein sein. In ein paar Minuten fährt ein Zug nach Paris."

Ich nehme an, ich habe eine Bewegung gemacht, als wollte ich ihr folgen.

„Nein. Kommen Sie nicht. Ich muss mir die Dinge selbst ausdenken. Ich muss" – der angespannte Ton in ihrer Stimme war verzweifelt, fast hysterisch – „Lass mich alleine gehen. Ich werde dir schreiben." du – Cook's. Ich bin …"

Sie drehte sich ohne ein Wort des Abschieds um und ich hörte ihre Schritte auf der Treppe des stillen Hauses. Und plötzlich, vielleicht fünfzehn Minuten, vielleicht eine halbe Stunde, hörte ich das Pfeifen eines Zuges.

VII

Nach einer Weile „kam ich zu mir". Ich ging in ihr Zimmer und sah mich um. In ihrer Eile, wegzugehen, hatte sie ihren Rucksack vergessen , er lag gut sichtbar auf dem durcheinandergewühlten Bett. Ich ging nach unten, trank Kaffee und bezahlte die Rechnung. Ich erinnere mich an das törichte Verlangen zu weinen, als mir klar wurde, dass ich für uns beide bezahlen musste. Während der gesamten Reise hatte sie gewissenhaft darauf bestanden, für ihren Anteil zu sorgen. Mit nur unseren beiden Taschen als Begleitung fuhr ich nach Paris. Sie hatte eine Stunde vor meiner Ankunft ihr Gepäck aus der Pension abgeholt, eine Adresse hatte sie nicht hinterlassen. Ich verbrachte die meiste Zeit im Garten der Tuilerien und ging etwa jede Stunde zu Cook, um den Brief zu holen, den sie versprochen hatte. Es gab Zeiten, in denen ich hoffte, dass sie zurückkommen würde, in denen es unmöglich schien, dass ich sie nicht wieder finden würde, manchmal war ich verzweifelt. Aber meistens war es nur ein dumpfer, fassungsloser Schmerz, der weder Hoffnung noch Verzweiflung bedeutete. Nach drei Tagen kam der Brief. Der Poststempel lautete Le Havre.

„Lieber Freund Arnold,

„Es hat länger gedauert, als ich gedacht hatte, um meiner selbst sicher zu sein. Ich kann dich nicht heiraten. Es ist mir noch nie schwer gefallen, das zu sagen. Jetzt ist es schwer. Ich weiß, wie sehr es dir wehtun wird. Und es ist mir wichtig." Mehr, als ich jemals zuvor getan habe. Mehr, denke ich, als mir jemals wieder wichtig sein wird. Denn ich kann mir keine schönere Art vorstellen, geliebt zu werden als deine Art.

„Wenn es nicht den Schmerz gäbe, den es dich gekostet hat – ich würde mich über die Chance freuen, die uns in Paris zusammengebracht hat. Die folgenden Tage waren die freudigsten, die ich je erlebt habe – fast die einzigen. Ich habe kein Leben gefunden." Ein glückliches Geschäft. Sicherlich werden Sie nicht, ich bezweifle, dass es irgendjemand erkennt, wie traurig mir die Welt vorkommt. Aber irgendwie haben Sie mir geholfen, dem überwältigenden Elend, das uns umgibt, für eine Weile zu entfliehen, haben mir geholfen, mir etwas von der Welt zu ergattern. der selten kommende Geist der Freude.' Sie waren perfekt – diese unvergesslichen Tage auf offener Straße.

„Ich kann – selbst nach all dem Nachdenken, und ich habe an nichts anderes gedacht – nicht klar verstehen, was in Moret passiert ist . Als du anfingst, von Liebe zu mir zu reden – nun ja – es war das erste Mal in meinem Leben, dass ich es tat Ich möchte nicht weglaufen. Wir alle haben den Traum unserer Frau irgendwo in uns verborgen. Ich kann mich nicht erinnern, was du dort auf der Brücke zu mir gesagt hast, aber plötzlich wurde mein Traum groß. Liebe schien etwas zu sein, auf das ich immer gewartet hatte. Ich habe es behalten Ich fragte mich: „Kann das endlich Liebe sein?" – und weil ich nicht weglaufen wollte, dachte ich, es wäre so.

„Als du in mein Zimmer kamst, war ich betrunken von dem Traum. Dass du meine Verwirrung nicht ausgenutzt hast – nun ja – das meinte ich, als ich sagte, ich könnte mir keine schönere Liebe vorstellen als die, die du mir geschenkt hast. Ich konnte nicht Ich hätte dir Vorwürfe gemacht, wenn du es getan hättest. Gott weiß, was es bedeutet hätte. Es hätte vielleicht den Ausschlag gegeben , ich hätte dich vielleicht geliebt – in gewisser Weise. Aber *du wärst es nicht gewesen* , und es wäre nicht das gewesen, was du wolltest.

„Als du weggegangen bist, begann ich mich an deine Worte zu erinnern – ich hatte sie kaum gehört – und dann wurde mir klar, was du wolltest. Es schien mir sehr schön und – wirst du es glauben – ich wollte es dir geben, sei es Für dich. Aber als die Stunden vergingen, wuchs die Angst, dass ich es nicht konnte, wuchs zur Gewissheit. Und ich hatte Angst, dass ich dich betrügen würde, wenn ich bliebe. Und so rannte ich voller Angst davon.

„Ich weiß, dass ich dir an diesem Morgen sehr grausam vorgekommen sein muss. Und ich schreibe das alles in der Hoffnung, dass du verstehst, dass ich hart war, weil ich Angst hatte, es war die Grausamkeit der Schwäche. Ich wollte meine Arme um mich legen." Du und weinst. Du wirst sehen, dass es besser war, als ich es nicht getan habe. Im Moment ist mir – mit kühlem Kopf – ganz klar, nicht nur, dass ich nicht für dich sein konnte, was du wünschst, sondern dass ich es im Grunde auch tue Ich will nicht. Ich liebe dich nicht.

„Ich würde das gerne weniger brutal klingen lassen, aber es ist wahr. Nicht nur in Bezug auf den Sozialismus liegen unsere Standpunkte meilenweit auseinander, sondern auch in dieser Frage der Liebe."

„Der Portier ruft den Bus für meinen Dampfer. Ich muss anhalten, sonst verpasse ich den Tender. Das ist auch gut so. Wenn ich Ihnen auf diesen wenigen Seiten nicht gezeigt hätte, was ich fühle, könnte ich nicht doppelt so viele lesen."

Ich war nicht Manns genug, meine Medizin ruhig einzunehmen. Der Brief riss mich aus meiner Lethargie, versetzte mich in Wut, in die schlechteste Stimmung meines Lebens. Ich verfluchte Suzanne, verfluchte die Liebe, verfluchte Europa. Ich habe die Überfahrt mit dem ersten Boot nach Hause gebucht. Ich nahm Suzannes Rucksack mit in der Absicht, seinen Inhalt waschen zu lassen und ihn ihr mit einem leichtfertigen, beleidigenden Vermerk zurückzugeben. Ich beschäftigte mich die meiste Zeit, bis das Boot ablegte, mit seiner Zusammensetzung. An Bord habe ich viel getrunken, rücksichtslos gespielt – und wie so etwas oft passiert – und viel gewonnen.

Aber in der letzten Nacht draußen, vor Anker vor der Quarantäne, verließen mich die Wut und die Torheit. Schließlich hatte ich in einer Teekanne einen erstaunlichen Sturm gemacht. Was spielte es für eine Rolle, ob meine Liebesbeziehung glatt oder schief verlief? Ich fühlte mich so sehr wie ein verwöhntes Kind, dass ich mich schämte, zu den ewigen, geduldigen Sternen aufzublicken. Nach den vagen Weiten des Meeres schienen der überfüllte Hafen und das ferne Leuchten und Summen der großen Stadt tatsächlich real zu sein. Ein Raketenstrahl schoss von Coney Island hoch, blendete einen Moment und erlosch. Ich lachte. Die unteren Lichter am Ufer waren nicht so strahlend, aber beständig.

Ich beugte mich über die Reling und richtete meinen Blick auf die Stadt. Und es schien mir, als ob das Leben durch die Nacht zu mir kam als etwas, das man in der Hand halten und studieren konnte.

Die Tombs und all ihre Leute, korrupte Richter und aufrichtige Kriminelle. In ein paar Tagen würde ich wieder in den Trott unter ihnen verfallen. Was war aus Sammy Swartz geworden? Er war ein Taschendieb und hatte, als ich ging, virtuos die Böden in einem Bürogebäude geschrubbt – eine tödliche Plackerei im Vergleich zu dem Elan und den Abenteuern seines alten Lebens. Was hielt ihn daran fest? War es nur Angst vor dem Gefängnis oder ein vages Streben nach Rechtschaffenheit? War er immer noch „auf dem richtigen Weg" oder war er zurück zum „Transplantat" gegangen?

Das Tipi, Norman, Nina und die kleine Marie. Was haben sie gemacht? Wahrscheinlich frage ich mich, wann ich zurückkommen würde – ich plane ein Fest. Meine Befragungen schossen zurück in die alte Heimat in Tennessee. Der Vater und Margot – was machten sie, was wurde ihnen angetan? Und Ann? Ich würde sie am nächsten Morgen mit meinen Neuigkeiten verletzen müssen. Das Leben hatte einen Keil zwischen uns getrieben.

Und Susanne? Sie war irgendwo in der Stadt. Ich stellte mir vor, wie sie im Rat mit ihren Kameraden in einem schmutzigen Ausschussraum, einem Mietshaus saß – das Licht der glorreichen Vision in ihren Augen –, wie sie den großen Wiederaufbau plante und die Krönung der Gerechtigkeit plante. Sie hatte der Liebe, die ich ihr anbot, den Rücken gekehrt, damit eine größere Liebe zum Ausdruck kommen könnte. Es kam mir falsch vor. Aber richtig oder falsch, ich liebte sie an diesem Abend mehr als je zuvor. Es war, als wäre aus einem Kometen ein Fixstern geworden.

Und sie tat mir leid – während ich sie bewunderte. Wie wir alle war sie im riesigen Spinnennetz des Lebens gefangen und schlug in dem göttlichen Bemühen, das Licht zu erreichen, ihre Flügel in Stücke. Alle Menschen, die mir einfielen, schienen in der gleichen Notlage zu sein – bewundernswert und bemitleidenswert. Ist sich unsere riesige, entstehende und kämpfende Familie nicht in der Ungewissheit des Lebens genauso ähnlich wie in der Gewissheit des Todes?

Als ich an Land war, rief ich Ann an. Ihr Labor war in die Stadt verlegt worden, und so konnten wir uns zu einem gemeinsamen Mittagessen verabreden. Ich war froh über das öffentliche Restaurant, es wäre mir schwerer gefallen, ihr von Suzanne zu erzählen, wenn wir allein gewesen wären. Als Ann es verstand, machte sie es mir so einfach wie möglich.

„Und deshalb", sagte sie schließlich, als wir den Eingang zu ihrem Labor erreichten, „kommen Sie nicht nach Cromley?"

„Ich fürchte, ich wäre ein ausgesprochen missmutiger Gast"

Sie stand einen Moment mit zusammengezogenen Brauen auf der Stufe.

„Nun", sagte sie, „wenn du sie wirklich willst, dann geh ihr nach. Schlage ihr auf den Kopf und zerre sie in deine Höhle. Oh, ich weiß. Ich bin zu sachlich und so. Aber so ist es." um sie zu kriegen – sie ein wenig zu schlagen.

„Ich hatte meine Chance dazu", sagte ich, „und konnte es nicht. Vielleicht hast du recht – aber ich liebe sie ein bisschen zu sehr. Ich werde ihr nicht nachgehen."

Ann schniefte.

„Wenn ich ein Mann wäre, würde ich dem nachgehen, was ich wollte." Dann wurden ihre Augen weicher. „Aber ich bin nur eine Frau. Ich kann Ihnen nur sagen: Sie sind in Cromley immer willkommen ."

Sie drehte sich um und rannte die Stufen zu ihrem Labor hinauf.

In diesem Gespräch wurde mir deutlicher als zuvor der grundlegende Unterschied zwischen Anns und meinem Standpunkt klar. Ihre Philosophie lehrte sie, mit halben Dingen, wenn nicht zufrieden, so doch zufrieden zu sein. Wenn sie nicht genau das bekommen konnte, was sie wollte, oder nicht alles davon, versuchte sie, mit dem zufrieden zu sein, was verfügbar war. Zweifellos fand sie das Leben lebenswerter als ich. Aber eine solche Haltung gegenüber Suzanne wäre mir eine Entweihung vorgekommen. Wenn ich sie aufgesucht, mit ihr gestritten, versucht hätte, ihren Willen zu beherrschen – im übertragenen Sinne versucht, sie „ein wenig zu schlagen" –, hätte ich sie vielleicht überredet, mich zu heiraten. Vielleicht. Aber was ich auf diese Weise gewonnen hätte, wäre nicht nur weniger gewesen, als ich wollte, sondern etwas ganz anderes.

Es hatte keiner „Überredung" bedurft, um mich dazu zu bringen, Suzanne zu lieben. Ich hatte unzählige Frauen gesehen und vermutlich mehrere Tausend getroffen. Viele kannte ich länger als Suzanne. Aber sie stach von den anderen ab, nicht als „eine andere" Frau, nicht als eine schönere, oder klügere oder ernstere Frau – obwohl sie all das war –, sondern als etwas ganz anderes – meine Frau. Wenn sie mich nicht auf die gleiche plötzliche, unbestreitbare Weise wie ihren Mann erkannte, konnte ich nichts dagegen tun. Hat sie nicht.

Der weise Mann Israels sagte, dass der Weg eines Mannes mit einer Magd unvorstellbar sei. Es wäre richtiger zu sagen, dass die Art und Weise, wie Männer mit Mädchen umgehen, zu vielfältig und zahlreich ist, als dass man sie klassifizieren könnte. Mein Weg war vielleicht verrückt. Höchstwahrscheinlich habe ich vom Leben mehr verlangt, als den Sterblichen gewährt wird. Aber das ist nur ein kleiner Trost.

Vielleicht hat Suzanne mich wirklich geliebt und war mit ihrer Flucht einem uralten, unausrottbaren Instinkt ihres Geschlechts gehorcht. Es ist möglich, dass sie trauerte, weil ich das ehrwürdige Verfolgerspiel nicht mitgemacht habe. Wenn ich die Stunde, in der sie ganz mir gehörte, genutzt hätte, hätte das vielleicht „den Ausschlag gegeben". Ich hätte in die Herrlichkeit eintreten können. Ich verstehe die Kräfte des Lebens nicht, die unsere Paarung bestimmen. Aber eines weiß ich: Ich war in keine Suzanne verliebt, die man hätte „überreden" können.

Nachdem ich Ann verlassen hatte, saß ich einige Zeit auf einer Bank am Union Square und dachte darüber nach. Ich hatte eine seltsame Abneigung, mich wieder in das alte Leben zu stürzen. Ich erinnere mich, wie ich voller Neid zwei Landstreicher beobachtete, die in nachdenklichem Schweigen auf einer Bank mir gegenüber saßen. Ich war versucht, wegzuwandern, aus der Welt der Verantwortung, hinaus in dieses fremde Land, in dem nichts zählt. Es gibt zwei Arten von Fernweh; derjenige, der die Füße antreibt, und derjenige, der den Geist antreibt. Aber schließlich schüttelte ich diese feige Mattigkeit ab und ging in die Innenstadt zum Tipi.

Nina warf ihre Arme um meinen Hals. Norman klopfte mir auf den Rücken, das kleine Mädchen Marie küsste mich schüchtern und Guiseppe humpelte aus der Küche herein, um die Begrüßung zu vervollständigen. Während sie mich noch mit Fragen überschütteten, widmete sich Norman wieder seiner Arbeit. Er hatte ein großes Blatt Zeichenpapier mit Reißzwecken an den Tisch geheftet und skizzierte eine Werbung für eine neue Marke von Gurken. Als die anderen verschwanden, um das gemästete Kalb zu töten, legte er eine Hand auf meine Schulter und musterte mich aufmerksam.

„Waren Sie auf den Felsen?" er sagte.

Ich hatte nicht bemerkt, dass es sichtbar war. Ich nickte zustimmend.

Er trug einen Hauch Purpurrot neben etwas grellem Grün auf.

„Ist es nicht heftig?" er sagte. „Sie würden so etwas nicht im Louvre aufhängen, aber es ist das, was die Öffentlichkeit zum Kauf bringt." Er schielte reumütig darauf: „Dieses Liebesgeschäft ist mir ein Rätsel. Wer hätte gedacht, dass ich dort, wo ich es getan habe, auf Nina stoßen könnte? Du kennst das Lied von Euripides."

„Dieser Cyprian

Ist tausend, tausend Dinge

Sie bringt mehr Freude als jeder Gott,

Sie bringt

Mehr Weh. Oh, mag es sein

Eine Stunde der Gnade, wenn

Sie sieht mich an.'

Ich hatte die ganze Angelegenheit voller Abscheu aufgegeben – und sie war für mich gelöst. – Sagen Sie. Ich muss hier ein wenig rohes Blau verwenden. Grüne Gurken, rote Paprika, blau – ach ja – ein blaues Etikett auf der Flasche. Süß! nicht wahr?

„Weißt du, manchmal denke ich, dass wir alle falsch liegen, wenn wir versuchen, unsere Köpfe zu vereinen. Man würde Nina nicht gerade als meine intellektuelle Ebenbürtige bezeichnen, aber ich kenne keinen Kerl, der mit einem College-Absolventen verheiratet ist und der mir in nichts nachsteht. Ich gebe zu Marie gegen jeden anspruchsvollen Nachwuchs.

Er zog die Reißzwecken heraus, legte seine Skizze auf den Kaminsims und ging durch den Raum, um den Effekt zu erzielen. Er schüttelte den Kopf, gestikulierte mit der Hand und seine Lippen bewegten sich, als würde er damit streiten. Er steckte es wieder fest und begann mit der Beschriftung.

„Natürlich", nahm er den Faden seiner Gedanken auf, „gibt es Leute, die sagen, dass es überhaupt keine Ehe ist, dass ich nur meine Geliebte legalisiert habe. Aber ich habe viele Menschen gesehen, die sich mühten und zerbrachen." ihre Hälse, für etwas, was sie feineres, spirituelleres nennen würden – und überhaupt nichts bekommen. Ich weiß, dass ich glücklicher bin als die meisten. Ich bin mit *meinem* Glück zufrieden. Das ist der Punkt. Ich kann es nichts anderes als Glück nennen „Übrigens. Da ist ein Stapel Briefe für dich."

Und so tauchte ich wieder in den Trott ein. In den Gräbern suchte ich nach neuen Aufgaben und versuchte, mich in der Arbeit zu verlieren – das Chaos zu vergessen, das ich angerichtet hatte. Nina und Norman standen damals mit wunderbarer Loyalität an meiner Seite. Sie stellten keine Fragen, schienen aber zu wissen, was los war. Ich fühlte mich immer mitten in einer Verschwörung des Jubels. In diesen tristen Monaten begann ich, Kinder zu mögen. Maries Geplapper war nach der Düsternis und Ermüdung in den Gräbern wirklich hell.

Ich kenne nichts Schöneres als den Anblick, wie die Seele eines kleinen Kindes allmählich Gestalt annimmt. Die Erinnerung an meine eigene einsame, lieblose Kindheit hat mir vermutlich einen besonderen Einblick in die Probleme der Jugend gegeben. Die Tatsache, dass es mir gelungen ist, die Liebe und das Selbstvertrauen dieses kleinen Mädchens zu gewinnen, hat mich für viele Dinge entschädigt, die ich vermisst habe.

VIII

Kurz nach meiner Rückkehr aus Europa kam ich wieder in Kontakt mit meiner Familie. Zuerst war es ein Brief vom Vater . Er bedauerte, dass so viele Jahre vergangen waren, ohne von mir zu hören. Da ich ihn kannte, erkannte ich darin eine echte Entschuldigung dafür, dass ich versucht hatte, mich durch Aushungern zum Gehorsam zu zwingen. Er hatte mein Buch mit großer Freude gelesen und war besonders stolz, als er erfuhr, dass ich ausgewählt worden war, unser Land im Ausland zu vertreten. Dann gab es eine kleine Neuigkeit aus dem Dorf – eine Liste derjenigen, die gestorben, geboren und verheiratet waren. Oliver, schrieb er, sei kürzlich auf eine Pfarrstelle in New York City berufen worden. Er gab mir seine Adresse, damit ich anrufen konnte. Und er endete mit der Hoffnung, dass ich die Zweifel, die meine Jugend beunruhigt hatten, überwunden und zur Freude des religiösen Friedens gelangt sei.

Es war schwer, den Brief zu beantworten. Ich hatte nicht mehr die Bitterkeit, die ich einst ihm gegenüber empfand. Ich wollte ihm unbedingt Neuigkeiten mitteilen, die ihn aufmuntern würden. Und doch wusste ich, dass ich die eine Frage, die ihm wirklich wichtig schien – in Bezug auf meine religiösen Überzeugungen – nicht offen beantworten konnte, ohne ihm Schmerzen zu bereiten. Ich tat mein Bestes, um dem zu entgehen.

Bei Oliver war ich mir weniger sicher. Ich hatte ihn nie gemocht. Ich wollte die Verbindung nicht wiederbeleben. Aber ich wusste, dass es dem Vater gefallen würde, mich zu haben. Ich beschloss, anzurufen, aber da mir die Begeisterung dafür fehlte und mir andere Termine wichtiger erschienen, schob ich den Termin immer wieder hinaus.

Aber als ich eines Winternachmittags gegen fünf nach Hause zum Tipi kam, stellte ich fest, dass er mir zuvorgekommen war, indem er zuerst anrief. Als ich die Tür öffnete, hörte ich Ninas Stimme und dann eine seltsame – aber ich wusste sofort, dass es die Stimme eines Geistlichen war. Sie hatten noch keine Lampe angezündet und die Bibliothek wurde nur vom offenen Feuer beleuchtet. Norman saß auf dem Diwan und spielte mit Maries Zopf – das war bei ihm eine Angewohnheit, so wie manche Männer mit ihrem Uhrenanhänger spielen. Nina hatte gute Manieren und kümmerte sich um die Bewirtung. Der Geistliche erhob sich, als ich eintrat. Er war groß und breit, fast rundlich. Er trug eine Priesterweste und einen Kragen, und der Schein des Feuers funkelte auf einem großen goldenen Kreuz, das an seiner Uhrenkette hing.

„Hier ist er", sagte Nina, als ich eintrat.

„Ich – bin – sehr – froh, – Dich – wiederzusehen – Arnold."

Ich wusste nicht, wer es war, bis Norman das Wort ergriff.

„Es ist Ihr Cousin, Dr. Drake."

„Oh. Hallo, Oliver", sagte ich und schüttelte mir die Hand.

Mir wurde sofort klar, dass dies nicht ganz die passende Art gewesen war, auf seine würdevolle, fast pompöse Begrüßung zu antworten. Es fällt mir schwer, Oliver nicht in einer Karikatur darzustellen. Er war dem Leben, das ich führte, so völlig fremd, so anders als die Menschen, die ich kannte, dass er unweigerlich fremdartig wirkte – manchmal sogar komisch. Ich habe es immer bedauert, dass Browning kein weiteres Gedicht geschrieben hat, die Umkehrung von „Bishop Blougram's Apology", und uns den Bericht des Freidenkers über dieses Interview gegeben hat.

Zuerst schien mir Oliver entsetzlich betroffen zu sein. Aber als ich mehr von ihm sah, änderte ich das Adjektiv in „angepasst". So wie ein praktizierender Arzt bestimmte Manierismen entwickeln muss, so hatte sich Oliver an sein *Metier angepasst* . Seine Stimme war höchst beeindruckend. Es war sein Betriebskapital und er hütete es mit größter Sorgfalt. Er hatte ebenso große Angst vor Halsschmerzen wie ein Opernsänger. Er gehörte zu der Unterart seiner Spezies, die man „Liberal" nennt. Er hatte die Evolutionstheorie und höhere Kritik akzeptiert. Er war stolz darauf, mit seiner Zeit Schritt zu halten. Er bemühte sich – mit Erfolg –, den Eindruck eines aufgeschlossenen, kultivierten Gentleman zu erwecken.

Ich denke, er genoss die Schmeichelei des Erfolgs und hatte den Verstand, ihn zu gewinnen. Seine Frau, die ich später kennenlernte, war, glaube ich, von „sozialen" Ambitionen geprägt. Sie hatte auch Verstand. Sie waren ein starkes Team. Ihr Fortschritt war eine stetige Aufwärtskurve gewesen. Von einer Kleinstadt zu einer Kleinstadt, dann von einer Missionskapelle in Indianapolis zu ihrer größten Kirche, von dort nach Chicago und schließlich zu einem modischen Anwesen in New York. Und als man Oliver sah, schien dieser Fortschritt unvermeidlich.

Spiritualität? Ich glaube nicht, dass er eines brauchte. Es wäre ein Hindernis für seinen Fortschritt gewesen. Es war sehr schwer, sich daran zu erinnern, dass er der Sohn von Josiah Drake war.

„Wie lange ist es her", sagte er mit seiner sanften, modulierten Stimme, „seit wir uns gesehen haben. Nicht, seit ich dich an deiner Vorbereitungsschule zurückgelassen habe – mindestens fünfzehn Jahre."

„Mehr", sagte ich, „zwanzig." Mir fiel nichts ein, was ich sagen könnte. Seine Anwesenheit war ziemlich bedrückend. Aber es gehörte zu seinem Beruf, niemals unbeholfen zu sein.

„Nun, da wir jetzt in derselben Stadt sind, vertraue ich darauf, dass wir uns häufiger sehen werden. Du warst in Europa, als wir ankamen. Ich war mir nicht ganz sicher, ob du schon zurück warst oder nicht. Aber ich bin auf der … angekommen Zufall – ich habe Ihre Adresse von Ihrem Verleger erhalten" – er machte eine Glückwunschverbeugung – „um zu sehen, ob wir Sie nächsten Freitag zum Abendessen einladen könnten. Es war mir eine große Freude, Mr. und Mrs. Benson kennenzulernen, ich beneide Sie um diese Freundschaft." ..."

„Nina", unterbrach Norman, „hat die letzte halbe Stunde lang dein Lob gesungen."

„Ah. Auf diese Weise können Sie Ihrer Verantwortung nicht ausweichen, Mr. Benson", bemerkte Oliver mit ziemlich heftiger Verspieltheit. „Sie waren ein äußerst wirkungsvoller Chor. Natürlich, Arnold", er wandte sich an mich, „werden Ihre Freunde in unserem Haus immer willkommen sein. Ich würde mich sehr freuen, und ich bin sicher, dass Mrs. Drake es auch tun würde, wenn." Du könntest sie am Freitagabend mitbringen."

Norman prallte vom Diwan ab, als hätte jemand eine Bombe unter ihm explodieren lassen.

„Oh nein", sagte er. „Wir sind Ihnen sehr dankbar. Aber Nina und ich gehen nie in Gesellschaft aus", erklärte Norman weiter, während Oliver etwas verblüfft aussah. „Sie sehen, unsere Ehe war – nun ja – malerisch. Ich habe das Datum vergessen, aber Sie können die Einzelheiten in den Akten jeder unserer Zeitungen finden. Glücklicherweise hat meine Frau keine sozialen Ambitionen, also müssen wir kein Risiko eingehen peinliche Leute, die so freundlich sind, uns einzuladen.

Oliver hatte seine Fassung wiedererlangt.

„Da ich ein Fremder in der Stadt bin", sagte er, „kenne ich die Angelegenheit, auf die Sie sich beziehen, natürlich nicht, aber" – er nahm anmutig Ninas Hand – „Ich bin mir ziemlich sicher, dass Mrs. Benson jede Gesellschaft ehren würde. Wie auch immer es würde Sie in irgendeine Peinlichkeit bringen, darauf kann ich natürlich nicht bestehen.

Ninas Haltung gegenüber Oliver, nachdem er gegangen war, war amüsant. Sie war offensichtlich von seiner Größe beeindruckt gewesen. Doch als Norman sie scherzhaft beschuldigte, sich in ihn verliebt zu haben, schauderte sie.

„Nein", sagte sie mit echter, aber lächerlicher Feierlichkeit, „ich möchte nicht seine Frau sein."

Marie, die die Qual des Sitzens auf seinem Knie über sich ergehen lassen musste, bemerkte, dass er nicht spielen könne.

Aber trotz der Abneigung, die sie ihm gegenüber empfunden hatte, ließ Nina mich ausführlich alles über die Dinnerparty erzählen. Aus Mrs. Drakes Sicht war es sicher ein großer Erfolg gewesen. Am Tisch saßen zwei Wall-Street-

Millionäre, ein großartiger Anwalt, ein Kongressabgeordneter und ein Botschafter. Da mir Französisch leicht fiel, musste ich dessen Frau bewirten. Das Essen und der Wein waren exquisit. Gesellschaftlich ein Erfolg, menschlich jedoch eine öde Angelegenheit.

Ich machte meinen Pflichtbesuch bei Mrs. Drake und wäre nie wieder in ihre Nähe gekommen, wenn ich nicht etwa einen Monat später einen Brief von Oliver erhalten hätte. Er bat mich, zum Mittagessen zu kommen, um über einen Plan zu sprechen, den er für eine Strafreform ausarbeitete. Es hat mich ungemein interessiert, ihn und seine Frau zusammenarbeiten zu sehen. Er begann mit einer klangvollen Schlussrede. Der Grund für den Einflussverlust der Kirche lag darin, dass sie sich nicht ausreichend für soziale Probleme interessierte. Er war gerade dabei, diese Idee ausführlich zu entwickeln, als Mrs. Drake hustete.

„Die Idee kommt mir bekannt vor", sagte sie.

"Ja, Schatz."

Als er, wie er es tat, die Leitung einer der einflussreichsten Kirchen New Yorks übernahm, einer Gemeinde, zu der viele Menschen mit großem Reichtum gehörten, viele Menschen mit großem Einfluss in der Geschäfts- und Politikwelt ... Mrs. Blake hustete.

„Ich bin sicher, Cousin Arnold weiß von der Kirche."

„Ja, meine Liebe. Ich wollte gerade sagen…"

Er wollte gerade sagen, dass er es für seine Pflicht halte, zu versuchen, diese große Kraft für die Verbesserung der Menschheit einzusetzen. Ein paar Minuten später hustete Mrs. Drake erneut und sagte: „Natürlich." Er hatte sich intensiv und gebetsvoll mit dem Thema befasst: Persönlich war er dagegen, dass die Kirche in die Politik ging. Er sprach von mehreren bekannten Geistlichen, die in den Kampf gegen Tammany Hall gegangen seien, er bezweifelte deren Weisheit. Natürlich, wenn man sicher sein könnte, dass alle Mitglieder ihrer Gemeinde Republikaner waren ... Das Mittagessen war zu diesem Zeitpunkt beendet und wir gingen in die prächtige Bibliothek. Mrs. Drake nahm ihm das Thema aus der Hand.

„Sehen Sie, Cousin Arnold", sagte sie, „wir denken, dass die Rolle der Kirche eine versöhnende sein sollte. Unser Ziel ist es, Menschen – alle Menschen – für die Kirche zu gewinnen, und nicht, jemanden zu entfremden. Und die Kirche kann sich niemanden anschließen." der Themen, die strittig sind – die auf beiden Seiten Anhänger haben –, ohne die Menschen zu beleidigen und zu vertreiben. Es ist offensichtlich, dass die Kirche sich für soziale Fragen interessieren muss, dass sie zeigen muss, dass sie die Macht hat, diese schrecklichen Unruhen zu überwinden. Aber das ist sie Es ist sehr schwierig, ein soziales Problem zu finden, das mit der versöhnlichen Rolle , die die Kirche wahren muss, vereinbar ist.

„Als Oliver und ich Ihr Buch lasen, hatten wir beide die gleiche Inspiration. Hier liegt genau das Problem. Was Sie über die Gefängnisse geschrieben haben, ist schrecklich. Und niemand kann etwas dagegen haben, dass die Kirche zu dieser Frage eine eindeutige Haltung einnimmt. Der Meister Er selbst hat uns angewiesen, diejenigen zu besuchen, die im Gefängnis sind.

„Genau", warf Oliver ein.

Aber sie ließ ihm keine Zeit weiterzumachen. Sie legte mir schnell ihren Plan vor. Oliver sollte eine Gruppe von einem Dutzend Geistlicherkollegen zusammenrufen, die einflussreichsten – ich nehme an, sie meinte die modischsten – in jeder Konfession. Ich sollte mit ihnen sprechen und ihm helfen, ihr Interesse zu wecken. Sie würden ein Komitee gründen, den Zeitungen Interviews geben, Predigten zu diesem Thema halten, ein paar gute Gesetzesentwürfe in die Legislative bringen – und für großes Aufsehen sorgen!

Ich lehnte mich zurück und hörte ihm mit grimmiger Belustigung zu. Dies sollte Olivers Debüt in New York sein. Um es vulgär auszudrücken: Es handelte sich um eine „Presseagenten-Kampagne". Oliver – der progressive, der kämpfende Geistliche – sollte kostenlose Werbekolumnen bekommen. Es würde sicherlich eine große Massenversammlung in einem der Theater geben und Oliver würde die Chance bekommen, das modische New York mit seiner Redekunst in seinen Bann zu ziehen. Es war ein bewundernswerter Plan. Kein Angriff auf Tammany Hall, war nicht einer seiner Diakone Direktor der Straßenbahngesellschaft? Hat nicht der eigentliche Eigentümer des Gasunternehmens die teuerste Bank der Kirche gemietet und hat Tammany Hall nicht dafür gesorgt, dass die Asche des Gasunternehmens von der Straßenreinigungsabteilung der Stadt entfernt wird? Keine Unterstützung für die Kampagne für menschenwürdige Mietwohnungen, einige der Gemeindemitglieder waren Vermieter. Und natürlich kein Spiel mit dem gefährlichen Thema Gewerkschaften.

„JH Creet gehört nicht zu Ihrer Kirche, oder?" Ich fragte.

„Nein", antwortete Mrs. Drake. "Warum?"

„Nun, er hat einen dicken Auftrag für die Herstellung von Stoffen für Gefängnisuniformen."

„JH Creet ?" Sagte Oliver und machte sich eine Notiz. „Ein seltsamer Name. Ich habe noch nie davon gehört."

Ihr Interesse an der Sache war offensichtlich, aber wo kam ich ins Spiel? Nun ja – schließlich ist Werbung eine tolle Sache. Es muss die Grundlage jeder

Reform sein. Ich hatte sehr wenig Vertrauen in den wirklichen Nutzen einer solchen Kampagne, aber sie würde zumindest die Aufmerksamkeit der Menschen auf das Problem lenken. Es war nicht zu verachten. Also habe ich mich dem Schema angeschlossen.

Mehrere Außenstehende haben mir Komplimente für den Zeitungslärm gemacht, den wir gemacht haben, in der Annahme, dass ich die treibende Kraft dafür war. Das Lob gebührt Oliver – und seiner Frau. Es war bemerkenswert, mit welcher Geschicklichkeit sie damit umgingen. Es war amüsant, die sanften Manöver zu beobachten, mit denen Oliver sich stets die oberste Linie sicherte. Einen Monat lang arbeitete er hart und investierte Stunden in echtes Lernen. Seine großartige Rede im Daly's war meisterhaft. Und dann ist alles aus dem Ruder gelaufen. Keiner der Gesetzentwürfe kam über eine zweite Lesung hinaus.

Bei einer der letzten Konferenzen, die ich mit Oliver hatte, fragte er mich, warum ich nicht nach Tennessee ging und den Vater besuchte .

„Warum lässt du ihn nicht für einen Urlaub hierher kommen?" Ich fragte. „Er war seit der Zeit vor dem Krieg nicht mehr in New York."

Oliver zuckte mit den Schultern.

„Ich lege großen Wert darauf, ihn alle zwei Jahre zu besuchen – aber er wäre hier fehl am Platz. Die Welt hat sich seit seiner Zeit sehr verändert. Er würde es nicht verstehen. Er ist der Typ der alten Schule. Fortschritt ist." Häresie. Deshalb bin ich mir sicher, dass er schockiert wäre, wenn ich so ein Halsband trage. Er würde mich des Papsttums bezichtigen. Ich ziehe immer Mufti an, wenn ich ihn besuche."

Es war die herablassende Überlegenheit seines Tons, die mich verärgerte. Mir wurde plötzlich klar, wie einsam der Vater sein musste. Ich hatte immer gedacht, dass er sehr glücklich war, einen Sohn zu haben, der in seine Fußstapfen getreten war. Ich bin mir nicht sicher, aber trotz all meiner ausgesprochenen Ketzerei war ich für ihn ein wahrerer Sohn als Oliver. Ich beschloss, bei meiner ersten Gelegenheit nach Tennessee zu fahren.

Es tut mir halb leid, dass ich gegangen bin. Es war ein erfolgloser Besuch. Das karge kleine Bergdorf hatte sich in den Jahren meiner Abwesenheit überhaupt nicht verändert. Am Hang befanden sich noch ein paar Schlachtdenkmäler, und die Leute redeten immer noch über wenig außer dem Krieg. Das große Pfarrhaus neben der scheunenartigen Kirche war genau so, wie ich es verlassen hatte. Um die Bedürfnisse des Vaters kümmerten sich die zahlreichen Nachkommen von Barnabas, dem Negerkörperdiener, der ihm durch den Krieg gefolgt war.

Ich war wegen meiner Gottlosigkeit rausgeworfen worden und man hatte erwartet, dass ich vor die Hunde ginge. Es war so etwas wie ein Affront gegen die Traditionen, die ich nicht hatte. Ein Buch geschrieben zu haben, war in diesem kleinen Dorf eine Frage des Ruhmes. Ich stellte fest, dass der Vater mit kindlichem Stolz weit und breit damit geprahlt hatte, dass ich zum Delegierten des Gefängniskongresses in Rom ausgewählt worden sei. Es war nicht zu erklären, dass ich, anstatt als der verlorene Sohn zurückzukommen, als „erhabener Sohn" zurückkehren sollte. Die kleinen Propheten des Ortes waren von mir enttäuscht.

Sogar der Vater war verwirrt. Er kam zum Tor hinunter, um mich zu treffen – eine schöne alte Gestalt, die sich auf seinen Ebenholzstock stützte und deren ungetrübte Augen unter seinen struppigen weißen Augenbrauen hervorleuchteten. Er legte seinen Arm um meine Schulter, als wir zum Haus zurückgingen, als wäre er froh, jemanden zum Anlehnen zu haben. Und während des gesamten Abendessens erzählte er mir von meinem Vater und meiner Mutter. Er erzählte mir noch einmal, wie mein Vater tapfer an der Spitze eines waghalsigen Ausfalls aus Nashville gestorben war. Und er erzählte mir mit viel Charme von der Zeit, als sie noch Kinder waren. Wir saßen eine Weile draußen auf der Veranda und er schwelgte weiter in Erinnerungen . Dann blieb er plötzlich stehen.

„Oh", sagte er, „wie ich rede. Du wirst Margot besuchen wollen."

Es war wie ein Besuch bei den Geistern. Margot war älter als alle anderen meiner Generation. Wir waren noch unter vierzig, aber ihr Haar war ziemlich grau. Ihr Gesicht hatte seine Schönheit verloren – eingeengt durch ihr enges, leeres Leben. Und doch, als sie auf der Veranda stand, um mich zu begrüßen, als ich den Weg zu ihrem Haus hinaufging, war noch viel von dem alten Charme an ihr. Heutzutage gibt es nur noch wenige Frauen wie sie. Ich kannte in meiner Kindheit viele – die wahren Helden des großen Krieges. Die Frauen, die in den bitteren Tagen des Wiederaufbaus die Wunden der Niederlage verbanden, fast alle Lasten trugen und den Grundstein für den neuen Süden legten. Sie waren liebenswürdige Frauen, trotz ihres arroganten Stolzes auf ihre Rasse. Sie wussten, wie man leidet und lächelt.

Wir saßen Seite an Seite auf der Veranda – Meilen um Meilen voneinander entfernt. Es fiel mir seltsam schwer, mit ihr zu reden. Sie erzählte mit ihrer ruhigen, farblosen Stimme alle Neuigkeiten. Ihre Mutter war einige Jahre zuvor gestorben. Al war verheiratet und hatte sich in Memphis niedergelassen und so weiter. Gerade als der Vorrat an Nachrichten zur Neige ging, erwachte ein Hahn aus einem bösen Traum und krähte schläfrig.

„Margot", sagte ich, „stiehlst du immer noch Eier?"

„O Arnold", lachte sie, „hast du das nicht vergessen? Das habe ich – fast. Vor langer Zeit habe ich Mutter das Geld zurückgezahlt und fünfzehn Dollar von meinem Taschengeld gespart und es an die Presbyterianische Kirche geschickt."

Ich hatte mich immer für einen einigermaßen ehrlichen Mann gehalten, aber es war mir nie in den Sinn gekommen, diese kindischen Diebstähle wiedergutzumachen.

„Es war schrecklich", fuhr sie fort, „warum haben wir das getan?"

„Margot", sagte ich, „hast du noch nie eine schlimmere Sünde begangen?"

Sie wurde plötzlich ernst. Es dauerte mehrere Minuten, bis sie antwortete.

„Ja, Arnold, ich war unzufrieden und rebellisch."

Ich blickte hinaus auf die Dorfstraße, auf die uninteressanten Häuser, auf das grelle Licht des „Gemischtwarenladens", in dem Spirituosen verkauft wurden und wo zweifellos Col. Jennings, erleuchtet vom Mondscheinwhisky unserer Berge, einem gelangweilten Publikum von Faulenzern seine Geschichte erzählte einige Details zu einem der Anschuldigungen von Stonewall Jackson. Es war unnötig zu fragen, was sie unzufrieden machte, gegen das, wogegen sie rebelliert hatte. Und die tödliche Trägheit dieses Dorflebens schien sich wie eine erstickende Rauchwolke über mir auszubreiten. Neben mir saß diese feingeistige Frau – nutzlos. Ihr herrliches Potenzial zur Mutterschaft ungenutzt. Ihres Geburtsrechts beraubt – verschwendet! Ich hatte das Gefühl, aufzuspringen und angesichts all dessen die Faust zu schütteln. Ich wollte ihr sagen, dass ihre größte Sünde darin bestand, nicht wirksamer zu rebellieren. Aber das wäre jetzt, wo ihr Haar so grau war, grausam gewesen.

„Wissen Sie, wer mir am meisten geholfen hat?" Sie fragte. „Dein Onkel. Er ist ein Heiliger, Arnold. Wir sind jetzt gute Freunde. Er kam einmal hierher, als Vater krank war. Er war ein wunderbarer Trost für mich. Manchmal gehe ich und rufe ihn an. Er ist sehr einsam. Und er ist es auch." So ein galanter alter Herr. Wenn ich ihn in seinem Buckboard vorbeifahren sehe, winke ich ihm immer zu, und sobald er außer Sicht ist, gehe ich zum Haus und schimpfe mit den Niggern. Sie würden nie arbeiten, wenn sich jemand nicht darum kümmerte Sie. Und du weißt, es macht mich zufriedener, ihn zu beobachten. Ich sage mir, wenn ein so wunderbarer Mann, so weise und gelehrt, in diesem kleinen Dorf genug zu tun finden kann, um dem Meister zu dienen, dann muss es genug für nur einen sein Frau wie ich. In diesem Gedanken liegt eine Menge Trost. Aber manchmal lese ich eine Geschichte oder denke an euch alle draußen in der großen Welt, und es kommt mir hier sehr klein vor – und einsam."

Mir fiel nichts ein, was ich sagen sollte, also schwiegen wir erneut.

„Arnold", sagte sie plötzlich. „Lesen Sie jemals mehr Geschichten über König Artus ?"

„Immer wenn ich fünf Minuten Zeit habe", antwortete ich. „Die Menschen, mit denen ich zusammen lebe, haben ein kleines Mädchen – Marie. Ich bringe es ihr bei."

„Ich bin so froh – und Froissart?"

Sie ging ins Haus und holte das alte, verschmutzte Buch heraus. Wir haben es gemeinsam durchgesehen und dann sagte sie, dass ich es vielleicht für Marie in den Osten bringen möchte . Aber ich hatte das Gefühl, dass sie es behalten wollte. Also sagte ich, Marie sei noch zu jung für Froissart. Wieder einmal verstummten wir. Ich erinnere mich an das offene Buch auf ihren dünnen Knien, an ihre dünne, aristokratische Hand zwischen den Seiten, an das Profil ihres Gesichts. Lampenlicht schien durch das Fenster auf sie und sie sah wieder fast schön aus.

Ich bin mir nie sicher, was im Herzen einer Frau ist. Aber ich konnte den Zwang, der uns auferlegte, nicht erklären, außer dass sie vielleicht immer auf meine Heimkehr gewartet hatte, in ihrem Herzen immer noch unsere kindliche Liebe nährte – immer noch hoffte. Aber es gab nichts zu hoffen. Es lag nicht in ihrer Macht, sich vorzustellen, was ich war. Ich war von Kämpfen zerschlagen und gezeichnet von Kämpfen, die sie sich nie vorgestellt hatte, und desillusioniert von Träumen, die sie nie geträumt hatte. Ich hatte das Dorf vor Jahren verlassen – unwiderruflich. Sie wäre in meiner Welt völlig verloren gewesen. Schließlich sagte ich ziemlich traurig „Gute Nacht".

am nächsten Tag herunterkam, war der Vater auf der Veranda. Er begrüßte mich mit einer Art wehmütiger Erwartung im Blick. Und mein herzliches „Guten Morgen" schien ihn nicht zu befriedigen. Ich habe es erst beim Frühstück verstanden.

„Mein Sohn", sagte er, „ich habe mir oft gewünscht – es hätte mich sehr glücklich gemacht – wenn du Margot geheiratet hättest." Er hatte also zumindest gehofft, dass dies das Ergebnis meiner Heimkehr sein würde.

„Sie ist ein seltenes Mädchen", sagte er, „ein feiner Geist. Eine gute Frau ist eine große Hilfe für einen Mann, ein aufrichtiges Leben zu führen. Eine Säule der Stärke."

„Das Schicksal hat mir diese Hilfe verweigert", sagte ich. Und ich erkannte erst zu spät die heidnische Form, die ich meinen Worten gegeben hatte.

Aber das Streichholz war angezündet worden. Der Vater glaubte nicht, dass einem Menschen irgendetwas Gutes zuteil werden könnte, außer durch die Religion Christi. So sehr ich mich auch bemühte, ich konnte nicht verhindern, dass das Gespräch eine solche Wendung nahm. Wenn er mich weniger geliebt hätte , wären wir vielleicht bessere Freunde geworden. Aber das Einzige, was ihm zählte, war die Rettung der Seelen. Und im Verhältnis zu seiner Liebe zu mir muss er unbedingt meine Bekehrung anstreben. In dem einen Punkt, in dem wir uns nicht einigen konnten, ließ ihn gerade seine Zuneigung darauf bestehen.

Wir haben uns beide sehr bemüht, gut gelaunt zu sein. Aber ich war in einer schwierigen Lage. Wenn ich nicht versuchte, auf seine Argumente zu antworten , glaubte er, ich sei überzeugt, wollte es aber nicht zugeben. Wenn ich widersprach, ärgerte es ihn. Er würde die Beherrschung verlieren und sich dann sehr entschuldigen. Etwa eine Stunde lang unterhielten wir uns freundlich über andere Dinge. Dann kam das Gespräch unweigerlich wieder auf das Thema zurück, das ihm am meisten am Herzen lag. Nach dem Abendessen brachte er die Dinge endlich zu einem Stand, aus dem es nur einen Ausweg gab.

„Mein Sohn", sagte er, „übermorgen ist der erste Sonntag im Monat – der Abendmahlssonntag. Du bist immer noch Mitglied meiner Kirche, du hast nie darum gebeten, von der feierlichen Verantwortung entbunden zu werden, die du übernommen hast, als du." vereint mit uns. Wirst du dich zu den übrigen Mitgliedern am Abendmahlstisch setzen?"

„Es tut mir leid, Vater", sagte ich, und mein Herz verhärtete sich plötzlich bei der Erinnerung daran, wie ich in die Kirche gedrängt worden war. „Ich muss morgen Abend los. Ich muss Anfang nächster Woche wieder bei der Arbeit sein."

Ich hatte damit gerechnet, länger zu bleiben. Wäre ich nicht in die Kirche gegangen und hätte die Kommunion verweigert, wäre das fast eine Beleidigung für ihn gewesen. Einen Glauben vorgetäuscht zu haben, den ich nicht hatte, schien mir eine schlimmere Lüge zu sein als die, die ich benutzte. Und so kehrte ich – nachdem ich erst zwei Nächte zu Hause war – in die Stadt zurück und arbeitete.

IX

Abgesehen von meinen Urlauben habe ich seitdem nur sehr wenige Arbeitstage in den Gräbern verpasst. Und im Laufe der Monate habe ich meine Schriften zur Kriminologie stetig erweitert. Für manche mag es ein tristes Leben sein. Das war nicht der Fall. Es gab Entschädigungen.

Das Wichtigste war das angenehme Zuhause im Tipi. Es wäre einfach, Seiten darüber zu füllen. Aber diejenigen, die Teil einer liebevollen Familie waren, werden wissen, was ich meine, ohne dass ich es schreibe. Und es liegt außerhalb meiner Macht, es für diejenigen zu malen, die es nicht geteilt haben.

Ich erinnere mich besonders an den Weihnachtsabend, als Marie neun Jahre alt war. Norman war am Tisch bei der Arbeit. Marie saß auf meinem Knie und erzählte mir eine wunderbare Geschichte. Nina kam aus der Küche, wo sie und Guiseppe gerade das Festmahl für den nächsten Tag zubereiteten. Sie setzte sich auf die Armlehne meines Stuhls und sagte, sie hätte mir ein Geheimnis ins Ohr flüstern wollen. Norman blickte von seiner Arbeit auf und lächelte.

„Es ist das Einzige, was sie beunruhigt hat", sagte er. „Nach der Geburtenrate hat sie ihre Pflicht nur ein einziges Mal erfüllt."

Das erschrockene Staunen kehrte damals wieder in Ninas Augen zurück. Sogar die kleine Marie spürte die „Präsenz" unter uns und war beeindruckt.

Aber das Schicksal hatte noch einen weiteren Schlag für mich bereit. Das Jahr ging gerade in den Frühling über, als es fiel. Eines Morgens rief mich bei den Gräbern ein Gerichtsdiener ans Telefon. Es war Nina. Norman, sagte sie mit ängstlicher Stimme, sei sehr krank. Er hatte am Vortag über eine Erkältung geklagt und war nachmittags zu Bett gegangen. Ich hatte ihn an diesem Morgen nicht gesehen. Als ich das Tipi erreichte, war er im Delirium und hatte hohes Fieber. Da wir keinen regulären Arzt hatten, rief ich Ann an.

„Für mich sieht es nach einer Lungenentzündung aus", sagte ich ihr. „Können Sie uns einen guten Arzt und eine Krankenschwester schicken?"

Innerhalb einer halben Stunde war Ann selbst mit einem der berühmtesten Ärzte der Stadt gekommen.

Nina wollte das Bett nicht verlassen. Ich wartete in der Bibliothek auf Neuigkeiten. Es erinnerte mich an die Zeit vor Jahren, als ich auf ein Urteil über meine Augen gewartet hatte. Ich glaube nicht, dass es so viele Freundschaften wie bei uns gibt. Es ist kaum zu glauben, dass solche Beziehungen alles andere als dauerhaft sein können. Es schien unmöglich, dass ich Norman verlieren könnte. Aber Ann machte keinen Anschein von Hoffnung. Es gebe fast keine Chance, sagte sie. Sie rief ihrer Mutter an, dass sie in der Stadt bleiben würde, und ging zurück ins Krankenzimmer.

Den ganzen Nachmittag und die ganze Nacht kämpften sie dagegen. Manchmal, wenn die Spannung zu groß war, ging ich zur Tür. Nina saß mit starren Augen am Kopfende des Bettes. Ann und der Arzt waren mit Eispressen beschäftigt. Als die Nacht hereinbrach, gab ich Marie ihr Abendessen und brachte sie in meinem Zimmer zu Bett. Sie hatte plötzlich

Angst bekommen und ich saß lange Zeit neben ihr und tröstete sie mit Geschichten über die Tafelrunde, bis sie schließlich einschlief.

Norman schlief ein wenig, warf sich aber die meiste Zeit wahnsinnig hin und her und rief jemandem zu, der nicht da war. „Oh Louise!" Er stöhnte: „Wie kannst du das von mir glauben? Ich bin nicht makellos – aber das stimmt nicht. Denke das nicht von mir. Es ist zu grausam." Aber er bekam keinen Trost. Die Frau seines Deliriums war verstockt.

Es dämmerte gerade, als Ann kam und mir sagte, dass er bei Bewusstsein sei. Es war das Ende. Nina kniete neben ihm und weinte leise. Er lächelte mich an und versuchte, seine Hand auszustrecken, aber er war zu schwach.

„Es ist, als hätten sie mich zurückkommen lassen, um ‚Auf Wiedersehen' zu sagen", flüsterte er. „Sei gut zu ihnen, Arnold – zu Nina und Marie und der, die kommt. Sie ist ein braves Mädchen …" Ein Ausdruck des Staunens trat in seine Augen, mit letzter Kraft streichelte er ihr Haar.

„Es ist lustig. Ich dachte, sie wäre – nur ein Spielzeug –, aber sie hat eine Seele, Arnold. Vergiss das nicht, alter Mann. Versprich es mir" – ich ergriff seine Hand – „Oh ja. Ich weiß, dass du brav sein wirst." zu ihr. Ich weiß – das ist in Ordnung. Armes kleines Mädchen. Ich wünschte, sie würde nicht so weinen . – Ich würde sie gerne noch einmal küssen" – Ann hob sie hoch, damit er sie küssen konnte. „Da! Da! Kleines. Du darfst nicht weinen. So schlimm ist das alles nicht. Arnold wird es tun ." Pass auf dich auf. Viel Glück – euch allen. Hab keine Angst... ich bin......"

Es war eine seltsame Beerdigung. Einige seiner Verwandten, die ihn seit seiner Heirat verletzt hatten, kamen. Es war an einem Sonntag, damit der Studentenverein erscheinen konnte. Frau O'Hara, deren Kohle er sieben Jahre lang gekauft hatte, kam mit ihren acht Kindern. So auch unsere Wäscherin, Frau Zimmer, mit ihrem epileptischen Sohn. Guiseppe fuhr mit Nina, Marie und mir im Vorderwagen und weinte mehr als jeder von uns. Die Studenten Benehmen Chor sang ein Klagelied. In der bunt zusammengewürfelten Menge sah ich einen Mann im Kostüm eines bischöflichen Geistlichen. Als sie sich zerstreuten, kam er auf mich zu.

„Ich bin Ihnen unbekannt, Sir", sagte er, „ich möchte Ihnen sagen, dass ich an Unsterblichkeit glaube – und dass ich sicher bin, dass Ihr Freund zur Rechten unseres himmlischen Vaters sitzt. Ich hoffe, es wert zu sein." Treffen Sie ihn wieder. Er war so gut, dass ich überrascht bin, dass er der Kreuzigung entkommen ist. Ich bin nur einer von vielen, die er aus der Hölle geholt hat. Ich kann nicht ..."

Er brach in Tränen aus und verschwand in der Menge. Irgendwie berührten mich von all den Hommagen an Norman, die mir damals zuteil wurden, die zusammenhangslosen Worte dieses unbekannten Geistlichen am meisten.

Was seine Geschichte war und wie Norman ihm geholfen hatte, weiß ich nicht.

Als wir zum Tipi zurückkamen, fanden wir Ann dort, sie hatte die Dinge für uns in Ordnung gebracht. Sie brachte Nina ins Bett und gab ihr etwas, damit sie schlafen konnte. Dann gesellte sie sich zu mir in die Bibliothek. Sie nahm ihren Hut, um zu gehen, aber ich hielt sie zurück. Und so saßen wir den ganzen Nachmittag zusammen. Soweit ich mich erinnere, redeten wir sehr wenig – bis auf ein paar Anweisungen, die sie mir über Ninas Gesundheitszustand gab. In der Dämmerung kam Guiseppe mit Marie herein, mit der er im Park spazieren gegangen war. Wir aßen alle zusammen zu Abend. Ann half mir, Marie ins Bett zu bringen, und dann ging sie weg.

Es war sehr tröstlich, nachdem ich gerade einen Freund verloren hatte, einen anderen wiederzufinden . Seitdem gab es zwischen uns keine Spur von Entfremdung mehr. Unsere Liebesbeziehung war der Anker – das Unerschütterliche – meines späteren Lebens.

Normans Testament hinterließ Nina und den Kindern eine komfortable Rente, der Rest floss in seine Bildungsstiftung. Ich bin Treuhänder beider Beträge. Ich denke, beide wurden so verabreicht, wie er es sich gewünscht hätte.

Das Baby war ein Junge. Nina erzählte mir, dass sie lange vor dem Tod seines Vaters vereinbart hatten, es nach mir zu benennen, falls es ein Junge wäre. Ich hätte es lieber Norman genannt. Eines Abends, als ich in der Bibliothek schrieb, blickte ich von meiner Arbeit auf. Nina stillte das Kind, sie hatte Tränen auf den Wangen.

"Was ist falsch?" Ich fragte.

„Oh! Ich wünschte, er hätte das männliche Kind noch erleben können. Manchmal hatte ich Angst, er könnte meiner überdrüssig werden. Aber er hätte seinen Sohn geliebt – immer. Ich wünschte, er hätte ihn sehen können.“

Aber ich wünschte, Norman hätte Nina noch erleben können. Ich hatte immer das Gefühl, dass er sie nicht ganz schätzte. Sie hat sich seit seinem Tod enorm weiterentwickelt. Nicht lange danach bemerkte ich lange und ernsthafte italienische Gespräche zwischen ihr und Guiseppe . Und eines Tages fragte ich ihn scherzhaft, worüber sie so ernsthaft reden könnten.

„Ich bringe ihr bei, Herr Arnold, wie man eine Dame ist. Jetzt, da ihr Vater, der ein Gentleman war, tot ist, ist es notwendig, dass die Mutter der Kinder eine Dame ist.“

Guiseppe ist zu sehr Republikaner und Nina zu wenig Snob, als dass diese Worte etwas anderes als die edelste Bedeutung haben könnten.

„Für einen einfachen Mann wie mich ist es schwierig", fuhr er fort. „Aber war ich nicht ein Freiheitssoldat auf zwei Kontinenten? Ich habe viele schöne Damen gesehen und erzähle ihr davon. Und ich habe auch Bücher gelesen."

Auch Nina hat sich dem Lesen verschrieben. Schmerzhaft erinnert sie sich an die Lektionen ihrer kurzen Schulzeit. Natürlich habe ich ihr geholfen, so gut ich konnte. Sie hat die Verantwortung als Mutter auf eine Weise übernommen, wie sie es kaum getan hätte, wenn Norman gelebt hätte.

Es war vielleicht ein Jahr nach seinem Tod, als ich eines Abends nach Hause kam und Nina in großer Aufregung vorfand. Auf Zehenspitzen, den Finger auf den Lippen, führte sie mich in die Bibliothek und schloss die Tür.

„Oh! mein Freund", sagte sie, „du wirst nicht böse sein? Da ist eine Frau in meinem Zimmer. So eine traurige alte Frau. Sie ist sehr betrunken. Ich habe sie unten gefunden – im Flur. Es gab Jungen, die sie neckten." Zuerst hatte ich Angst und rannte nach oben. Dann fiel mir ein, dass er niemals jemanden so verlassen würde. Ich brachte sie in mein Zimmer. Du wirst nicht böse sein? "

Sie hat das Tipi in eine Art informelle Rettungsmission verwandelt. Ich weiß nie, wen ich in meinem Lieblingssessel finden werde. Manchmal haben sie ein Delirium tremens und schreien die ganze Nacht. Zuerst machte ich mir Sorgen über die Auswirkungen auf die Kinder . Aber Nina und Ann sagten, es würde ihnen nicht schaden. Ich kann nicht sehen, dass es so ist. Eines davon hat mich sehr beeindruckt. Bei meiner Arbeit kam es oft vor, dass ich einen Jungen oder einen Mann aus den Gräbern mit nach Hause nahm und sie auf dem Diwan schlafen ließ, bis ein besserer Platz für sie gefunden wurde. Nicht selten reisten diese Gäste ohne Formalitäten ab und nahmen als Andenken alle Silberlöffel mit , die sie zur Hand hatten. Keine von Ninas Frauen hat etwas gestohlen. Es übersteigt mein Verständnis.

Nina bewundert Ann sehr, versteht sie aber überhaupt nicht. Sie kann sich die Gründe nicht vorstellen, warum Ann sich weigert zu heiraten. Über die Einstellung dieser beiden Frauen zur Ehe kann man philosophieren. Sie sind beide gute Frauen, doch für den einen erscheint die Ehe als Erniedrigung und Leibeigenschaft, für den anderen bedeutete die Ehe einen Ausweg aus dem Sumpf, die Befreiung von der abgründigsten Sklaverei, die die Welt je erlebt hat. Sie zu beobachten hat mir geholfen, viele der endlosen Paradoxien des Lebens zu verstehen.

Das Einzige, was seit Normans Tod neu in mein Leben gekommen ist, waren die Kinder. Ich bin der Erziehungsberechtigte für Ninas zwei. Und als Billy – Anns Neffe – vor einigen Jahren das High-School-Alter erreichte, übergab sie ihn mir, weil sie befürchtete, dass ein reiner Frauenhaushalt vielleicht nicht der beste Ort für einen heranwachsenden Jungen sei. Also kam er zum

Tipi, ging in der Stadt zur Schule und verbrachte nur seine Wochenenden in Cromley .

Meine Arbeit in den Gräbern geht wie immer weiter. Ein neues Gefängnis wurde gebaut, mit saubereren Korridoren, größeren Zellen, Sanitäranlagen usw. Aber die alte Tragödie geht trotzdem weiter. Mein Titel wurde vom Bezirksdetektiv zum Bewährungshelfer geändert und mir wurden einige Assistenten zugeteilt. Sicherlich hat es Verbesserungen gegeben. Die raueren Kanten der Gerechtigkeit sind abgenutzt. Aber der Verband liegt noch immer über den Augen der Göttin. Die Namen der Richter haben sich geändert, aber die inhärente Bösartigkeit ihrer Situation bleibt unverändert. Es gibt jetzt, genau wie zu Beginn, zehnmal so viel Arbeit, wie ich leisten kann, um die vielfältigen Grausamkeiten dieses Ortes überhaupt zu lindern. Es wird trotz des neuen Gebäudes immer noch „Gräber" genannt.

Und Susanne? Wenn mich jemand fragen würde, was aus ihr geworden ist, müsste ich mit der Frage antworten: „Welche Suzanne?" Ich habe sehr wenig von dem gesehen, der nach Amerika zurückgekehrt ist. Ein- oder zweimal bin ich ihr in öffentlichen Versammlungen begegnet. Drei Jahre nach meiner Rückkehr aus Europa erhielt ich ihre Hochzeitskarten – eine Architektin namens Stone. Ich kannte ihn ein wenig. Er scheint sehr in seine Frau verliebt zu sein. In den Zeitungen findet man ihre Namen recht häufig. Sie sind aktive Sozialisten. Aber Mrs. Stone ist für mich eine seltsame und eher unwirkliche Persönlichkeit.

Aber da ist noch die andere Suzanne, die schlanke, jungenhafte Gestalt, die zu lernen versuchte, Steine wie ein Mann zu werfen, und sich ärgerte, als ich sie auslachte, die Suzanne, die Mohnblumen liebte, die Suzanne unserer ernsthaften Gespräche, die Suzanne die eine Prophetin war, die begeisterte Apostelin des neuen Glaubens, die wie Deborah in alter Zeit Lieder vom kommenden großen Erwachen sang, und die Susanne von Moret – die ich liebte. Sie lebt noch. Ich kann nicht erkennen, dass die vergangenen Jahre die Vision in irgendeiner Weise getrübt haben. Mrs. Stone wird immer matronenhafter, ihr Haar verliert seinen Glanz. Suzanne ist immer noch gerade und schlank. Es gibt Momente, in denen sie aus dem Mysterium der Träume zu mir kommt und, auf dem Boden sitzend, ihren Kopf – ihren furchtlosen Kopf – auf meine Knie legt. Ich fahre mit meinen Fingern durch ihr wundervolles Haar und versuche, das unruhige Licht des Feuers einzufangen, das dort mal so golden, mal so rot leuchtet ... Und so süß der Traum ist, so bitter ist das Erwachen.

Buch VII

Ich komme nun zum letzten Abschnitt meines Buches. Es besteht kein Zweifel, dass es um die Kinder gehen muss.

Wenn ich älter werde, wird die Arbeit in den Gräbern trotz meiner besten Absichten immer mechanischer. Natürlich hat jeder neue Häftling seine individuellen Besonderheiten, aber ich sage mir immer wieder: „Das ist wie ein Fall, den ich damals im Jahr 1900 hatte." Und so ist es auch mit meinem Schreiben. Es handelt sich größtenteils um eine Wiederholung – ich hoffe, eine immer bessere und energischere Darstellung – von Schlussfolgerungen, die ich seit vielen Jahren vertreten habe.

Das Licht dieser späteren Jahre war meine stellvertretende Abstammung – diese drei jungen Abenteurer, die mich „Papa" nennen. Ich nehme an, dass ich sie mit nachsichtigem Blick betrachte, ihre Tugenden hervorhebe und ihre Grenzen ignoriere. Aber sie kommen mir ganz wunderbar vor. Wenn ich an sie denke und sie beobachte, empfinde ich Mitgefühl für Moses auf dem einsamen Berg Nebo. Durch sie erhasche ich flüchtige Einblicke in ein schöneres Land, als ich es je gekannt habe und das ich niemals betreten werde.

An seinem achtzehnten Geburtstag fragte mich Billy, warum ich kein Sozialist sei. Ich wusste, dass er sich in diese Richtung neigte. Er ist ein Künstler. Ann wollte, dass er aufs College ging, aber er brach ab und belegte den Unterricht an der Cooper Union. Jetzt, mit vierundzwanzig, bringt er Preise und Goldmedaillen mit nach Hause, die er zu verachten vorgibt. Viele seiner Künstlerfreunde sind Sozialisten. Ich habe versucht, ihn in einen Streit zu diesem Thema zu verwickeln, aber wie es seine Art ist, wollte er nicht widersprechen. Er würde mir nur Fragen stellen. Was habe ich darüber gedacht? Was habe ich darüber gedacht?

Ungefähr eine Woche später beim Frühstück; Er überreichte mir eine kleine rote Karte, die seine Mitgliedschaftsbescheinigung in der Partei darstellte.

„Du kannst erst mit achtzehn beitreten", sagte er. „Siehst du, Papa, ich glaube nicht, dass ein Kerl jemals etwas malen oder irgendetwas Sinnvolles in der Kunst tun kann, es sei denn, er glaubt an etwas anderes als sich selbst – etwas Größeres. Ich kenne nichts Größeres als diesen Glauben an die Menschen." "

Cromley ging es ihm ziemlich schlecht . Seine Großmutter ist eine so erfahrene Kämpferin für den Anarchismus, dass sie gegenüber Sozialisten genauso wenig Toleranz hat wie unsere „besten Leute" für sie. Ann war neutral, denn ihrer Meinung nach kommt es nicht so sehr darauf an, was man glaubt, sondern auf die Art und Weise, wie man es glaubt. Und ich würde nichts tun, um die Begeisterung des Jugendlichen zu dämpfen. Es ist erstaunlich für mich. Er hat den Glauben, auf unsere Landesgesetzgebung zu blicken und an die Demokratie zu glauben, auf die Gräber zu schauen und an Gerechtigkeit zu glauben.

Tatsächlich habe ich manchmal darüber nachgedacht, seiner Partei beizutreten. Ich möchte so nah wie möglich an seinem Leben teilhaben. Aber dieses ganze Gerede über Revolution stößt mich ab. Es ist die Ungeduld der Jugend. Für sie dreht sich die Welt nicht schnell genug – sie vergessen, dass sie sich überhaupt bewegt. Aber es hat sich auch in meinem Leben sehr, sehr weit entwickelt.

Ich erinnere mich an unseren Kampf für ein Reformatorium. Es endete im Fiasko. Aber es war nur der Anfang einer Bewegung. Baldwin war ein Mann, der durchhielt. Schon bald hatte er einen westlichen Staat davon überzeugt, seinen Plan auszuprobieren. Heute gibt es in mehr als dreißig unserer Bundesstaaten Besserungsanstalten für Jungen. Die späteren, besser als Baldwins Traum. Und dann dieses Bewährungssystem. Es ist der größte Schlag, der der alten Idee der Gräber jemals zugefügt wurde. Natürlich hat es Wachstumsschmerzen. Die besonderen Befürworter des Systems sind beunruhigt, weil von den Hunderten von Bewährungshelfern nur wenige effizient sind. Gib der Sache Zeit.

Und von größerer Bedeutung ist das Erwachen der Demokratie im Land. Es wird eine Generation oder länger dauern, bis Historiker diese Bewegung richtig beurteilen können. Heute sehen wir nur sporadische Demonstrationen, Reden hier und da, für ein Referendum und so weiter. Das eigentliche Problem wird oft durch die Persönlichkeit der Kandidaten verschleiert. Der Lärm ist nur das Aufschäumen einer großen Idee, eines großen Strebens, das im Kopf der Nation Gestalt annimmt.

Das Land geht zehnmal so rücksichtsvoll mit sozialen Problemen um wie zu Beginn meiner Generation. Kürzlich hat der Gesetzgeber Mittel bereitgestellt, um mir einen neuen Assistenten in den Gräbern zur Verfügung zu stellen. Ich habe mehrere Hochschulen angeschrieben und ein Dutzend Männer haben sich für die Stelle beworben. Ich könnte meine Wahl treffen. Zwölf Männer aus einem Jahr Collegejahrgang! Ich war ein Pionier.

Und der junge Fletcher, der Mann, den ich ausgewählt hatte, fragte mich neulich, was ich von Devines Buch „Die Ursachen des Elends" halte. Er beginnt mit der Arbeit auf der Grundlage dieses Buches. Und Devine spricht von der „Abschaffung der Armut", als wäre das etwas Alltägliches. Als ich ein junger Mann war, wagte niemand zu träumen, dass die Armut abgeschafft werden könnte. Wir dachten, es sei ein unteilbarer Teil der Zivilisation. Ich erinnere mich, als ich Jacob Riis zum ersten Mal von der Abschaffung der

Slums sprechen hörte! Ich dachte, er sei ein Träumer. Das Mietshausamt berichtet, dass in der Stadt nach dem neuen Gesetz eine Million neue Häuser ohne dunkle Räume gebaut wurden. Und die Abschaffung der Tuberkulose! Warum ich mich an eine Cholera-Epidemie erinnern kann! Diese jungen Sozialisten erkennen nicht, was wir getan haben.

Letzten Sommer nahm ich Nina und Marie und den jungen Arnold, er ist jetzt zehn, mit an die Küste von Maine auf eine Insel, auf der Billy und einige seiner Künstlerfreunde ein Lager haben. Als ich mich unter diese Kolonie leidenschaftlicher junger Menschen mischte, fühlte ich mich trotz der Sympathie, die mir die echte Freundschaft mit Billy für sie entgegenbrachte, wie ein Fremder. Ich bin mir sicher, dass sie mich für einen alten Mistkerl halten. Meine Gedanken kehrten immer wieder zu meiner eigenen Jugend zurück und verglich sie mit dem, was ich in ihrem Alter gewesen war. In vielerlei Hinsicht waren sie bessere Männer als ich und besser für das Leben gerüstet.

Ich erinnere mich besonders an ein Gespräch mit Billy. Er hatte gerade ein Gemälde fertiggestellt, als die Dämmerung hereinbrach. Ich denke, es ist das Beste, was er bisher getan hat. Im Vordergrund gibt es eine Brandungsstrecke und dahinter erheben sich die Inseln immer höher bis zum Gipfel des Mount Desert. Ich kann es nicht über diese kargen Details hinaus beschreiben. Irgendwie hat er die aufsteigenden Linien betont, durch die Magie seiner Farbe hat er dem Ding eine immense Emotion verliehen.

„Wie wirst du es nennen?“ Ich fragte, während er seine Schläuche aufstellte.

„Es hat keinen Namen“, sagte er. „Es ist einfach ein Gefühl, das ich manchmal habe – hier oben mit dem Meer und den Bergen.“ Er dachte einen Moment darüber nach und suchte nach Worten. Er ist kein Redner. „Ich glaube, es ist einer der Psalmen“, sagte er schließlich, „Sie kennen den, der beginnt: ‚Ich werde meine Augen zu den Hügeln erheben, von denen meine Hilfe kommt.‘ Es ist irgendwie religiös – ganz allein zu sein und nach oben zu schauen.“

„Was ist deine Religion, Billy?“ Ich fragte.

Er saß schweigend da, hörte auf, seine Pinsel zu ordnen und blickte in die letzten Sonnenstrahlen auf dem Gipfel des Berges.

"Hast du einen?" Ich blieb hartnäckig.

„Oh ja“, sagte er schnell. „Ja – zumindest manchmal fällt es mir ein. Es gibt Tage ohne Ende, an denen es nicht kommt – unfruchtbare Tage. Und dann wieder kommt es sehr stark. Ich habe keinen Namen dafür. Ich denke, das Problem liegt bei den meisten Religionen.“ ist, dass die Leute versuchen, sie zu definieren. Es scheint nicht in Worte zu fassen.“

Wieder war er mit seiner Ausrüstung beschäftigt. Doch als alles fertig war, machte er sich nicht auf den Heimweg, sondern setzte sich wieder hin.

„Es ist lustig", sagte er, „ich bin mir ziemlich sicher, dass man nicht zufriedenstellend über Religion sprechen kann. Aber wir alle wollen es. Und sobald man versucht, es in Worte zu fassen, entgeht einem einiges davon – der beste Teil davon." . Ich denke, das ist der Grund, warum mich die Malerei reizt. Mit Farben kann man Dinge sagen, die man mit Worten nicht sagen kann.

Felicien , die ich dir gezeigt habe Rops , der belgische Radierer. Du mochtest sie nicht. Ich auch nicht. Er ist wunderbar klug – mein Gott! Ich wünschte, ich könnte wie dieser Mann zeichnen – aber ich glaube nicht, dass es Kunst ist. Ich glaube nicht, dass er jemals nach oben blickte – seinen Blick zu den Hügeln hob. Ich schätze, meine Religion ist einfach das unbeschreibliche Etwas, das Handwerkskunst in Kunst verwandelt. Ich möchte gut zeichnen, ich möchte, dass meine Farbe stimmt, ich möchte Technik – alles, was ich daraus machen kann. Aber selbst wenn ich in all dem perfekt wäre, müsste ich meinen Blick hilfesuchend zu den Hügeln erheben, bevor ich das Richtige tun könnte – das, was ich tun möchte."

„Und wenn du deine Augen erhebst, Billy", fragte ich, „wer hilft dir dann?"

Nach einer kurzen Pause sprach er eher widerstrebend.

„Das ist das Problem, wenn man über Religion spricht. Man verwechselt das Bildliche mit dem Wörtlichen. Spielt es wirklich eine Rolle, wer oder wo ? Es müssen sogar irgendwelche Hügel sein. Manchmal bekomme ich „Hilfe" in meinem Studio – wo ich nichts anderes sehen kann als die weiß getünchten Lichter und die Dachsparren.

„Wir alle brauchen ‚Hilfe' und wenn wir sie bekommen – haben wir ‚Religion'." Es ist alles so vage, dass wir Symbole verwenden müssen. Eine Person hat „Hilfe" mit einem Hochamt, Chorknaben und kitschigen Bildern in Verbindung gebracht. Ein anderer bekommt seine Verbindung, indem er einem Dorfquartett-Mord „Näher mein Gott zu Dir" zuhört. Als Nelson mit der Illustration dieses Buchs über Ägypten fertig war , lernte er den mohammedanischen „Gebetsruf". Es ist ein seltsamer Singsang. Es gibt Millionen Menschen, die, wenn sie das hören, das Gefühl bekommen, dass sie „Hilfe" brauchen, und zur Moschee rennen. Ich habe nichts Suggestiveres gefunden als diese Worte von König David .

„Manchmal sind meine Bilder faul und ich signiere sie mit ‚William Barton'. Hin und wieder male ich etwas, das besser ist – besser als meine Pinseltricks, besser als meine Technik, besser als nur ich – und hinter meinen Namen setze ich immer einen kleinen Stern. Es bedeutet: „Dieses Bild wurde von William Barton gemalt." Und Gott.' Das ist meine Religion."

„Alles ist in dem alten jüdischen Lied zusammengefasst: ‚Ich werde meine Augen zu den Hügeln erheben, von denen meine Hilfe kommt.‘ Weißt du es?"

Ja. Ich wusste es. Ich saß eines schönen Nachmittags im Arbeitszimmer des Vaters , als die anderen Jungen Ball spielten, und lernte dieses Lied auswendig, als Strafe dafür, dass er sein Tintenfass umgeworfen hatte. Es kommt mir sehr wunderbar vor, dass die Bibel für einen jungen Menschen etwas Schönes ist. Für mich war es bestenfalls ein unangenehmes Stück Plackerei – häufiger noch eine Form der Züchtigung. Was in Billys Herzen die tiefsten Emotionen weckt, erinnert mich nur an einen Tintenklecks auf dem Schreibtisch des Vaters und die Schreie der Jungen auf der Straße, denen ich mich vielleicht nicht anschließen würde.

Ich hatte schon seit einiger Zeit den Verdacht, dass Billy und Marie mich zwar beide „Daddy" nennen, ihnen aber allmählich klar wird, dass sie kein Bruder und keine Schwester sind. Meine Vermutungen wurden neulich von Nina bestätigt. Sie fragte mich feierlich, was ich von Billy halte. Und als ich erklärte, dass er der ehrlichste, sauberste und beste Junge sei, den ich kenne, sagte sie.

„Vielleicht. Aber es geht ihm nicht so gut wie Norman."

Ich sagte, dass Gott offenbar die Form, in die er Norman gegossen hatte, falsch gelegt hatte.

„Ich wünschte, Marie könnte einen so guten Ehemann haben wie ich – sie ist ein besseres Mädchen."

Nina hat großen Respekt vor ihrer Tochter. Und Marie hat es verdient. Die Angewohnheit zu philosophieren zwingt mich zu der Erkenntnis, dass der größte Teil der Welt die Existenz meiner wunderbaren Ziehtochter nicht wertgeschätzt, ja sogar völlig ignoriert hat. Zweifellos gibt es viele Eltern, die, selbst wenn sie das Glück gehabt hätten, Marie zu kennen, hartnäckig ihre eigenen Töchter bevorzugen würden. Aber wenn ich zwanzig Jahre jünger wäre, würde ich sicherlich gegen Billy antreten. Ihr Aussehen verdankt sie ihrer Mutter – einer rein lombardischen Mutter –, aber sie hat Normans respektlose, scharfsinnige Vision und seine Redetricks geerbt. Sie beschloss, dem Hauptinteresse ihres Vaters zu folgen und besucht nun mit neunzehn Jahren eine normale Kindergartenschule.

Aber das, wofür ich Marie meine größte Hochachtung entgegenbringe, ist ihre Einstellung gegenüber ihrer Mutter. Sie kennt die Wahrheit. Ich fand heraus, dass sie das besprochen hatten, bevor Norman starb. Es war sein Wunsch, dass Fremde es ihr nicht sagen sollten. Und so blieb ihr nichts verborgen, keiner Frage wurde ausgewichen, und sie erfuhr von der Geschichte ihrer Mutter, und zwar so wenig schockiert, wie sie das

Einmaleins lernte. Es ist sehr schön, sie zusammen zu sehen, diese ruhige, traurigäugige alte Frau, die nur schwer schreiben kann, und dieses herrlich moderne Mädchen, das alle Vorteile der Bildung genossen hat. Marie hat genug Verstand, um zu wissen, dass sehr, sehr wenige Menschen mit besseren Müttern gesegnet sind.

Ein paar Nächte nach diesem Gespräch mit Nina fand ich Marie allein in der Bibliothek und las ein Buch mit rotem Papiereinband von Earl Krautsky – „Der Weg zur Macht". Auf der anderen Straßenecke stand in seiner großen, jungenhaften Handschrift: „William Barton."

„Marionette", sagte ich und dachte an die Worte ihrer Mutter. „Glaubst du an freie Liebe?"

„Nicht für eine Minute", schnappte sie, „es ist nur einer Ihrer Männertricks, um Ihre Vorgesetzten zu besiegen."

Marie ist Suffragette. Aber ihr Spott gegen mich befriedigte sie nicht. Die Sache beschäftigte sie offenbar. Sie kam herüber und setzte sich auf die Armlehne meines Stuhls.

„Lach mich nicht aus, Daddy. Es ist so ernst. Ich denke, das hängt alles mit der großen Frauenfrage zusammen. Wie kann es wirkliche Freiheit geben, außer unter Gleichen? Tief in meinem Herzen denke ich, dass es ein wunderschönes Ideal ist." . Wenn ich in einen Mann verliebt wäre, würde ich einfach mit ihm zusammen sein wollen. Es scheint ein wenig erniedrigend, einen Friedensrichter in einer so privaten Angelegenheit ins Vertrauen zu ziehen. Ich würde mich schämen, es einem Fremden zu sagen Ich würde meinen Schatz lieben. Und in gewisser Weise gefällt mir die Idee der Freiheit. Es wäre schrecklich, wenn mein Mann mich küssen würde, weil es das Gesetz war; weil er es versprochen hatte – wenn er es nicht wirklich wollte.

„Aber das ist nur eine private persönliche Sichtweise. Es scheint mir nicht das Wichtigste zu sein, was die Politiker als ‚Hauptthema' bezeichnen." Dieser Versuch, individuell frei zu sein, dieses Aufhebens um die Rechte des Einzelnen, wirkt irgendwie frühviktorianisch …"

„Was", unterbrach ich, „würden Sie Ann nicht nennen – eine der ersten Frauen, die sich in einem Beruf einen Namen gemacht haben – würden Sie sie nicht Frühviktorianisch nennen?"

„Nun, ich meine nicht Ann. Sie ist eine Ausnahme. Nein, das ist sie auch nicht. Ich meine sie auch. Heutzutage denken wir über Dinge gesellschaftlich nach Um Gerechtigkeit zu erreichen, müssen wir für die anderen – die Rasse – arbeiten. Ann ist wunderbar. Du weißt, wie sehr ich sie liebe. Aber sie sieht die Dinge nicht so, wie wir es tun.

„Wir müssen nicht nur an die wenigen Frauen denken, hier und da, die Riesen wie Ann, die stark genug sind, um alleine zu bestehen, sondern an alle Frauen – und die Kinder. Das ist genau der Punkt. Wir versuchen zu lernen, wie." Nicht allein stehen – wie man zusammensteht. Wir müssen unsere eigenen Vorlieben und Rechte ignorieren und lernen, für die Rechte der Frau zu kämpfen.

„Kommt der größte Teil der Prostitution nicht aus der freien Liebe schwacher Mädchen? Selbst wenn die Kadetten ihnen nachjagen, nur um Geld zu verdienen, ist das nicht Liebe auf Seiten der Mädchen? Was sie für Liebe halten? Wir müssen kämpfen und kämpfen." und kämpfen dafür, dass Frauen erkennen, dass sie nicht nur für sich selbst lieben dürfen. Dass es für die Menschheit nicht richtig ist, blind zu lieben – dass es eine Sünde ist, eine soziale Sünde, dass wir lieben, bis wir uns dessen sicher sind uns selbst, sicher des Mannes, sicher der Kinder. Es ist eine Sünde für eine Frau, sich einem Mann zu opfern, nur weil sie ihn liebt – eine Sünde, selbst wenn sie Risiken eingeht.

„Irgendwie müssen wir auf Garantien bestehen, bis wir Freiheit, Gleichheit und Unabhängigkeit erlangt haben. Ich sehe keinen Weg, wie wir sie bekommen können, außer durch Gesetze, durch altmodische Ehen. Wir Frauen, die stärker sind, und Wenn wir besser ausgebildet sind und in der Lage sind, uns und unsere Kinder zu ernähren, müssen wir immer an die anderen denken, denen es weniger gut geht. Und solange ihr Männer eine unserer Schwestern ausnutzt, werden wir nicht auf eure kostenlosen Liebesgespräche hören. So also! "

„Papa", sagte sie, nachdem sie eine Weile ihre Wange an meine gelehnt hatte. „Ich werde dir ein Geheimnis verraten. Psst ! Verrate es niemals! Weißt du, gegen wen wir Suffragistinnen kämpfen müssen? Es sind Frauen! Wenn nur ihr Männer wärt, hätten wir längst gewonnen. Das ist nicht der Fall. t die Männer, die uns versklaven. Es ist Tradition und Gewohnheit. Langes Training hatte uns egoistisch – gespalten – schwach gemacht.

„Nehmen Sie einfach den schlimmsten Fall. Es ist immer wieder die Geschichte meiner Mutter. Sie versuchte zu fliehen. Ein halbes Dutzend Männer handelten instinktiv für ihr gemeinsames Interesse zusammen – und waren stark. Sie dachten nicht darüber nach . Blackie musste ihnen nicht sagen: Du hilfst mir, mein Mädchen zu schlagen, und ich helfe dir, deines zu schlagen, und so werden wir sie alle in Angst und Schrecken versetzen. Es ist eine lange Tradition bei Männern, so zusammenzuarbeiten, eine zweite Natur – fast ein Instinkt. Aber wenn ein Kadett ein Mädchen schlägt, stürmen die anderen Mädchen dann so zusammen und kämpfen für ihr gemeinsames Interesse? Nein. Jede für sich schleicht sich davon und versucht, ihren Mann zu besänftigen. Mit „anständig" ist es genauso ' Leute.

Wenn eine Frau versucht, frei zu sein, sind alle Männer mit ihren Gesetzgebern und Gerichten und all dem gegen sie. Stehen die anderen Frauen zusammen, um ihr zu helfen? Oh nein. Sie schneiden sie. Genau wie die Prostituierten, sie versuchen, sich bei ihren Ehemännern einzuschmeicheln, indem sie denjenigen anspucken, der versucht hat, frei zu sein.

„Wenn wir Frauen nur zivilisiert genug wären, um wirklich zusammenzuarbeiten, Schulter an Schulter zusammenzuhalten – oh, wir würden euch Männer schnell in die Schranken weisen. Individualismus, der Versuch, allein zu stehen, ist der schlimmste Feind, den Frauen haben können." Heute müssen wir lernen, unsere vereinte Stärke zu nutzen.

„Und wir lernen – auch. Erinnern Sie sich an den großen Hemdsärmel-Streik? Es war wunderbar, wie die Mädchen zusammengehalten haben. Ich glaube nicht, dass jemals zuvor in der Geschichte dieser alten Welt Frauen so zusammengestanden haben – mit Solch eine Loyalität. In vielen Ihrer dummen Männerzeitungen wurde in Leitartikeln gefragt, warum Frauen aus der Oberschicht so großes Interesse an dem Streik zeigten. Selbst die reichen Suffragistinnen haben genug Verstand, um zu wissen, dass Solidarität zehnmal wichtiger ist als die Abstimmung . Wenn ihr Männer uns nur einen langen, harten Kampf dafür geben würdet, uns Steine werfen und Polizisten schlagen lässt und ins Gefängnis geht und so weiter, werden wir diese Lektion des Zusammenstehens lernen und dann wissen, wie wir das Wahlrecht nutzen können wenn wir es bekommen. Oh! Die Zeit kommt, Papa. Pass auf."

„Ich habe keine Angst." Ich sagte: „Wenn ich so nah an dreißig wäre wie an fünfzig, wäre ich wohl ein begeisterter Suffragettenanwärter . Alles, was du wolltest, würde für mich gut aussehen. Glaubst du, ich hätte eine Chance gehabt, wenn ich dir damals begegnet wäre?" Ich war jung genug, um dein Liebhaber zu sein?

„Ich frage mich, wie du warst, Daddy, vor zwanzig Jahren – gerade als ich anfing. Oh, ich schätze, ich hätte dich gemocht. Aber selbst wenn ich es getan hätte, hätte ich dir einen Anwalt mit einem langen Vertrag geschickt, mit genauen Angaben Meine vielfältigen Privilegien und Ihre entsprechenden Pflichten. Dann hätte ich Sie zum Rathaus geführt und Sie jeden einzelnen Artikel mit einem großen Eid unterschreiben lassen. Wie hätte Ihnen das gefallen?"

„Ich hätte mich freudig unterworfen."

Ihr Arm legte sich fester um meinen Hals.

„Und weißt du, was ich damals getan hätte, Papa?" fragte sie nach einem Moment des Schweigens. „Ich schätze, sobald wir allein waren, hätte ich diesen Vertrag in kleine Stücke gerissen. Und ich hätte gesagt: ‚Oh, mein Herr und Meister, sei in der Öffentlichkeit demütig zu mir, um des Willens willen.‘ Alle meine armen Schwestern, die Angst haben – aber bitte hier in aller Stille, trampeln Sie auf mir herum. Und oh! Wenn Sie mich lieben, lassen Sie mich Ihre Socken stopfen.‘

„Oh Daddy, das ist das Kummervollste an der ganzen Sache“ – ihre Stimme brach – „Das ist das Schwierige. Wir wissen, dass wir für unsere Freiheit und Gleichberechtigung kämpfen müssen – zum Wohle der anderen Frauen. Und die ganze Zeit – Wenn wir verliebt sind, schreit unser Herz danach, ein Herrscher zu sein. Wir wollen dienen.“

Ich denke, wenn ich die Gelegenheit dazu bekomme , werde ich Billy sagen, dass er ab und zu seine Muskeln zeigen soll.

also , wo ich heute bin. Mein Experiment in Ethik? Es ist gescheitert. Ich kann heute nicht sicherer zwischen richtig und falsch unterscheiden als damals, als ich ein Junge in der Schule war.

Meine besten Bemühungen brachten Jerry – unschuldig – ins Gefängnis. Das eine Mal, als ich gegen jede Regel verstieß, die ich zu meiner Führung in den Gräbern aufgestellt hatte, als ich übermäßig log, schmutzige Politik betrieb, ein Verbrechen verschärfte und auf Männerjagd ging, habe ich mit Hass im Herzen das beseitigt Zuhälter Blackie, befreite Nina, schenkte Norman Glück. Marie ist das Ergebnis.

Eines der besten Dinge in meinem Leben war sicherlich Anns Liebe. Es kam zu mir, ohne dass ich mich darum bemüht hätte, es war in keiner Weise eine Belohnung für Mühe oder Streben. Schritt für Schritt kam es mir falsch vor. Ich glaube nicht an freie Liebe. Ich kann es genauso wenig rechtfertigen, wie ich es als Junge für den Eierdiebstahl tun konnte. Es war etwas, was ich wollte und was ich nahm. Dennoch bin ich mir ziemlich sicher, dass es gut war.

Andererseits war die Zeit, in der ich am meisten danach strebte, eine höhere Ebene zu erreichen, als ich am meisten darauf bedacht war, aufrecht und ehrenhaft zu sein, die Tage, die ich mit Suzanne in Frankreich verbrachte, zu den bittersten Schmerzen und dem kläglichsten Versagen meines Lebens Leben. Für mich ist das auch nach all den Jahren keine Kleinigkeit. Es kommen Tage, an denen ich meinen Kofferraum öffnen, ihren Rucksack und die Karte herausnehmen muss – die einzigen Erinnerungsstücke, die ich an sie habe –, es sind Tage der Qual. Warum hätte es nicht sein sollen? Mein Leben scheint bitter und von geringem Wert zu sein, wenn ich darüber nachdenke, wie es mit ihr gewesen sein könnte.

Ich bin heute in Bezug auf moralische Werte genauso ratlos wie je zuvor. Ich habe kaum noch Hoffnung, dass mein Experiment gelingt. Das ist das

Traurige daran. Der gute Kampf dauerte lange. Durch den fortgesetzten Wahlkampf bin ich vorzeitig erschöpft. Unter fünfzig bin ich vorzeitig alt. Der *Elan* der Jugend ist verschwunden.

Im Hotel des Invalides in Paris erzählen sie die Geschichte eines vom Krieg gezeichneten, verkrüppelten Veteranen der Napoleonischen Kriege. Seine Brust war mit Dienstmedaillen bedeckt. Bei einer der jährlichen Inspektionen lobte ein junger Kommandant seine zahlreichen Auszeichnungen. „Mein General", antwortete der alte Soldat, „ich kann keine Muskete mehr tragen, es wäre besser gewesen, in Austerlitz ruhmreich zu sterben."

Ich bin weit entfernt vom traurigen Schicksal dieses heruntergekommenen Veteranen, doch seine Geschichte berührt mich fast. Die besten Tage sind wie im Flug vergangen. Ich habe intensiv gelebt. In jeden Kampf, sei es das unbedeutende Gefecht meiner täglichen Arbeit oder die entscheidenderen Schlachten – ich habe mich mit verschwenderischer Energie gestürzt. Ich bereue diese Lebenseinstellung nicht. Ich bin froh, dass ich mich seinen Problemen von Angesicht zu Angesicht gestellt habe – mit leidenschaftlichem Einsatz. Aber der Preis muss bezahlt werden. Heutzutage habe ich kaum noch Begeisterung übrig. Der jugendliche Suchgeist ist verschwunden – und ich habe den Heiligen Gral nicht gefunden.

Vielleicht haben diese jungen Leute Recht. Vielleicht habe ich falsch angefangen – indem ich versucht habe, die Wahrheit allein für mich selbst herauszufinden. Vielleicht gibt es keine individualistische Ethik. Möglicherweise finden sie die Antwort in sozialen Begriffen ausgedrückt. Vielleicht. Aber ich habe keine Energie mehr, das Experiment noch einmal zu beginnen.

Aber ich muss es noch einmal wiederholen: Ich bereue meine Lebensweise nicht. Uns werden nur zwei Möglichkeiten geboten; die Dinge so zu akzeptieren, wie sie sind oder leidenschaftlich nach neuen und besseren Formen zu streben. Eine Niederlage ist keine Schande. Aber Gefälligkeit in Rückenlage ist es sicherlich.

Aus dem Leben meiner gesamten Generation ist ein kleiner Zuwachs an Weisheit hervorgegangen. Weder die Renaissance noch die Reformation scheinen mir so grundlegende Veränderungen zu sein, wie wir sie herbeigeführt haben. Wir haben die Nation plötzlich auf sich selbst aufmerksam gemacht. Wir haben die Krankheiten nicht geheilt, aber zumindest große Fortschritte bei der Diagnose gemacht. Und mein Experiment – auf seine winzige Art und Weise wie ein Koralleninsekt – war ein wesentlicher Bestandteil dieses Zuwachses an Weisheit.

Ich bin heute optimistischer als je zuvor. Und wenn ich weiterleben möchte – was ich sicherlich auch tue –, dann ist es, diesen Jugendlichen bei ihrem

Kampf um die bessere Form zuzusehen. Wie viel besser sind sie ausgerüstet als wir, wie viel klarer sehen sie!

Ich denke an mich selbst, als ich das College verließ – ich hatte solche Angst vor dem Leben, dass ich froh war, zwischen alten Büchern Unterschlupf zu finden. Ich erinnere mich, wie seltsam mir das erste Abendessen im Kinderhaus mit Norman vorkam. Und dann denke ich an Billy. Warum! Das Wissen über das Leben, das diese Pionier-Siedlungsarbeiter gerade erst zu entdecken begannen , ist unter Billys Freunden ein alltäglicher Gesprächsstoff. Die Abschaffung der Armut!

Mir kommt die Vision von Margot in den Sinn, zart, zerbrechlich, unwissend – zu unwissend, um Angst zu haben. Die gesamte Weisheit der vergangenen und zukünftigen Zeitalter schien ihr in der King-James-Version vereint zu sein. Ich vergleiche sie mit Marie. Sie ist so stark wie ein Bauernmädchen. Ich habe es aufgegeben, mit ihr Tennis zu spielen, sie schlägt mich zu leicht. Und die sichere, furchtlose Art, wie sie das Leben betrachtet, nimmt mir den Atem und lässt mich genauso keuchen wie ihr schneidiges Netzspiel. Sie spricht von Ann als frühviktorianisch, Margot würde sie meiner Befürchtung nach elisabethanisch bezeichnen.

Das Wunderbarste von allem ist, dass diese Jugendlichen nie mit Gott kämpfen mussten, sich nie selbst in Stücke reißen mussten, um dem tödlichen Formalismus und der Tyrannei des Kirchendogmas zu entkommen. Sie mussten sich nie Atheisten nennen.

Und dann denke ich daran, wie Billy und Marie mit diesem größten Problem von allen konfrontiert sind – dieser Liebesgeschichte. Sie werden ohne Zweifel ihre Sturmböen haben und vielleicht in Untiefen geraten. Aber ihnen sind nicht die Augen verbunden wie mir, wie Norman – wie meiner ganzen Generation. Nur reines Glück konnte uns retten. Sie steuern – nicht treiben.

Ja. Meine Geschichte ist beendet. Die alte Truppe wurde von der Bühne gedrängt. Es würde wenig Interesse daran geben, die Arbeit zu schreiben, die mir geblieben ist – das Bürsten der Perücken des Hauptdarstellers, das Packen des Koffers des Stars, – das Schieben des Schwans für Lohengrin, das Striegeln der Pferde der Walküre – alles wird hinter den Kulissen stattfinden.

Und wie beneide ich sie um ihren Glauben!

Ave – Juventas – Morituri Salutamus !